満洲国のビジュアル・メディア

ポスター・絵はがき・切手

貴志俊彦

吉川弘文館

1　即位大典記念ポスター「大満洲帝国万歳」 即位大典中央委員会製作・川口印刷所新京工廠印刷　1934年３月１日

建国の歴史と祝祭　満洲事変勃発(図2)の5ヵ月後、1932年3月1日に満洲国は「共和国」として成立し、のちにこの日を「建国記念日」とした(図4)。その半年後、日本政府が初めてこの国の「建国」を承認(図3)。その満洲国が「帝国」に体制転換するのは、2回目の「建国記念日」、溥儀が皇帝に即位した日(図1・5)。翌年4月、中国の「皇帝」として史上初めて溥儀は訪日を実現した(図6)。国都の建設工事は、建国5年目にようやく完成(図7)。満洲国では、とくに建国初期に多くのビジュアル・メディアが制作された(本書第3章〜第5章)。

2　満洲事変記念ポスター「想起九月十八日」　満洲帝国協和会製作　1932年9月18日

3　満洲国承認記念ポスター「慶祝九・一五承認紀念 同徳同心共存共栄」　満洲帝国協和会製作　1933年9月15日

4　満洲国建国一周年記念ポスター「国運飛騰 大同二年三月一日 慶祝建国周年紀念」 奉天省公署製作・奉天省公署印刷局印刷　1933年3月1日

5　即位大典記念ポスター「大満洲帝国万歳　王道之光普照全球」
満洲国軍政部製作・小林又七商店大連支店印刷　1934年３月１日

6　訪日宣詔記念ポスター「訪日宣詔紀念 五月二日」 満洲帝国協和会中央本部製作　1935年 5 月 2 日

7　国都建設記念ポスター「天は開け地は闢く 来れ!! 国都大新京へ」 満洲国政府国務院国都建設局製作・新京世界堂印刷　1937年

満洲国のプロパガンダ　「五族協和」(図８・９)や「日満親善」(図10〜12)は、中華民国やソ連に対抗するために掲げられた満洲国のイデオロギーである。しかし、「五族」が指す民族構成には“ゆれ”が見られたし、多民族国家としての社会実態を保障する制度をもたなかった。また、「日満親善」という標語とは裏腹に、日本は満洲の資源を収奪し、満洲国は日本に依存した国家体制や社会システムによって機能し、かつ運営された(本書第１章・エピローグ)。

8　五族協和ポスター「五色이 찬란한 満洲国旗아래서 五族이共存共栄하자」 満洲国共和会製作・奉天省公署印刷局印刷

9　五族協和ポスター「保甲社会 五族共栄」 満洲国治安部警務司製作　1933年12月

10　日満親善ポスター「日満同心合力維持東亜平和」 吉林省警備司令部製作　1934年3月1日

11　日満親善ポスター「親愛的小朋友們 満洲国好朋友們 来来来 咱一斉拉手吧 拉着手唱着玩儿 好楽土的満洲国啊」

12　日満親善ポスター「日満携手 万民歓欣」

満鉄と満洲旅行　満洲国と日本は、朝鮮半島や日本海を介して、船と鉄道と航空機、そして通信網によって結ばれていた。満鉄（図13）と、その付属機関だった鮮満案内所（図14）は、満洲国と朝鮮半島とを一体化させた圏域を巡る旅に日本人や「満人」を誘った。同時に、欧米からの多くのツアー客も、満鉄、鮮満案内所、ジャパン・ツーリスト・ビューローを利用した（本書第2章）。

13　満鉄ポスター「南満洲鉄道株式会社」 伊藤順三作　南満洲鉄道株式会社製作・凸版印刷株式会社（東京）印刷

14　鮮満案内所ポスター「開け行く大陸 鮮満の旅」 鮮満案内所製作・凸版印刷株式会社（東京）印刷

満洲国のビジュアル・メディア　ポスター・絵はがき・切手

目次

［凡例］

本文中の「資料略号」の詳細は以下のとおりである。

資①『満洲年鑑』（『植民地年鑑』）、全一一巻、満洲文化協会、日本図書センター復刻

資②『満洲国現勢』建国―康徳十年、満洲国通信社、クレス出版復刻

資③『朝日新聞』外地版（満洲版）一九三五年―一九四〇年、ゆまに書房復刻

資④『満洲日日新聞』マイクロフィルム（国会図書館所蔵）

資⑤『盛京時報』奉天・盛京時報社、影印本

資⑥『宣撫月報』（『十五年戦争極秘資料集』）、全七巻、不二出版復刻

資⑦『協和運動』（『日本植民地文化運動資料』）、全二〇巻・別巻一巻、満洲帝国協和会、緑陰書房復刻

資⑧『満洲グラフ』全一二巻、ゆまに書房復刻

資⑨『芸文』（満洲国芸文聯盟機関報）、ゆまに書房

資⑩『切手趣味』（一九四一年七月に『切手文化』と改称）、切手趣味社

JACAR：アジア歴史資料センター（http://www.jacar.go.jp/index.html）

富士倉庫写真「朝日新聞歴史写真アーカイブ」聞蔵IIビジュアル for Library（http://database.asahi.com/library2）

満洲DVD『満鉄記録映画集』全一二巻、『満洲ニュース映画』全一〇巻、『満映作品望郷編』全五巻、『満映映画編』全一巻、カムテック株式会社

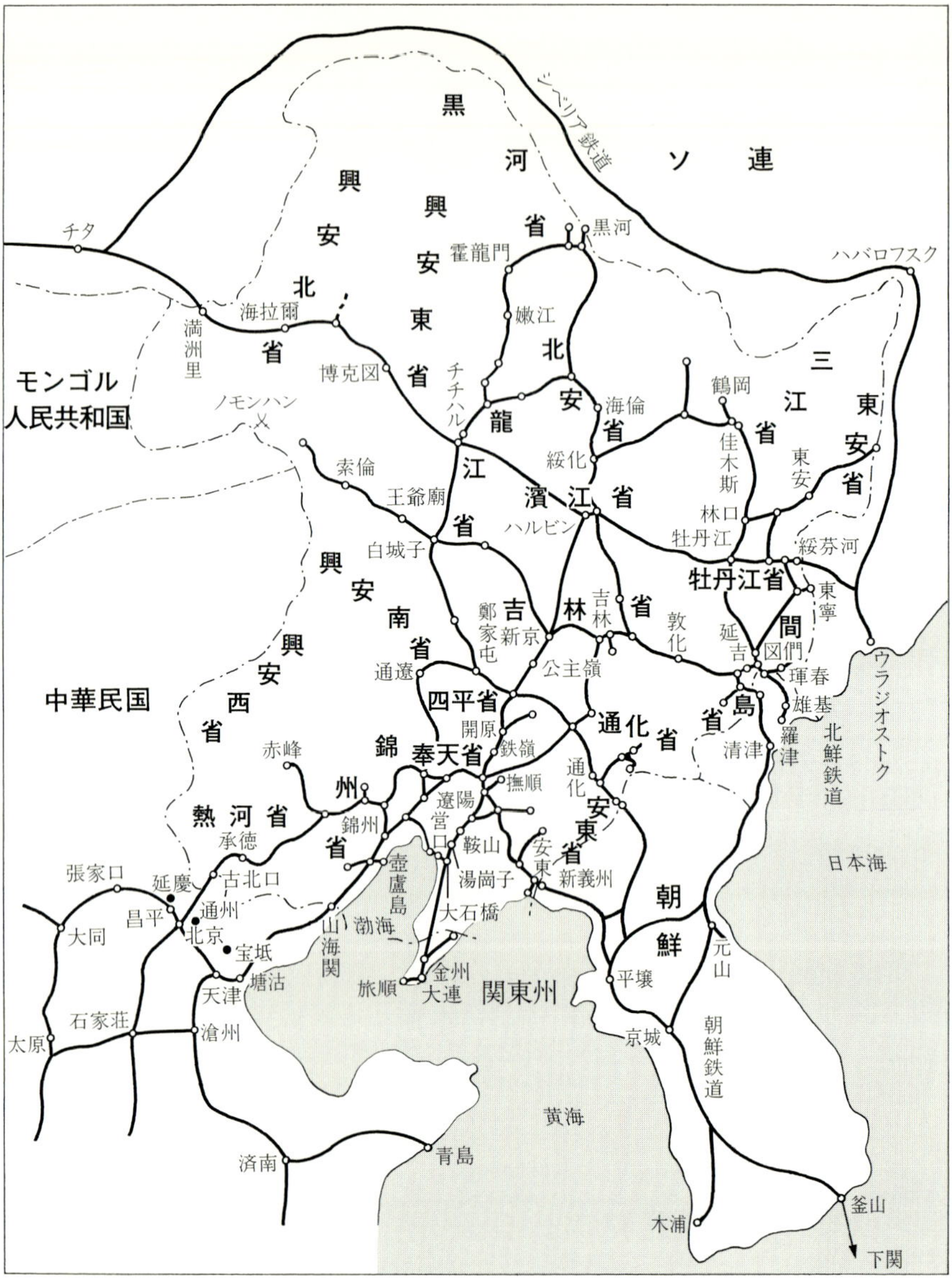

満洲国地図

（注）　省名は1942年、鉄道路線は1945年当時のもの

prologue

プロローグ

満洲国のメディア戦略と弘報

満洲国は「傀儡国家」？

一九六七年十月十七日、満洲正黄旗人の家系であった愛新覚羅《あいしんかぐら》溥儀《ふぎ》（一九〇六－六七）が、北京の病院で亡くなった。享年六二歳だった。死因は、腎臓癌だったといわれている。溥儀は、二歳から六歳までを清朝の宣統皇帝として、二八歳から三九歳までを満洲国の康徳皇帝として生き、五三歳から亡くなるまでは中華人民共和国の一人民としての生活をすごした。二〇〇七年に中国の群衆出版社から、五三歳までの人生を溥儀自身が記したといわれる『我的前半生』全本（図1）が刊行された。

じつは、『我的前半生』は、一九六四年に同じ出版社から同じ書名で出版されており、日本語訳もある。二〇〇七年版は、一九六四年版に掲載されなかった原稿（二〇〇四年三月に発見）一五万字あまりを補足して出版されたのである。いずれの版にせよ、原稿は、溥儀が撫順《ぶじゅん》戦犯管理所で書いた自己批判書をもとに、李文達ら四名の群衆出版編集者がリライトし、さらに約一年かけて中国の政治協商会議、中国共産党の中央宣伝部、中央統一戦線工作部、最高人民法院、最高人民検察院、各界の有識者による審査を通過して、刊行の運びとなったのである。そのため、溥儀自身の表現以外の言葉が挿入された可能性は否定できない。とも

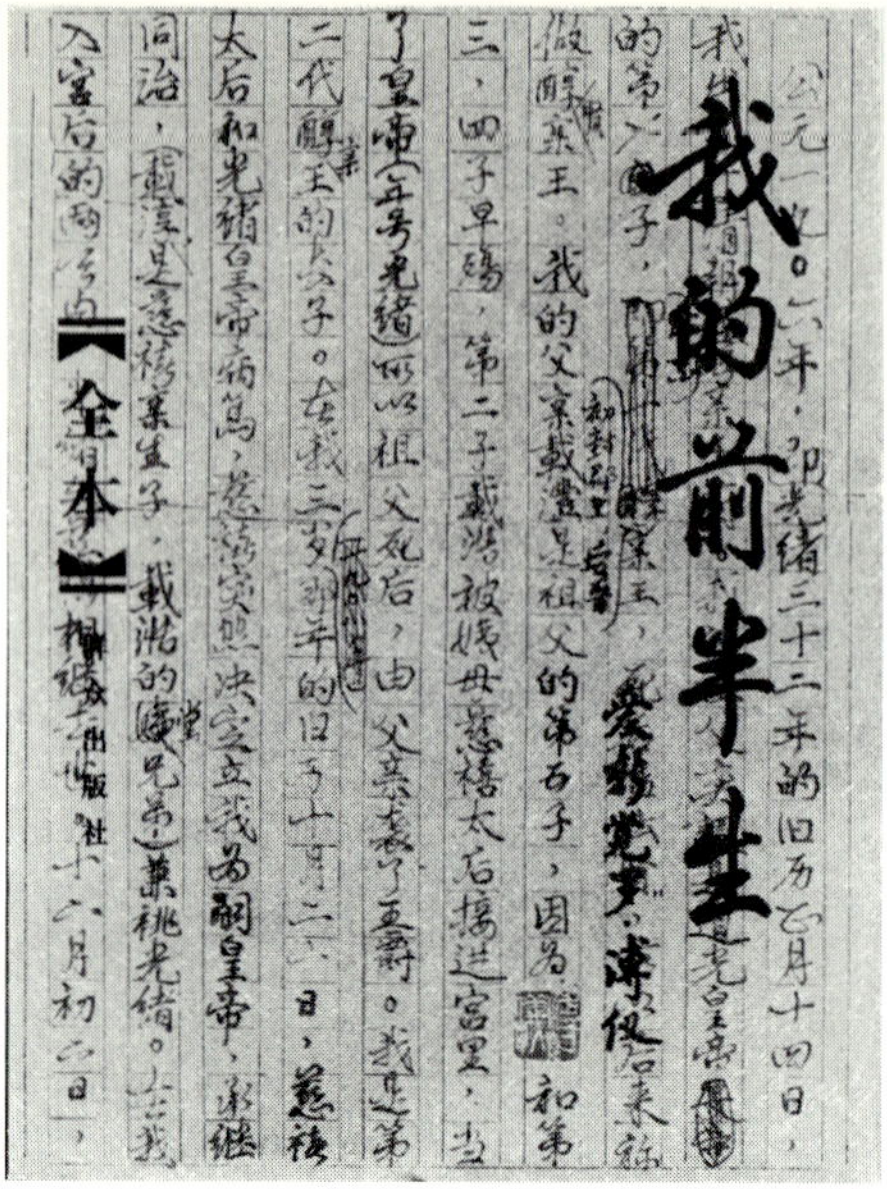

図１　『我的前半生』全本の表紙（2007年）

あれ、二〇〇七年版で「復活」した一五万字あまりの原稿には、「極東国際軍事法廷」（第七章第四節）の一文が含まれていた。

溥儀は、極東国際軍事裁判が開かれた当時、ハバロフスクの収容所に収監されており、ソ連による連合国側の証人として出廷し、一九四五年八月十六日から八回審問を受けた。この新しく掲載された節によれば、日本の戦犯被疑者が満洲における侵略者であり、溥儀は彼らの傀儡にすぎなかったことを立証したがっていたのは、じつは主席検事だったJ・キーナンJoseph Berry Keenanたちだったことが明らかにされている。一方、陸軍大将梅津美治郎《よしじろう》（一八八二―一九四九）被告の弁護を担当した占領軍将校B・B・ブレイクニーBen Bruce Blakeneyは、溥儀が関東軍将校板垣征四郎（一八八五―一九四八）に会う前に彼に送った手紙のこと、ノース・チャイナ・デイリー・ニュース記者H・G・ワンズフォードHenry George Wandesfordeに語った執政就任の理由、そして溥儀が陸軍大臣だった南次郎（一八七四―一九五五）に送った自筆の手紙などを証拠として、溥儀みずからが皇帝になることを望んでいたのだとして発言を求めた。これらの証拠に動揺した溥儀は、とりわけ中国本国での裁判を恐れるあまり、意図的に被害者を演じ、これらすべての証拠を贋作であると主張した。続く法廷での溥儀の証言は、「知らない」「覚えていない」の一点ばりとなり、結局、検察団・弁護団両方から、彼の発言は証拠として採用されなかった。新しく掲載されたこの節は、溥儀が裁判で偽証してしまったことをみずから吐露し、反省していることを明らかにするとともに、満洲国建国に際して彼の消極的協力の姿勢があったことを証明している。

溥儀個人の思いはこのようなものであったにせよ、満洲国は、中国や日本、そして韓国の戦後建設を考えるとき、いまだに考証すべき材料が多く含まれている対象のひとつである。満洲国はみずからの存在を、どのようなものとして国の内外に認知させようとしたのか。本書は、その企画と弘報政策に深くかかわった日本人が描いた／描こうとした満洲あるいは満洲国イメージから、このことを検証するものである。

満洲イメージの形成

一九三〇年代以降の満洲イメージは、一九〇六年に日本の租借地となった関東州と、一九三二年に「建国」した満洲国、さらに中東鉄道附属地・満鉄附属地を加えた四つの領域空間から生み出されている。しかし、この四つの空間は、行政機構上は異なった領域でありながら、軍政は直接・間接に関東軍や関東憲兵隊によって担われており、しばしば単一の空間と捉えられてきた。確かに、日本内地から関東州・満洲国へ行くのにパスポートは必要とされなかったし、貨幣を含めて、日本国内と同じ方法で旅行できた（ただし、朝鮮・関東州・満洲国へ入るときには、船舶や列車のなかや駅などで税関検査はあった）。日本人にとって、満洲国・関東州という租借地、朝鮮や台湾という植民地、そして中国の日本租界は、政治的実態は別としても、ひとつの連続した空間として捉えられていたのである。

一方、満洲国の住民が日本に行くときには、公務員ならば所属する官公庁が発行する「称求身分証」、留学生ならば民政部が発行する「留学認可証」、あるいは留学先の「留日学生証明書」、そして一般人ならば居住地域の警察署長が発給する「赴日身分証明証」が必要とされた（東亜旅行社満洲支部　一九四二）。しかも、一九二〇年代以降無国籍人扱いとなったロシア帝国臣民、植民地朝鮮から入境してきた朝鮮人、祖籍のはっきりしないモンゴル人、ディアスポラと見なされたユダヤ人やタタール人の出入国管理は、それぞれに異なっていた。満洲国では、一九三二年三月に「人権保障法」が施行されていたが、この法律でいう「満洲国人民」がいったい誰を指すのか、「国籍法」が成立しなかった虚構の国家における現地住民の法律問題は複雑なものであった。

満洲国は、帰属する民族・身分によっては、複雑な政治的・社会的問題を抱えていたのに対して、日本人が抱く満洲イメージはきわめてシンプルだった。人口希薄で荒涼とした大地、馬賊、赤い夕陽、アカシヤの花、高粱《コーリャン》畑、あじあ号、ヤマトホテル……。こうしたイメージが作り上げられた根底には、日清戦争・日露戦争後の「戦勝ブーム」「大陸ブーム」があった。満洲自体の政治的位置は、一九一〇年代に清朝の崩壊、第一次世界大戦やロシア革命、続くシベリア出兵、二〇年代には張作霖爆殺事件、三〇年代に満洲事変や日中戦争、四〇年代に太平洋戦争の勃発と敗戦、こうした絶え間ない戦争と動乱のなかにあって変化したが、日本人の満洲イメージはそれほど変わることはなかった。それは、満洲の「戦跡」をもとに、軍・政府・メディア・企業・学校などが語り継いだある種の「戦勝神話」が、「戦争熱」をともなった好戦的愛国主義を支え（ヤング　二〇〇一）、満洲に対して独善的で理想主義的な地域イメージを作り上げていたからである。

満洲国では、官民軍それぞれの思わくのもとに、大規模な都市計画によって国都新京が築かれ、域内の交通通信網が整備され、産業開発が進められ、大量のメディアが発行されたが、同時に各種の統制や検閲がおこなわれた。こうして、満洲国は、国家としての虚構性を抱えつつ形作られていくなかで、溥儀ら一部の満洲旗人、漢人（漢民族とほぼ同義語）官僚、新参の日本人は、自分たちを満洲国という「劇場」における祝祭の主人公だと考え、意図的あるいは潜在的にみずからをある種のメシアとして描いていった。キメラのごとき満洲（山室　二〇〇四）をいま一度腑分けし、その実像に迫るには、政策論とともに、時代のブームやメディア・イベントに目を向け、満洲国が弘報政策を通じて描いてきた満洲イメージを検討する必要がある。

「武器なき戦争」

本書は、とりわけ弘報という側面から、満洲国成立の一九三二年三月一日に始まり、溥儀が退位する一九四五年八月十八日に終息する一三年間の歴史を跡づけることを意図している。弘報という言葉は、しばしば諜報や謀略などインテリジェンスものからのイメージを押し付けられて理解されてきた。しかし、弘報は、いまでは「広報」という漢字を使うように促されているが、その本来的な機能は、発信者が受け手に情報やイメージを定着させることを目的としていた。ときには政治と、ときには経済や社会との関係をもつが、本来的にひとつのコミュニケーション手段であるといえる。

日本で弘報という言葉が登場するようになったのは一八八〇年代であるが、今日のPRという用語と違って、それ以降はプロパガンダやインテリジェンスとしてのニュアンスが付随しがちであった。満洲の場合、一九〇七年南満洲鉄道株式会社（満鉄）に設置された調査部の役割や、一九一〇年代末に対ソ政策のなかで登場した特務機関の存在が、弘報に対していささかキナ臭さをもたらす原因になっている。実際、一九二三年、満鉄の社長室に弘報係を設置するように提案したのは、前年に満鉄嘱託（理事待遇）となった高柳《たかやなぎ》保太《やすた》

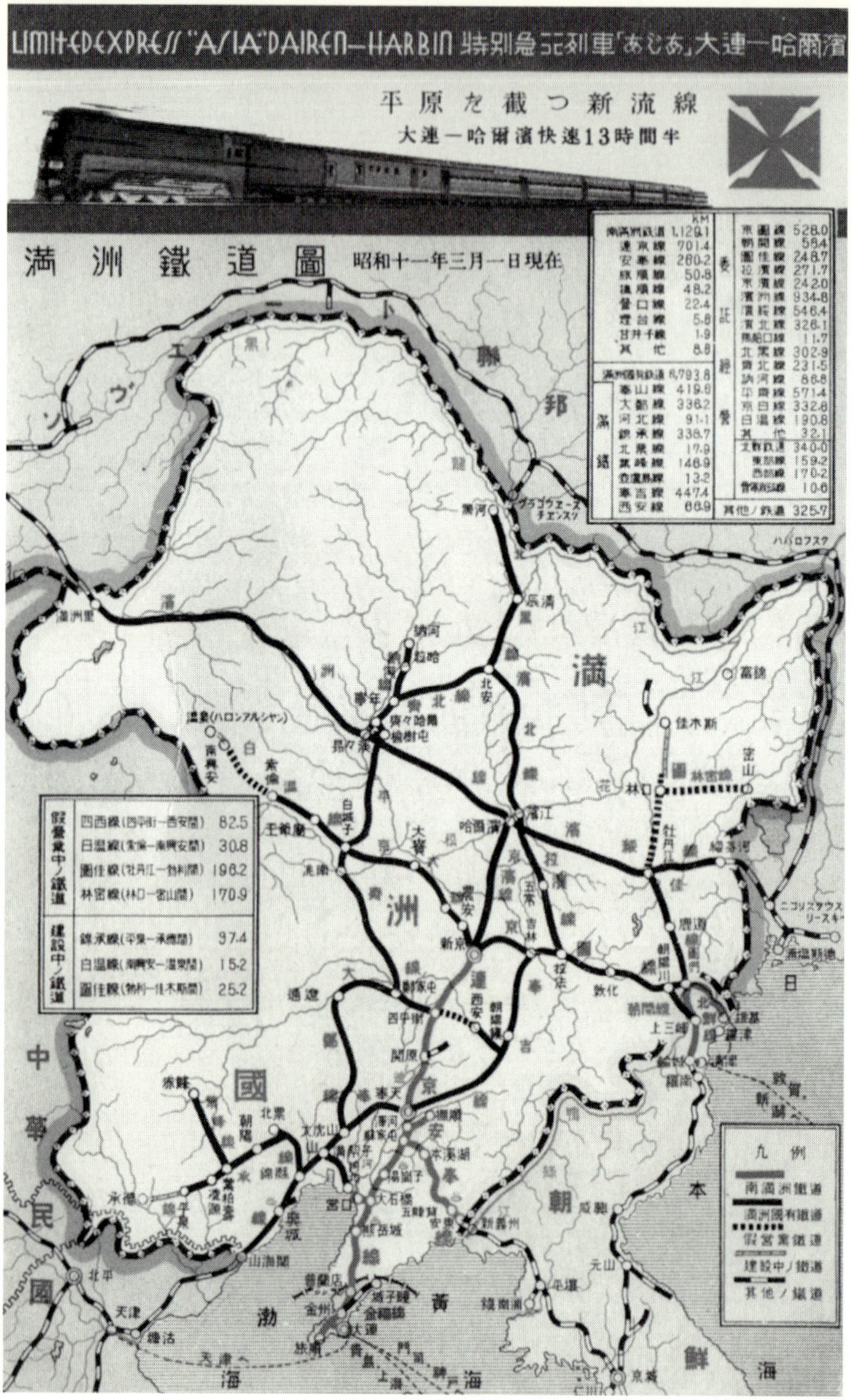

図2 満鉄絵はがき「満洲鉄道図 昭和十一年三月一日現在」（一九三六年）

郎《ろう》陸軍中将（一八六九―一九五一）だった。高柳は、長く対ソ諜報活動に従事しており、いわばインテリジェンスのプロだった。特務機関という名称の発案者は高柳だったともいわれている。こうした人物が、満鉄の弘報係の初代係長になっただけなく、満洲国時期には満洲弘報協会の会長にもなっており、満洲国の弘報戦略の基礎を築いたのである。

満洲国が成立する以前、満鉄は、関東軍の報道部や新聞班、日本外務省の在外公館とともに、満洲における有力な弘報機関であった。満鉄の弘報部門は、一九二三年に社長室弘報係が発足したのち、二五年に社長室文書課、二七年に社長室情報課に所管が変わり、三〇年には総務部庶務課弘報係に改組された。この頃から弘報活動は活発になり、後述するように鮮満案内所ができた。

その後、総務部の調査課や資料課がこれを担い、一九三六年十月総裁室に弘報課が新設され、ようやく弘報業務が満鉄において定着したといわれる。弘報課は、旧総務部資料課の一部であった情報係や国際弘報委員会の業務に加え、総務部庶務課の管掌していた弘報業務、地方部商工課の管掌であった博覧会関係など、それまでばらばらであった満鉄内部の弘報担当部門を一元化した組織であった。弘報課の中枢機関であった弘報第一係は、社業や満蒙事情の国内宣伝、これに必要な写真や映画の立案や配給、博覧会・展覧会の開催などであった。同第二係は欧米などへの国際宣伝と宣伝機関どうしの連絡統制、そして情報第一係は情報の収集・通報・公表、同第二係は情報機関間の連絡や統制、入手情報の整理編纂を、それぞれ担当した（南満洲鉄道株式会社　一九三八、磯村　一九八八）。また、一九三六年の弘報課は、課長三、庶務係二〇、弘報第一係三二、同第二係九、情報第一係二四、同第二係六、総勢九四名（うち常勤職員は三八名）ものスタッフを抱えていたという（天野　二〇〇九）。こうした満鉄の弘報係あるいは弘報課は、調査部や情報課とは微妙な関係にありながらも、業務面では一線を画していたのである。

さて、一九三一年九月に勃発した満洲事変を経て、わずか半年後の三月一日、満洲国が成立した。満洲国

表1　国務院総務庁弘報処が制定した法規一覧

名　称	制定年月日
出版法	1932年12月24日教令第103号、改正1934年3月勅令第11号第388号
株式会社満洲映画協会法	1937年8月14日勅令第248号第388号、改正1938年12月勅令第387号
映画法施行令	1937年10月7日院令第23号
満洲国通信社法	1941年8月25日勅令第197号
新聞社法	1941年8月25日勅令第198号
記者法	1941年8月25日勅令第199号
外国人記者ニ関スル件	1941年8月25日勅令第200号
外国ノ通信社又ハ新聞社ノ支社及記者ニ関スル件	1941年8月25日勅令第201号
記者登録等登録規則	1941年9月9日院令第33号
外国人記者登録等登録規則	1941年9月9日院令第34号
外国通信社及登録簿及外国新聞社記者登録等登録規則	1941年9月9日院令第35号
記者考試令	1941年10月27日院令第39号
記者ノ資格認定ニ関スル件	—
記者証書交付規則	—
記者懲戒ノ手続ニ関スル件	—
電気通信法（抜粋）	1936年10月8日勅令第154号
放送軍用命令書	国務総理大臣・交通部大臣合同命令、1941年1月1日国務院訓令第54号、交通部訓令第24号

（出典）　国務院総務庁弘報処編『弘報関係法規集』（1941年）より作成

（注）　元号はすべて西暦に変更している。

政府が行政機構を整備していくなかで、満洲国の弘報政策は満鉄という特殊会社に依存するだけでなく、行政システムの中軸として実施されていった。たとえば、政府内には、国務院総務庁情報処（のち弘報処）、外交部宣伝科、治安部参謀司調査課・教養課、民政部社会司・厚生司が弘報機能を担ったし、満鉄以外にも、満洲弘報協会・満洲国通信社（国通）・満洲電信電話株式会社（満洲電電）・満洲航空株式会社（満航）・満洲日日新聞社・満洲出版協会などの特殊会社が次々と成立し、それぞれに弘報活動を展開し、教化団体であった協和会もこれに重要な役割を果たした。満洲国の弘報や宣伝は、しだいに生活の隅々にかかわる多様な形をとるようになっていたのである。満鉄だけでなく、満洲国全体を考える必要性は、ここにある。

その後の状況は本文で取り上げるが、一九三七年七月、日中戦争の勃発とともに、戦時体制下に準じて行政改革が断行されると、関東軍による「内面指導」を受けつつも、国務院総務庁情報処（のち弘報処）が産官の弘報機能を一元化させていった。弘報処みずからが出版した表1の『弘報関係法規集』には、出版法、映画法、新聞社法、電気通信法、一〇件の記者関係法規があげられている（貴志　二〇一〇）。しかし、太平洋戦争の勃発とともに、満洲国が日本の情勢に共振しながら総動員体制を強化していくなかで、弘報処は、本来の宣伝という機能に加えて、インテリジェンスや検閲などの役割が組み込まれるようになり、弘報のあり方を変質させていった。

エフェメラル・メディアということ

本書で検討の素材とするメディアは、満洲国で開催された記念行事や祝祭のときに発行、配布あるいは掲示されたポスターや伝単（宣伝ビラ）のほか、日中戦争勃発以降に弘報活動に有効利用できると見なされるようになった記念切手や記念絵はがき・特殊通信日附消印などである。現在も世界のオークションで取引される満洲がらみのビジュアル・メディアは、日本国内で印刷されたものか、在満日系企業あるいは満洲国政府の行政機関が発行したものが大半であり、それゆえこうしたメディアから客観的な満洲像を描くことは困難であり、本書のように、日本人の満洲イメージの検証というコンセプトによらざるをえないのだ。

これら多色刷のメディアは、いずれもが保存管理が必要な芸術作品というよりは、複製されたエフェメラルな媒体であった。土屋礼子によれば、ギリシア語を起源とするエフェメラとは、「つかの間だけ用いられる意図で作られ、使われた後はたいていすぐに捨てられ、保存されることもなく、儚く消えてしまう印刷物の総称」だという（土屋　二〇〇八）。本書で取り上げるポスター・絵はがき・伝単など、一枚刷の印刷物がまさにそれで、これらをエフェメラル・メディアと呼ぶことにする。

ひとことに印刷といっても、原紙やインクなどの調達、デザインの企画、原画の作成、製版、印刷、そして販売や掲示など、複雑なプロセスを踏む。いずれの作業工程においても、満洲と日本との関係は、きわめて密接なものだった。たとえば、印刷紙やインクは日本からの輸入に依存していたし、満洲でグラビア印刷ができるようになったのは、一九三九年、奉天に興亜印刷株式会社がそれ用の印刷機械を備えるようになってからだった。それまで、そしてそれ以降も彫刻凹版による印刷は、日本の印刷会社に委託していた。とりわけ、日本の内閣印刷局や凸版印刷株式会社に対する信用度はきわめて高かった。凹版印刷は、線が細くシャープで美しく見える以外に、盛り上がったインクのために複製偽造が困難なことがメリットだった。一方、満洲では、オフセット印刷が中心であり、日本の初期の切手に使われたような凸版印刷や、日本の絵はがき界で流行した撒粉グラビア印刷などはない。ＨＢ式製版による絵はがきも、ほとんど日本国内で作られたものである。日満関係を考えるうえで、こうしたエフェメラル・メディアの発注者・受注者・製作者、そして販売者・配布者など、それぞれの立場と意識、そしてそれを支える技術こそ、本書で重視する点である。

こうしたビジュアルなメディアは、当時の満洲の文化水準から考えて、きわめて有効な弘報手段だと見なされた。たとえば、満洲国建国から日中戦争勃発翌年までの統計を見ると、国務院総務庁情報処（のち弘報処）のほか、奉天省公署が、メディア・イベント開催の際に、図画像を用いたメディアを大量に印刷し、配布していた。

ただ、一九三四年から、弘報の中心手段としては、新聞・ラジオ・映画という三つのメディアが重視されるようになったが、都市部を中心として流通するこれらメディアは、識字率、ラジオの普及率、電気の供給率といった問題から、しばしば限界も指摘された。たとえば、一九三九年十月の調査によると、満洲の漢人・満洲人の人口総数に対して、華字新聞一日の発行部数を割り当てると、人口二九二人に対して新聞一部という割合になっている。当該地の日本人総数対新聞発行部数の比率は、人口八に対して新聞一部となっており、普及率の差が歴然としていた（田中　一九四〇）。

それゆえ、弘報政策の中心がラジオや映画にシフトしたあとでも、都市後背地に広がる農山村地帯に対しては、依然として講演や音楽・舞踏などを含んだイベント、そしてエフェメラル・メディアが、重要な弘報手段であり続けた。

日露戦争と絵はがきブーム

日本内地で絵はがきブームが起こったのは、日露戦争がきっかけだった。逓信省は、一九〇四年九月から、日露戦役記念絵はがきと戦役記念恤兵絵はがきをシリーズものとして続けざまに発行した。これら絵はがきのすべては、東京印刷株式会社によるコロタイプ印刷による多色刷印刷だった。逓信省がひとつのテーマで大量の記念絵はがきを発行するパターンは、台湾・樺太・朝鮮など「外地」における「始政周年」を告知するシリーズ以外にはない。日露戦役記念絵はがきは、一九〇六年五月にシリーズ最終版が販売されるまで、全部で四九種が発行されており（島田・友岡　二〇〇九）、日本の記念はがきのなかでも特殊であった。

今日残る多くの絵はがきは、民間で発行されたものが中心であり、量的には圧倒的に官制絵はがきを上回っている。これら私製はがきの作成が認められるようになったのは一九〇〇年十月からで、日露戦争直後や関東大震災のあとには、とくに大量に出回った。新聞紙面に日露戦争に関する報道写真が初めて掲載されたのは、一九〇四年三月十九日、旅順《りょじゅん》口付近の海戦で戦った駆逐艦に関するものだった。当時は、新聞の写真印刷技術は稚拙で、掲載された写真も鮮明さに欠けていたため、タイムラグはあるにせよ、時事ニュースを伝えるメディアとしては、絵はがきのほうがはるかにリアリティがあった。その最たるものは、一九二三年の関東大震災にまつわる写真絵はがきだった。しかし、一九四〇年代初頭には、深刻な紙・インク不足が起こり、また郵便物の検閲が進むと、この絵はがきブームも急速に収束していった。

本書で重視するのは、記念イベントのときに発行された絵はがきや切手であって、普通郵便で使われるものではない。ポスターも、商業用の広告ポスターではなく、弘報機能を意図したポスターが中心となる。

ちなみに、普通切手も含めて満洲国時代一三年間に発行された切手は、正刷三一種、暫作（ほかの切手の上にスタンプ印刷するもの）一〇種、標語入り二種（標語は三六種類）、計四三種類だったといわれている。また、満洲国の官製絵はがきは四七種、関東州のものは四二種で、日本における満洲がらみの官製絵はがきは日露戦争記念のものを含めると五一種あり、日本のほうが多かったことには留意したい。私製のものは膨大な量があって実数を把握できない。また、ポスターについては、筆者がいまのところ現物を実見できたのは二五二種、伝単は一八五種だが、日本には非公開のものを含めて、まだたくさん残っていることは確かである。

記念日とメディア・イベント

日本の郵便メディアで「紀念」という二文字が印刷されたのは、一九〇五年七月発行の「日韓通信業務合同紀念切手」が最初である。朝鮮では、それより早く一九〇二年に大韓帝国で発行された「大皇帝陛下御極四十季慶祝」を記念した切手が、その最初といわれる。満洲国では、一九三三年の建国一周年記念の際に発

図3　関東州絵はがき「始政一周年記念」(1907年)

行した切手や絵はがきが初めてであり、このときは「記念」の文字が使用された。満洲国で「紀念」の文字が使われるようになったのは、一九三四年、溥儀が満洲国皇帝に即位した際に発行された切手や絵はがきが最初である。寡聞にして、台湾では「紀念」を付した切手の存在は知らない。当時は「紀念」と「記念」が混在しており、一種の論争にまで発展することもあったが、本書では資料用語として引用する箇所のみ「紀念」を使うことにしている。

日露戦争直後の「満洲ブーム」は、一九〇六年九月に、関東州および満鉄附属地に民政が布かれ、旅順に関東都督府が置かれ、陸軍大将大島義昌《よしまさ》（一八五〇－一九二六）が長官に就任した頃にピークとなる。翌年九月に関東都督府郵便電信局により、「始政一周年記念」の二枚一組の絵はがきが発行された。図3がそのうちの一枚であるが、コロタイプ印刷と石版多色刷により東京印刷株式会社が印刷した。デザインは、旭日と桜、それに関東州の地図が赤で表現されており、その下に大連埠頭と旅順口の写真が配されている。なお、関東都督府は、一九一九年に関東庁と関東軍司令部に分かれ、満洲国建国後の一九三四年には在満大使館内に関東局が設置されたのにともない関東庁は廃止された。

表2にまとめたように、満洲メディアが活用されたのが、各種の記念行事やメディア・イベントのときだった。弘報政策に準じて製作された膨大なメディアを、各種のイベントを通じて配布・掲示したのである。津金沢聡広・有山輝雄が明らかにしているような戦時下のメディア・イベントは、満洲国においてもきわめて重要な役割を果たしていたのである（津金沢・有山　一九九八）。たとえば、弘報処地方班による「儀式（祭典）と宣伝」（一九三九）という一文には、次のような指摘がなされている（資⑥四－一二）。

式典或いは儀式は……特に多数人の集合は群集心理が支配し、文書宣伝其他の方法によっては到底企及し得ない効果を発揮する事が出来る。中でも組織的集団を形成する式典、或いは式典後屡々実施される游行等は多数人の組織的行動、荘重なる口演、音楽等の作用によって式典参加者はもとより傍観者に厳粛感、権威感等を波及感染せしめて、参加者には益々式典の主旨たる一定の目的追及への感情を昂《たか》め、傍観者には之に対する共同感を生ぜしめる。

弘報政策として、各種大会や記念行事などのイベントを重ねることで、住民の群集心理を利用し、満洲国へのアイデンティティを強化しようとしたことは、本文をお読みいただければご理解いただけると思う。しかしながら、日中戦争勃発後、戦時動員が不可欠になっていくと、イベントのあり方も変化していったことも看過されてはならない。満洲国は、日本文化の転写・模倣、あるいは輸入という段階から、一九四一年三

表2　満洲国における公式行事

実施月日	国家行事名
1月1日	元旦(年礼団拝)
2月6日	皇帝御誕辰奉祝(萬寿節)
2月11日	*紀元節
2月26日	建国精神作興週間(～3月4日)
3月1日	建国記念日、健康体操日
3月7日	建国招魂祭
3月8日	建国慰霊祭
3月10日	*陸軍記念日
3月23日	北鉄接収記念日
4月4日	記念興国体育デー
4月29日	*天長節
4月30日	忠霊塔春季慰霊祭
5月2日	訪日宣詔記念日、建国体操日
5月15日	国民慶祝大会
5月16日	物故建国功労者合同慰霊祭
5月27日	*海軍記念日
5月31日	建国忠霊廟祭
7月1日	司法記念日
7月7日	興亜記念日、*聖戦記念日
7月15日	元神祭
7月20日	海の記念日
7月25日	協和会創立記念日
9月14日	建国忠霊廟秋祭
9月15日	友邦承認記念日、新京神社秋季大祭
9月16日	国都建設記念日(～17日)、東亜赤十字大会
9月18日	満洲事変記念日、健康体操日
9月19日	忠霊塔秋季慰霊祭
9月20日	航空日
10月1日	協和会全国聯合協議会、満洲赤十字社創立記念日
10月17日	五穀献上

(出典)　『宣撫月報』第59号(1942年)より作成
(注)　*印の行事は日本の行事に連動したもの

月の『芸文要綱』発表を画期として、芸術や文化は国家の僕《しもべ》となり、そうしたなかで「満洲らしさ」を意識した弘報を利用する方向へと転換したのである。

同年末、太平洋戦争が勃発すると、満洲国と日本との物資の往来が自由でなくなり、その結果、日本の物不足が即座に満洲国に影響し、両国間の交流システムも途絶し、満洲国内は物不足と物価の高騰に直面することになった。すでに、一九三九年以来、エフェメラル・メディアの材料のひとつである紙の不足が決定的となり、日本で紙統制が実施されるようになると、満洲国の弘報活動も、深刻な打撃を受けたのである。

なお、本書では、「支那」「鮮満」などの表現も見られるが、当時の時代状況を反映するために、そのままで用いている所がある。読者のご理解をお願いしたい。

chapter 1

1「五族協和」と国家シンボル

多民族国家としての満洲国

ここでひとつの人口図を見ていただきたい。図4の「県旗市庁別縁族別人口分布図」は、日中戦争勃発の翌一九三八年、満洲建国大学の学徒であった宮川善造（彼は戦後日本の地理教育の主導者のひとりとなる）が、当時の満洲国の民族分布を示したものである（宮川善造『人口統計より見たる満洲国の縁族複合状態』満洲建国大学研究院、一九四〇年）。細い線の四角が「漢蒙族」、太い線の四角が「日本族」、白い○が「蒙古族」、黒い●が「朝鮮族」で、それぞれ四角と丸の大きさで人口数の大小を示している。この図と宮川自身の分析に基づけば、当時の満洲国について、次のような概要が把握できる。

満洲国の一九三八年時点の人口は、約三八六二万人で、全人口の八八％が南部に集住しており、とくに奉天省の九六〇万人が突出していた。

宮川が使う「縁族」別（エスニック・グループの概念に近い）に見れば、「満漢族」が総人口の九三％を占めており、そのうち九割が南部に集住していた。宮川が使った「満漢族」は、当時「満人」と表わされており、満洲人

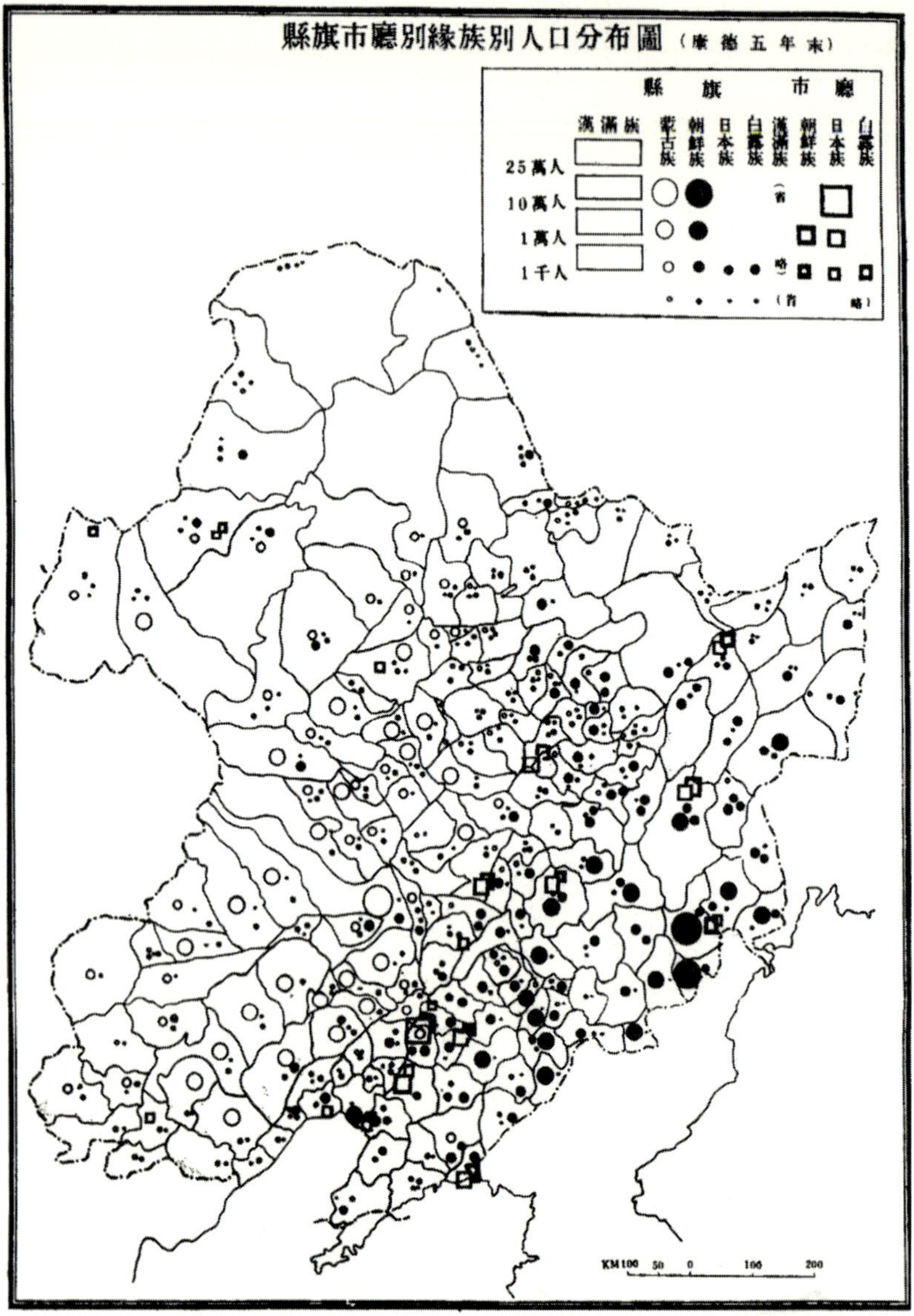

図４　「県旗市庁別縁族別人口分布図」（宮川善造『人口統計より見たる満洲国の縁族複合状態』1940年より）

と漢人との違いを明らかにしていなかった。なぜなら、満洲の住民のうち、漢族人口が圧倒的に優位であることを示すことは、満洲国の正統性そのものを揺るがすことになってしまうためである。おそらく、「満漢族」のうち、満洲人の人口は、一%未満だったろう。

「朝鮮族」の人口は一〇五万六〇〇〇人（全人口比二・七%）で、一九三二年の建国時よりも約四九万人増加していた。間島省にはその約半数が住んでいたが（省人口の七〇%余）、全体の九四%が国土の東部に偏在していた。一方、国土の西部に偏在していた「蒙古族」の人口総数は一〇二万人弱（全人口比二・六%）で、建国時よりも約一五万人増加、そして全体の四割弱が興安省に住んでいた。

新参の「日本族」は五二万二〇〇〇人（全人口比一・四%）にすぎなかったが、日露戦争前の在満日本人数二〇〇〇人と比べると激増、建国時と比べても三八万人が増加していた。在満日本人人口の約四割にあたる二一万五〇〇〇人が奉天省に住み、とくに満鉄旧附属地に密集していた。一方で、北東部の人口増加も見逃せない。黒河省の人口増加は七七〇倍、濱江省は四五倍、牡丹江省は三六倍、三江・龍江・通化は約二〇倍に増えており、開拓地と鉱工業地区の人口が急増していたことが見てとれる。

宮川は扱っていないが、満洲で「白系ロシア人」と一括して総称されている人たちは、旧ロシア帝国臣民を指すのであって、そのなかにはロシア人のほか、ポーランド人・ユダヤ人・アルメニア人・グルジア人なども含まれていることがあった。本書では、民族概念を混乱させないために、彼らのことを、当時使われていた「エミグラント」という言葉で示したい。エミグラントとは移民を意味する言葉だが、当時の満洲国では特殊な利用のされ方をしていた。とくに、ハルビンを中心としたエミグラントのコミュニティは、中華世界とは異なった景観の一部となっており、メディアの被写体の格好の材料となっていた。たとえば、図5は、「ハルピン見物」という絵はがきセットの一枚だが、「ボルガ・バイカル」という靴屋のショーウィンドーをのぞいているエミグラントたちの様子を撮ったものである。彼ら以外にも、満洲北部には、メディアの登場率が高いオロチョンのほか、エヴェンキ・ダフール・ホジェンなど狩猟採集で生活を営む人々もおり、とくに満鉄はビジュアル・メディアを通じて彼らの「もの珍しさ」を強調し、観光の目玉にしようとしていた。その視点は、ハルビン一帯に住むエミグラントに対してと同様であった。

二つの国歌

満洲国の国歌を知らない人でも、一九〇五年に発表された「ここはお国を何百里　離れて遠き満洲の……」で始まる「戦友」（真《ま》下《しも》飛《ひ》泉《せん》作詞・三善和気《かずおき》作曲）を知っていることは多い。しかし、この歌が、「学校及び家庭用言文一致叙事唱歌」シリーズのひとつで、子どもたちに言文一致で唄えるための唱歌だったことはあまり知られていない。

また、「待ちぼうけ」や「ペチカ」（北原白秋作詞・山田耕筰作曲）などの童謡を知らない人はいないだろうが、これらの歌が、一九二三年満洲教育会が満洲の子どもたちのために依頼して作ってもらった「満洲唱歌」のひとつであったということはご存知だろうか。北原白秋・山田耕筰とも、満洲や中国大陸の「唱歌」作成に積極的な役割を果たしていたのである。

こうした満洲をテーマにした流行歌や童謡は、今日私たちが知る数をはるかに凌駕する量が作成されており、録音されたSP盤は朝鮮や台湾・上海にも送られていた。たとえ、満洲国の国歌を知らなくても、満洲に対する関心は、耳に残る流行歌とともに定着していた。

さて、よく知られていることだが、成立したばかりの満洲国は、一九三二年のロサンゼルス・オリンピックに参加が認められずに、そのときに準備していた「国歌」(鄭孝胥《ていこうしょ》作詞・山田耕筰作曲)はお蔵入りとなった。この「国歌」は別として、満洲国には二つの国歌があった。ひとつめは、翌三三年の満洲国建国一周年記念のために作られた国歌(鄭孝胥作詞・園山民平作曲)であり、日本語の歌詞はなかったが、在満日本人にはよく歌われていたという。この国歌を印刷した大日本独立守備隊司令部が作製したリーフレットが、図6上である。二つめが、一九四二年の建国一〇周年のときに作られた国歌(新国家起草委員会合同作詞・山田耕筰作曲)で、その歌詞はこのときに配布された図6下のリーフレットに印刷されている。

この二つの国歌の作成経緯は、国務院総務庁弘報処長であった武藤富男(一九〇四―九八、第七代明治学院院長)が戦後に記した『私と満洲国』に詳しいので省略するが、一九三二年版の国歌は日本語歌詞がなくても愛唱される一方、一九四二年版の国歌は、やまと風の歌詞と漢詩風の歌詞をつけられたことで難解なものとなって、親しみがもたれなかった。一九四二年版は、人口の九割を占める漢人の宗教観と当時の文化水準を無視して、人口一%強にすぎない新参者の日本人がもつ神道的な宗教観と文化的価値を強制するものであり、これが浸透すると考えるほうが土台無理な話であった。

国旗の制定

満洲国の記念イベントで、国歌とともに掲揚された国旗も、国家を象徴するシンボルでありながら、なかなか現地の人々に浸透しなかった。

一九三二年二月、東北行政委員会が発した「新国家通電」のなかで、国旗を「新五色旗」とするほか、国体は

「立憲共和制」、国名は「満洲国」、年号を「大同」とすることが明らかにされた。

図7のポスターは、後述する一九三三年の熱河《ねっか》作戦のときに作成されたものである。満洲国国旗の上に、「これは私たち満洲国の国旗です。これを目標として王道楽土を建設しましょう!」との文言が印刷されており、現地住民に国旗を通じて満洲国を認知させようする意図が感じられる。

満洲国国務院総務庁情報処が記した「満洲国国旗考」によれば、「国旗の有ゆる意義を、国民に充分理解徹底せしむることは、国家観念の養成上最も大切なる事なると共に、国旗を尊重敬礼することを教ふるは、其の国家に対する尊敬の意思を表示せしむるものなり」として、国旗の五つの色について、次のように解説している(国務院総務庁情報処 一九三五)。

其の地の黄色は中央の土にして、万物を化育し、四方統御の王者の仁徳を表現し、融和、博愛、大同、親善を意味するものと見るべく……最上位の赤は火となし、南方にして、誠実真摯、熱情等の諸徳を表はし、青は木となし、東方にして、青春、神聖等を表し、白色は金となし、西方にして、平和、純真公義等を来はし、最下位の黒は水にして、北方となし、堅忍、不抜の諸徳を表徴せり。

これは、明らかに陰陽五行の原理に基づく中華的な宇宙観であり、また人がもつべき倫理や道徳を表現したものである。これらの五つの色により、黄色は満洲人、赤は漢人、藍はモンゴル人……と考えるのは、孫文(一八六六―一九二五)が考えた五色旗との混同であり、満洲国旗にはそうした色と民族との相関関係はない。ただ、五色が方位を指しているがために、満洲を中心とすれば、それを取り巻く民族を指しているとの解釈も考えられないわけではなく、これを俗説と一蹴することができないほどの説得力はもっている。ただ、そうならば満洲国の北方=黒がロシア人を指すべきだろう。色と民族との関係に関する誤解は、その説得力の高さゆえ、五族が指す民族じたいも、しばしば混乱して用いられた。たとえば、満洲国建国一周年の際に用いられた口絵4のポスターには、「五族協和」にカウントされていなかったエミグラントが描かれている。

いずれにせよ、一九三〇年代初頭に満洲に住んでいた、国家概念さえ希薄だった多様な民族に、国歌や国旗を定着させるには、満洲国政府や関東軍が多大なる経費をかけておこなった弘報政策をもってしても、決して容易ではなかったことは推測できる（塚瀬　一九九八）。一九四二年版の国歌、大陸に作られた多くの神社、戦争で亡くなられた将兵を祀る慰霊塔、日露戦争のときの戦跡、それらすべてが日本人向けの記憶を集合化させる象徴でしかなかったことと照らし合わせると、満洲国の弘報政策に沿って製造されたエフェメラル・メディアの多くは、満洲国に住む一％程度の日本人向けのものであり、対価効果はきわめて低かったといわざるをえない。

図5　絵はがきセット「ハルピン見物」の１枚

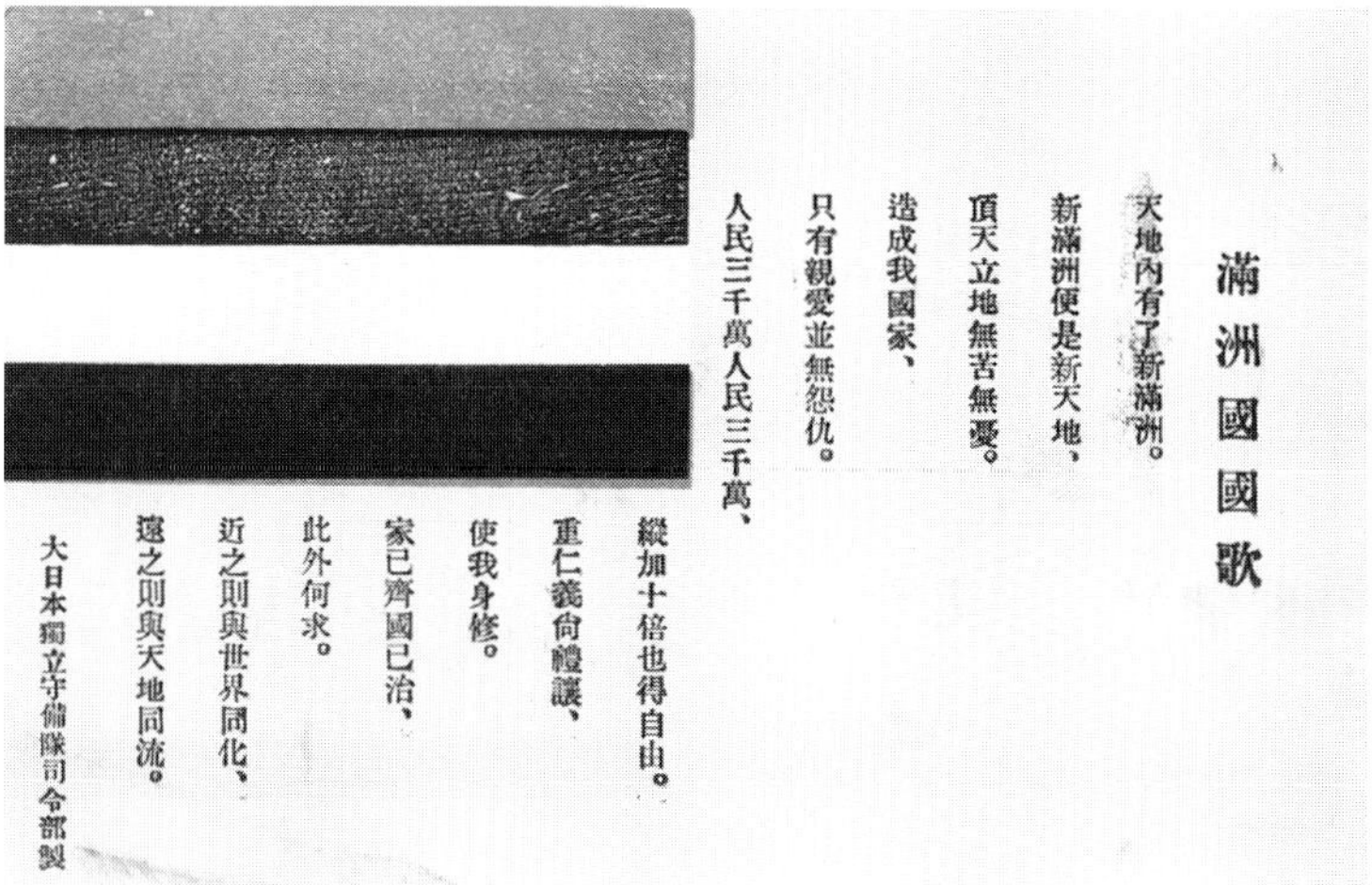
滿洲國國歌
天地內有了新滿洲。
新滿洲便是新天地、
頂天立地無苦無憂。
造成我國家、
只有親愛並無怨仇。
人民三千萬人民三千萬、
縱加十倍也得自由。
重仁義尚禮讓、
使我身修。
家已齊國已治、
此外何求。
近之則與世界同化、
遠之則與天地同流。
大日本獨立守備隊司令部製

図６上　大日本独立守備隊司令部製作のリーフレットに掲載された「滿洲国国歌」

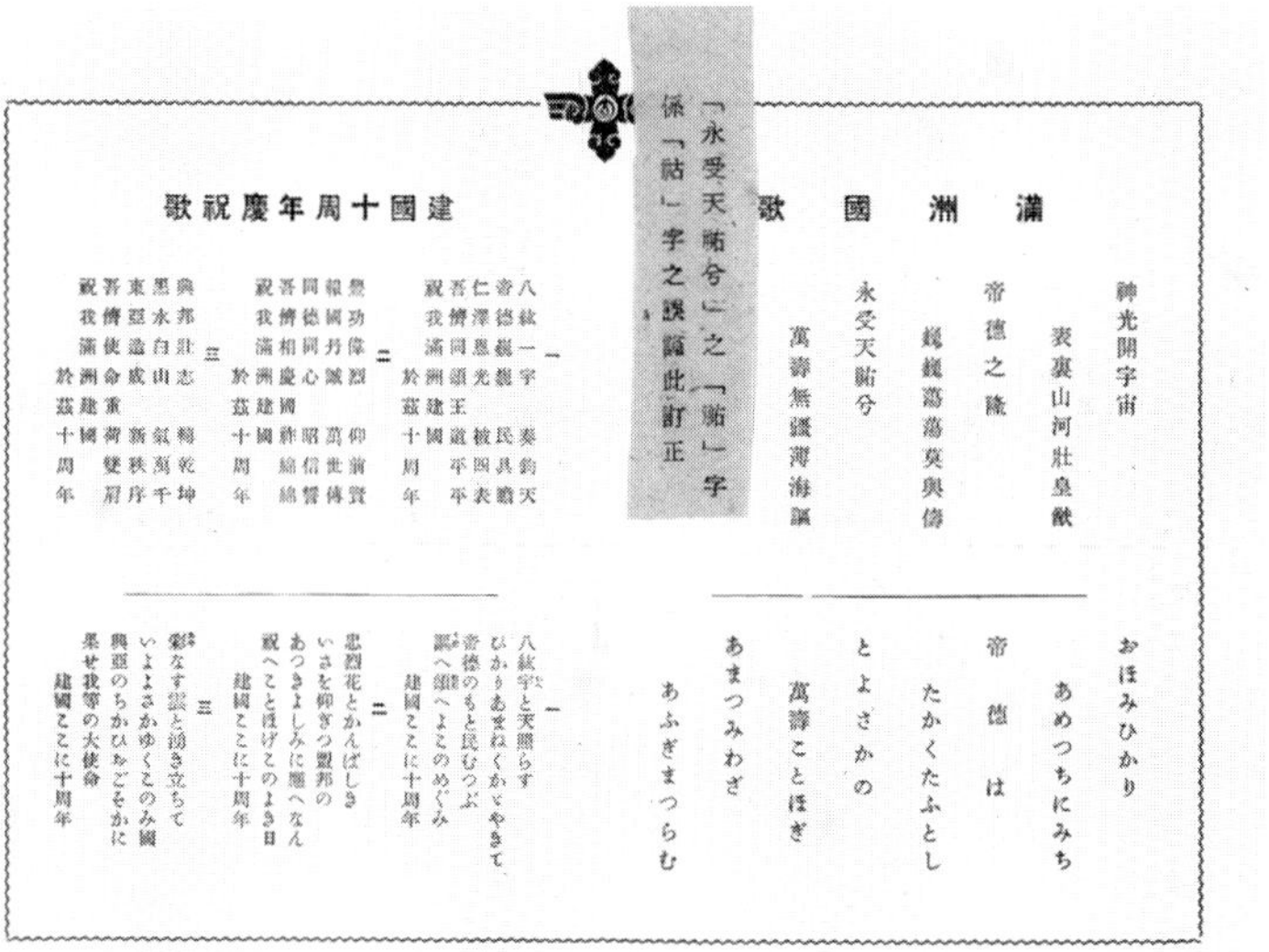
滿洲國歌
神光開宇宙
表裏山河壯皇猷
帝德之隆
巍巍蕩蕩莫與儔
萬壽無疆薄海謳
おほみひかり
あめつちにみち
帝徳は
たかくたふとし
とよさかの
萬壽ことほぎ
あまつみわざ
あふぎまつらむ
建國十周年慶祝歌

図６下　滿洲国建国10周年記念式典配布のリーフレットに掲載
された「滿洲国歌」「建国十周年慶祝歌」（1942年）

図7　満洲国国旗をアピールするポスター「這是我們満洲国的国旗呀！
拿着這個目標建設王道楽土！」（1933年）

chapter 2

2 「大富源」と「観光満洲」のはざまで

「開発」の源

日清戦争勃発前の一八九二年、樺太・極東ロシア・朝鮮・満洲・中国を旅した商人原田藤一郎は、現地での記録に基づいて、『亜細亜大陸大旅行日誌并清韓露三国評論』(東京・青木崇山堂、一八九四年三月)を刊行した。一年八ヵ月におよぶ長旅の果てに、原田は次のような結論に達している(一五〇ページ)。

我国人の西比利亜《シベリヤ》に対する企業に於て将来其過ちなからん事を企望するが故に冀《ねが》わくば西比利亜の事物は其真影看破して以て実地の応用を敏活ならしめんとする外ならず

原田の言説は、現地の見聞をふまえて、日本の開発の矛先を未開発の地であるシベリアに注ぐべきだとの言い分だったが、原田の書籍が出版された三ヵ月後に、李氏朝鮮の宗主権問題をめぐり日清戦争が始まり、日清両国の関心の焦点は朝鮮半島と遼東半島に集中することになった。いずれにせよ、日清戦争勃発前にすでに大陸開発を希求し、ある種の焦燥感を抱いていた者は、原田ひとりではなかったことを確認しておきたい。原田の著作に掲載された青木崇山堂の書籍広告には、次のような宣伝文句が書かれていた。「何故に日本人は東亜の遺利を拾はざるや？　何故に国光を発揮せざるや？　世界の大勢は疾風の勢を以て東遷せり」。世論に表われ始めた大陸開発への焦燥感こそ、日清戦争の背景にあった。檜山幸夫は、この戦争を通じて、日本の民衆が国家と天皇を認識し、軍隊を容認し、そして「日本人」であることを自覚させるにいたったと指摘しており（檜山　一九九七）、日本における国家アイデンティティの形成が、大陸開発への焦燥感と同時に表われたことが、その後の日本の命運を決定づけることになった。

満洲が「大陸の枢軸」であるというイメージが芽生えたのは、一九〇三年中東鉄道の完成が契機であったと、大谷幸太郎はいう。大谷は、日露戦争前後には、満洲イメージに「大富源」「大宝庫」という顔がかぶさっていったことも指摘している（大谷　一九九五）。大谷の指摘で重要な点は、一九〇六年に満鉄が成立する以前に、すでに日本には、開発地としての満洲を捉える世論が影響力をもっていたということにある。

当時の日本人は、満洲という見知らぬ世界への好奇心のみならず、そこに一攫千金を夢見る実利的なロマンも求めていた。満鉄は、それを実現する象徴的企業だった。一九〇六年に満鉄が一〇万株の民間株式を募集したところ、十月五日の締切日までに応募してきた申し込み株数は、一億六六四万三四一八株、総申込人数は一万四六七人にものぼった。じつに所要株数の一〇六六倍の申込があったわけであり、当時の日本人がいかに満鉄を通じた大陸投資に夢見ていたかがわかる（資⑧五―四、一九三七）。他国に遅れず、いち早く日本の手で開発を！　これが、軍や政府をプッシュした世論としてあった。満鉄は、そうした世論を背景に成立した国策的な特殊会社であった。成立当初の満鉄は、図8の絵はがきにも示されているように、鉄道や観光といった業務だけでなく、日本のための満洲産業開発、とくに石炭やオイルシェール（油を含む堆積岩）・鉄などの資源開発が、社運をかけた重要課題であった。こうした開発への課題は、一九三七年に「満洲産業開発五ヵ年計画」の遂行機関として、満洲重工業開発株式会社が成立するまで続いた。

また、多くの日本人の目には、満洲は広大な大地に希薄な人口しかない場所とうつり、そこに農業開発の理想郷としてのイメージが押しつけられた。たとえば、『満洲グラフ』四巻一二号（一九三六年十二月）の裏表紙にある次のような文言が、それを代表している。

満洲の面積は日本の約二倍しかも人口は我国の三分ノ一に過ぎない。日本全土の耕地六百万町歩に対して満洲にはその六倍余りの可耕地がありまだ五分ノ二も開墾されては居らぬ

日本人の移民地に当てられた地域は五ヶ年間肥料なしで作物がとれ入植一〇年後には一戸当り十町歩の自作農として独立し得ることが過去五ヶ年の実績に徴して明白となった。

満洲は決して無主の地ではなかったにもかかわらず、貧しさや民法の相続権上の問題などで苦悩する農家の次男・三男たちは、こうした甘言や国策的な開発移民政策にだまされて、一旗上げる気持ちで満洲開拓民に応募することになったのである。

満洲資源館

地域の資源を即座に理解するためには、商品陳列所や物産館などに行けばよい。満洲では、一九〇六年に鉄嶺軍政署が設置した商品陳列館（二四年に解散）、一六年に錦州に設置された民営の商品陳列館があったが、規模は大きくなく、営利的商店でもあった。一方、満鉄が一九一六年に設置した長春商品陳列所と、二六年に一般開放した大連の満蒙物資参考館は、商品や物産の展示のほか、経済調査、貿易の補助、満洲事情の紹介もおこない、多くの見学者を集めた（満鉄　一九七四）。

満蒙物資参考館は、一九二八年十一月に満蒙資源館と改称し、三二年十二月にさらに満洲資源館と改められた。図9は満洲資源館のパンフレットの表紙である。この資源館は、満洲で産出される鉱産・農産・林産・畜産・水産などの基礎資源を概括分類し、それらの加工品も含めて、一般展示していた。そこには、次にあげる五つの陳列室と、三つの参考資料室があった。

「鉱産陳列室」第一室…金・砂金・銅・鉛・マンガン・硫化鉄、第二・三室…石炭（撫順）・オイルシェール、第四室…鉄（本渓湖・鞍山）、第五室…マグネサイト・ドロマイト、第六室…アメジスト、地質学標本室…化石、鉱産参考品室…日本・朝鮮・欧米の鉱物、石材陳列室…花崗岩・片麻岩・石灰岩

「農産品陳列室」第一室…大豆、第二・三室…高粱・玉蜀黍《とうもろこし》・小麦・水稲・陸稲《おかぼ》、第四室…麻・綿花・ケナフ、第五室…蚕、第六室…家蚕・ホップ・甜菜《てんさい》・煙草、第七室…果実・漢方薬陳列室

そのほか、「畜産陳列室」「林産陳列室」「水産陳列室」があった。大豆を除けば、日本が注目していたのは、やはり鉱物資源だった。参観者の数は、満蒙物資参考館発足の一九二六年には八〇〇〇名あまりにすぎなかったが、満洲資源館と改称された三二年には三万七〇〇〇人近くに増え、三五年には約六万八〇〇〇名に達した。一九二八年十月に高松宮宣仁《のぶひと》親王が参観して以降、満洲を訪れる皇族は、この資源館にも立ち寄っている（立川一九三九）。なお、日本国内には、東京虎ノ門の満鉄東京支社一階に、満洲資源館のミニチュア版である満洲資源陳列所があった（満鉄　一九三七）。

満洲資源館のように、満洲の物産や資源を紹介する施設は、さまざまな博覧会でも設置された。とくに一九三三年七月二十三日から大連市主催で開催された満洲大博覧会は有名であり、そのときのポスターが図10である。このポスターは懸賞募集で二等賞をとった大阪市の谷口安弘のデザインに、後藤画伯が加筆し、大連にあった小

林又七商店大連支店に印刷させたものである。このポスターの日本向け分は大阪の鮮満案内所を通じて、各府県・市役所・出品協会・商工会議所に配布され、中国向け分は満鉄、ジャパン・ツーリスト・ビューロー、居留民会、商工会議所が配布した（大連市役所　一九三四）。

また、日本各地で開催された地方博覧会に設置された、満洲館という特殊パビリオンも同様な役割を果たした。こうしたパビリオンには、満洲国政府・関東局・満鉄・在日満洲機関が全面的に協力していた。たとえば、満洲館が設置された博覧会は、一九三六年だと、築港記念博覧会（福岡）・躍進日本大博覧会（岐阜）・四日市大博覧会・日満産業博覧会（富山）・日満産業博覧会（宮崎）、翌三七年だと、名古屋汎太平洋平和博覧会（愛知）・別府国際温泉博覧会（大分）・南国土佐博覧会（高知）があった。これら満洲館では、ジオラマや展示品、声のガイダンスを通して、満洲の資源・物産・文化・風俗や現地事情を紹介するとともに、日満両国関係の強化、満洲認識の是正、満洲への移民の奨励が促されていた（資③一九三五・一二・一一、資⑥二一―二）。

日満交通ルート

満鉄成立前年の一九〇五年、旅順開城とともに、大阪商船が大阪―大連間の日満航路を開設し、〇九年四月から満鉄との間で、旅客・手荷物の連絡を円滑にする協議がおこなわれた。これが、満鉄ルートである。同じく〇五年に下関―釜山《プサン》間に関釜連絡船が就航することとなり、この航路が山陽鉄道と朝鮮半島の京釜線（京城―釜山）を結びつけ、〇八年に京義線（京城―新義州）が開通すると、朝鮮半島を南北に縦断する鉄道が完成した。韓国併合の翌年には、満鉄の安奉線（安東《アントン》―奉天）が標準軌に改良され、また安東と京義線の終点である新義州の間を流れる鴨緑江《おうりょくこう》に橋梁が架けられたことで、朝鮮鉄道と満鉄との連絡が可能になった。これが朝鮮鉄道ルート

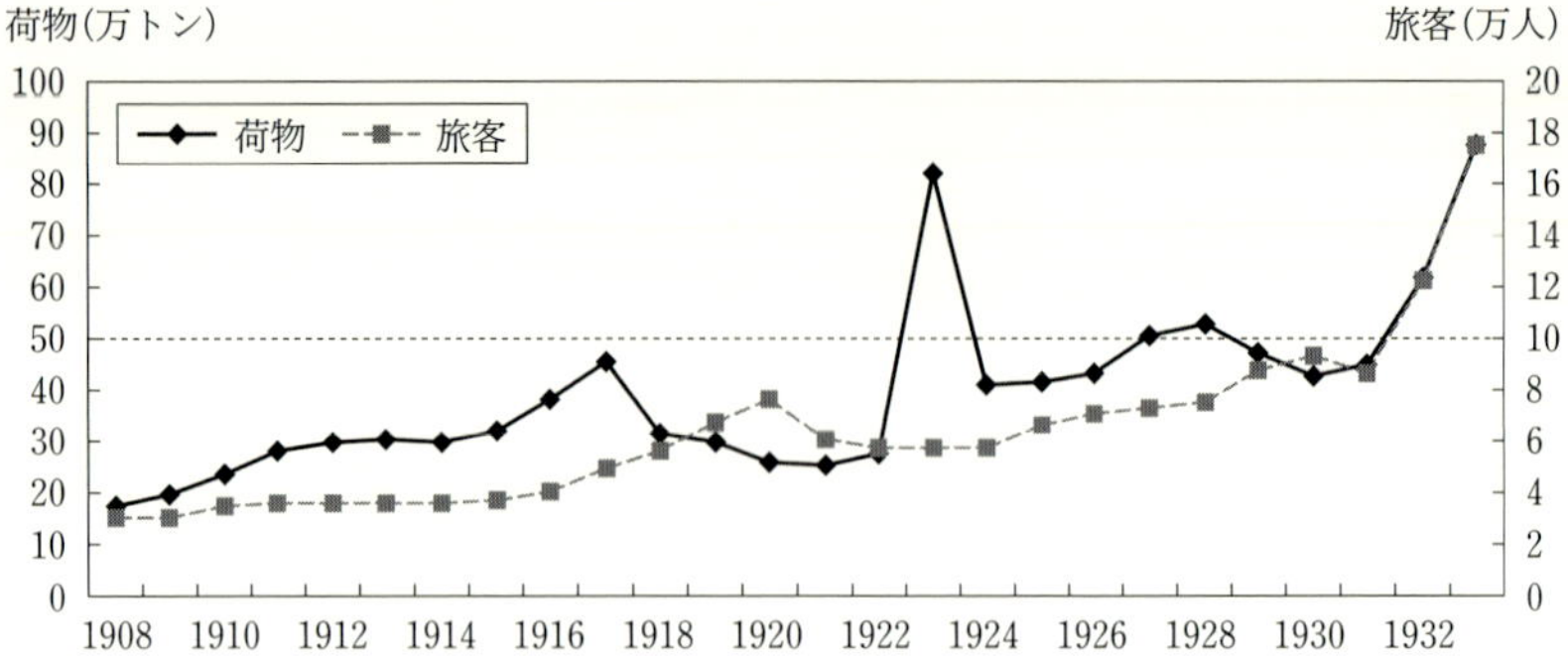

図11　大阪商船の満洲航路利用旅客数・荷物輸送料の年次別変化
（出典）　大阪商船株式会社編『大阪商船株式会社五十年史』（1934年）より作成

である。このように、一九一〇年代は、海を渡って大連港から満鉄に乗車する満鉄ルートと、朝鮮半島を縦断し満洲入りする朝鮮鉄道ルートの二つが、日満間の幹線交通ルートであった。

図11は、一九〇八年から三三年までの大阪商船の満洲航路における荷物輸送量・旅客数の推移を示したものである。このグラフからもうかがえるように、旅客数は、一九一六年を契機に微増し始め、一九三二年からは、爆発的な増加となっている（大阪商船株式会社　一九三四）。一九三二年は、まさに満洲国が建国した年であり、同時に奉天－釜山間の急行「ひかり」の運転区間が新京にまで延び、有名な特急「あじあ」が大連－新京間で走行を開始した年であった。こうした移動時間の短縮も、旅行ブームをブレイクさせた重要な要因だった（平山　二〇〇六）。

ジャパン・ツーリスト・ビューロー

一九一〇年代に増加した旅客は、日本人だけではなかった。欧米からの極東旅行には、満洲ツアーが組み込まれるようになり、日本・朝鮮・満洲・中華民国を周遊する外国人が増えた。

こうした外国人ツアーを支援し、満洲や朝鮮への旅に門戸を開いたのは、日満両国における観光事業機関であった。一九三六年、満洲国の

「観光国策」が公表され、多くの観光協会が一九三七年から四一年までに成立した。その前年までに成立したのは、大連・旅順・奉天の三大都市における観光協会だけだった（東亜旅行社満洲支部 一九四二）。

こうした観光事業機関のうち、最初に成立した日系会社がジャパン・ツーリスト・ビューロー（以下、JTBと略記、現在のジェイティビーの前身）であり、一九一二年十一月に大連支部が設置された。JTBの基本的な目的は、「外国に我邦の風景事物を紹介し、且つ外人に対して旅行上必要なる各種の報道を與ふるの便を開くこと」で、外国人旅客を日本観光に誘致することにあった。しかし、この「我邦」の概念が重要である。JTBの発足にあたって、日本の鉄道院を中心として、朝鮮総督府・台湾総督府・大阪市・満鉄・日本郵船・大阪商船・東洋汽船・帝国ホテル・三越呉服店の関係者が発起人となった。「我邦」は、日本内地だけでなく、明らかに植民地朝鮮や台湾、満洲が含まれていたことを看過すべきではない。

JTBは、一九一四年に大連ヤマトホテル・旅順駅・奉天ヤマトホテル・長春ヤマトホテルに嘱託案内所を設置し、在満日本人だけでなく、満洲を訪れた欧米の外国人にも旅行斡旋を始めた。図12の絵はがきには、奉天駅前のJTBが写っている。右側のビル群の角から二軒めの建物には、タテの看板に「日本国際観光局」、屋根の看板に「JAPAN TOURIST BUREAU」、その下のヨコの看板に「萬国售票（世界のチケットを取り扱います）」が見られる。その左隣の建物は両替商で、漢語・英語・ロシア語の看板がある。道の向いには「旅館」の案内所があり、その前に人力車が十数台止まっている。手前には少なからぬ馬車がおり、道路には自動車、徒歩の人々が散見される。市内交通は、おおよそこうしたものによった。

図11でも見たように、旅行客は、一九三一年の満洲事変後に増加したが、日中戦争勃発以降はさらに急増した。これら旅行客のため、JTBは、満鉄沿線に案内所を増やしていき、一九三〇年代には大連に七店、奉天に二店、

新京に四店、ハルビンに三店、そのほか鞍山・吉林・通化・営口・撫順・安東・牡丹口・佳木斯《ジャムス》・チチハル・満洲里・錦県・承徳に各一店が設置された。また、日本国内では、東京・大阪・門司にあった満鉄の鮮満案内所のなかにもJTBの案内所を設置し、日本を訪れた欧米の外国人旅客に、外地や満洲への旅の手配をした。そのような状況でJTBと連携し、ときには競合関係にあったのが、中国旅行社、ハルビンのワゴン・リ社、ロンドンに本店をおくトーマス・クック社、ニューヨークを拠点とするアメリカン・エキスプレス・カンパニーであった（日本交通公社　一九八二）。

こうした旅行案内所は、満鉄・JTBだけでなく、一九三四年五月に奉天の満毛百貨店内に新設された航空旅客用の「空の旅案内所」や、三七年に成立した満洲観光連盟も同様な役割を果たした。欧米の外国人の旅行者は、日本から満洲、そして中華民国というルートをとるか（あるいは逆ルート）、シベリア鉄道を経由して極東を訪れるか、どちらかだった。

こうした外国人観光客を極東へと誘ったのは、上述したトーマス・クック社、アメリカン・エキスプレス・カンパニーなどの旅行会社、欧米の汽船会社のほか、ニューヨーク・ロサンゼルス・パリにあったJTBの海外出張所や、パリやニューヨークにあった満鉄の海外事務所だった。満鉄の海外事務所では、満鉄で作った最初の国策映画「新興満洲国の全貌」などを上映し、また現地の団体と共催で文化活動もおこなった。たとえば、パリ事務所は、英仏両語による雑誌『フランス・ジャポン』を発行したり、日仏同志会パリ支局主催の「満洲国観光ポスター」懸賞募集を後援したりした。また、三七年二月に満鉄総務部弘報課所蔵の八〇余点の写真でもって、アントラン・ジャン紙・日仏同志会主催、パリ事務所後援の「昨今の満洲」と題する写真展が開催されて評判を呼んだこともあった。

欧米からの旅行客は、毎年七月初めから八月中旬に集中した。たとえば、一九三六年七月に満鉄の鉄路総局に依頼したものだけでも九団体、人数にして三〇〇人近かったという。『大阪朝日新聞』の満洲版に掲載された記事では、一九三六年七月、北米ブローネル旅行者主催旅行団A班一五名が奉天に着いたこと、オデン・キングス旅行団二一名がハルビン経由で満洲里へ向かったこと、アメリカン・エキスプレス・カンパニー主宰シベリア経由旅行団二三名が山海関から奉天へ向かったこと、テキサス州ワコー市のアームストロング社主催の旅行団龍田丸班が京城から奉天・北平に向かい、同A班三六名は京城から奉天・ハルビンへ行ったこと、同年八月ロサンジェルス・レーマン汽船代理店主催旅行団一六名が山海関から奉天へ向かい、アングロアメリカン旅行団一〇名は北平より奉天、そして京城へと向かったことが記されている（資③一九三六・七・九）。この年、満洲を訪れた外国人は一万二〇〇〇人ほどで、人数からいえばアメリカ人、イギリス人、ドイツ人、チェコ・スロバキア人、フランス人の順で多かった。滞在日数は、一〇日から一五日までで、その多くは新京・ハルビンを訪れたという。

こうして増加した欧米人観光客向けに、翌三八年にハルビン観光協会が発足した。また、一九四〇年に開催が予定されていた東京オリンピックに向けて、鉄道総局は準備委員会を発足させ、「旅客誘致三ヵ年計画」を策定し、海外へ向けても宣伝戦を開始した。一九三八年はその第一年に位置づけられ、ポスター、封緘はがき、ツーリスト会話、『スポーツ満洲』、オリンピック・ニュースなどを発行することが計画された（資③一九三七・七・二八）。

満鉄鮮満案内所

ここで、満鉄の鮮満案内所についても取り上げておきたい。満鉄は、一九二三年に東京支社経理科に朝鮮・満洲の案内事務を取り扱う業務を担当させ、二五年にはこれを庶務課の管掌に移し、東京丸の内ビル・大阪堺筋・下関駅前の三個所に鮮満案内所を設置した（三六年には門司税関内にも設置）。二七年、運輸課が復活設置されると、鮮満案内所はその管掌下に置かれ、案内事務のほか、物産販売も扱うことになった（満鉄　一九七四）。

一九三一年に満洲事変が勃発すると、各地の鮮満案内所は、事後対応にあわただしく活動した。東京鮮満案内所は、満洲事変に関する講演会に講師を派遣したり、満洲事情紹介のために一九万四五六五部の刊行物を配布したり、満洲の地方状況などに関する質問表一〇万八九七三に答えるなど多忙をきわめた。また、記録フィルムの貸与、陸軍省新聞班などと連携した映写会の上映などは計二五六回に及んだ。このほか、新聞社・通信社・出版社に写真や記事を提供した。また、大阪鮮満案内所・下関鮮満案内所も、満洲事変後の時局講演や記録フィルムの上映、パンフレットの作成などをおこなった（満鉄総務部資料課　一九三四）。

時局が安定すると、鮮満案内所も通常業務に戻ったが、旅行の相談や切符の手配、旅館の予約、自動車の予約などは、おもに所内にあったＪＴＢがおこなった。満洲や朝鮮の宿泊先は、満鉄沿線のヤマトホテルや朝鮮ホテルなどの洋式ホテルが知られているが、実際には両地域とも主要な都市には日本式旅館が必ずあった。団体客は、だいたいそうした日本式旅館で宿泊した。言葉も日本語であっただけでなく、日本円での支払いも可能だったからだ。当時の東アジア観光を考える場合、こうした旅館ネットワークの存在がもっと注目されてもいい。口コミによる現地の観光情報は、こうした日本式旅館を通じて授受されたからである。

さて、鮮満案内所の業務の様子は、満鉄が製作した紹介フィルム「満洲の旅・内地編」で見ることができる（満洲ＤＶＤ）。図13はその一シーンで、入口上部には、満鉄のＭとレールの断面との組み合わせによる満鉄の社章が見られる。

ここで、右手壁に貼られている二枚のポスターに注目していただきたい。上の鮮満案内所のポスターは、上半分が切れているが、一九三七年に従軍画家古島松之助が描いた「見よ！　楽土新満洲」と題したポスターである（図14）。古島は、日露戦争をテーマにした「日本海海戦」「凱旋観艦式」などの作品があり、軍事郵便絵はがきに中国大陸・台湾の風景や将兵の姿をたくさん描いていた。このポスターの構図は、一九三六年十二月、満洲中央銀行印刷所のデザイナーであった大矢博三が、満洲国交通部が発行した普通切手（六分・一角・五角）に援用している。ちなみに、満洲国の法定通貨は満洲国円で、一元は一〇角、一角は一〇分と換算される。

その下の満鉄のポスター（口絵13）は、伊藤順三（一八九〇―一九三九）がモンゴル人旗人の正装をもとにデザインしたものである。ポスターの裏面には、「此ノ画ハ蒙古ブリヤート族ノ婦人盛装デアリマシテ着テ居ル帽子及ビ耳ノ両側ノ扇子様ノ飾リハ既婚婦人ノ印デアリマス。背景ノ黄色ノ花ハ北満洲ニ多ク見ラルル千島雛ゲシヲ図案化シタモノデアリマス。五枚」とのメモ書きがある。伊藤と満鉄の関係は深かった。伊藤は、東京美術学校日本画科本科で結城素明《ゆうきそめい》（一八七五―一九五七）に師事し、卒業後、行樹社・八火社を創立して自由展覧会を主催して反文展派の先鋒的な活動をしたが、一九一六年から三越呉服店図案部嘱託として働き、二〇年に未来派美術協会の結成にかかわった。同協会脱会後、二三年に満洲に渡り、満洲日報社美術担当記者の職についた。翌年一月から満鉄公報係主任に転職し、二五年に嘱託として情報課公報係に勤務となった。満鉄時代の一九二〇年代後半から三〇年代前半にかけて、伊藤は多くの満鉄ポスターを描いた。鉄道史家中村俊一朗によると、伊藤が満鉄のために描いたポスター画像は、大阪朝日新聞社と東京朝日新聞社が共同刊行していた英文の日本紹介のグラフ誌『PRESENT–DAY JAPAN』の一九二七年から三五年の号や、大阪毎日新聞社刊行の央文の日本紹介のグラフ誌『JAPAN TODAY & TOMORROW』の一九二九年から三三年までの号の裏表紙にある満鉄の広告にも利用されていた。

図14と口絵13のポスターは、いずれも凸版印刷株式会社にて、当時としては新しかったＨＢ式製版の多色刷印刷で製作されており、きわめて精巧なポスターとして仕上がっている。当時の満洲では、ＨＢ式製版印刷機を備えるだけの規模の大きな印刷業者がなかったため、この種の多色刷のものはすべて日本国内で印刷され、満洲や日本国内に運ばれたのである。一九二〇年代から三〇年代までの満鉄の多色刷ポスターが、函館市中央図書館をはじめ、日本各地に残っているのも、そうした事情による。余談ながら、満洲でＨＢ式製版印刷が可能になったのは、一九三九年三月、凸版印刷と共同印刷が合同出資して立ち上げた新大陸印刷株式会社が成立してからである。

鮮満案内所は、旅行案内をするだけではなく、旅行の主催もおこなった。たとえば、下関鮮満案内所では、一九二九年九月、初めて主催旅行「第一回鮮満視察団」を実施したが、これに参加した旅客の写真アルバムが残っている（旅行者の氏名は不明）。このアルバムの持ち主は、下関から関釜連絡汽船に乗って、釜山到着後朝鮮鉄道で京城へ向かった。京城では当時開催していた朝鮮博覧会を観光し、続いて平壌では商品陳列館・妓生学校を見学したあと、満鉄線に乗って大石橋経由で渤海湾を大きく迂回して大連に到着した。大連から旅順に移動し、当時の定番観光だった戦跡参拝ツアーをおこなっている。再び満鉄線に乗り、大連経由で北上し、撫順の露天堀を見学したあと、奉天では忠霊塔―同善堂―北陵見学という定番見学ルートに則して観光している。当時はまだ満洲国成立前だったので、奉天でＵターンし、鴨緑江を鉄道で渡って、朝鮮へ移動し、帰路は昌慶丸に乗って帰還した。これが、満洲国成立以前のごく一般的なツアー内容といえた。こうしたツアー客を誘うために、満鉄は、一九二〇年代に多くの自社ポスターや絵はがきを作成して弘報活動に利用していたのである。

一九三九年、中華民国も案内業務に入れなければならなくなったことから、満鉄の組織改正がおこなわれ、鮮満案内所は、鮮満支案内所に改組された。それらの設置場所は、東京・大阪・門司のほか、新潟と小樽が加わった。そして、一九四四年に格上げとなった事務所は、東京・広島・福岡・松山・新潟・仙台・札幌に設置された。この改組後のポスターが、図15である。これらの事務所が、総裁室弘報課の出先機関として、旅行者や視察団向けの弘報業務を担ったのである（磯村　一九八八）。

満洲事情案内所

満洲国建国後は、満鉄以外にも、「観光国策」に携わる機関が設置された。満洲経済事情案内所は、一九三三年一月に関東軍特務部の特殊指令に基づき、新京記念会館内に設立された。設立にあたっては、関東軍・満洲国政府・駐満日本大使館・満鉄が支援した。案内所は、産業五カ年計画および国策移民の遂行を中心とした満洲開発をサポートする商工会議所に似た役割と、図書館・観光協会・観光案内所などの業務をあわせもつ組織だった。一九三四年一月には、関東庁・駐満海軍部などの後援が加わり、その事業部門は拡大されて、満洲事情案内所と改称し、同年三月に設立した満洲視察委員会の実務担当機関も兼務することになった。

一九三六年九月に設立された特殊会社満洲弘報協会が、新聞社や通信社の整理統合に着手すると、満洲事情案内所もこれに吸収されたが、三八年一月に政府特設の外郭機関として再び独立した。満洲事情案内所は、旅行者を、一般的な遊覧を主とする旅行者と、業務上の調査などを主とする者に分けて、前者はＪＴＢや観光協会に、後者を商工会に担当させたほか、行政視察や実地視察は満洲事情案内所が担当した。日本人団体客の旅行や視察も、現地では、こうした機能分化のもとに遂行されていたのである。一九三四年に満洲事情案内所が斡旋した視察は七五団体、総人員三一〇〇名、翌三五年には少し減って四八団体、一四七二名だったという（資⑥三―一〇、四―二）。

満洲事情案内所は、一九三三年の発足から四三年まで、日本人向けの多くの出版物を刊行して満洲国の理解を促していた。確認できただけでも、報告書は一一一号にも及んでおり、満洲国の一般事情だけでなく、自然地理、地域事情、産業・物産、金融、交通、風俗・習慣、宗教、民族、文化など、あらゆる分野を網羅したほか、満洲古蹟古物名勝天然記念物保存協会の調査書も刊行している。さらに、一九三九年に起こったノモンハン事件前後には、『外蒙古事情』（三六年）、『満蘇支辺境事情』（三六年）、『蘇聯外蒙資料集成』（四〇年）、『露国の東亜政策と満洲』（四二年）などモンゴル人民共和国やソ連の事情を紹介したほか、南進政策が標榜されるようになると、これに呼応して『満洲と南洋』（四三年）といった報告書も刊行し、当局への情報提供といった役割も果たしていた。

最近でも、満洲事情案内所の本は、第一書房が『満商招牌考』『満洲地名考』（一九八二年）、地久館出版が『満洲文献目録集』（八五年）、慧文社が『満洲国の習俗』『満洲の伝説と民謡』『満洲地名考』（二〇〇七年）、『満洲娘考』（〇八年）、大空社が『満洲の農村生活』（〇九年）を復刻しており、満洲理解を促す一次資料となっている。

いま、〝史跡〟が歴史を語り始めた…。

原始・古代から近現代の戦争遺跡まで、一五〇〇を超える国指定の貴重な歴史遺産〝史跡〟をもとに歴史の流れを叙述する、まったく新しい日本の歴史！

【企画編集】佐藤 信

史跡で読む日本の歴史

全10巻 刊行中

各二九四〇円

毎月1冊ずつ配本中／四六判・平均二八〇頁・原色口絵四頁／『内容案内』送呈

●新刊の3冊

4 奈良の都と地方社会【奈良時代】

佐藤 信編

〈第6回配本〉

遷都一三〇〇年を迎えた奈良の都・平城京。東大寺・興福寺などの文化遺産から、花に例えられた都の実像を探る。国府や国分寺など地方社会の様相や古代人の生業・祭祀をも、最新の発掘成果をもとに歴史として叙述する。

三二八頁・原色口絵四頁

5 平安の都市と文化【平安時代】

増渕 徹編

〈第7回配本〉

桓武天皇による新たな王都＝長岡京・平安京より京外の白河・鳥羽へ政権拠点が移行する院政時代へ。初期荘園や平安仏教、摂関家の宇治や平泉などの平安遺跡から、日本の風土に育まれた独特の文化が花開いた時代に迫る。

二八〇頁・原色口絵四頁

10 近代の史跡

鈴木　淳編
〈第5回配本〉

幕末の海防や開国と明治の殖産興業・北海道開拓の時代、迫りくる欧米列強との緊張関係の中で模索された日本の近代化を史跡から読み解く。明治天皇聖蹟や沖縄の戦争遺跡など、近代の史跡指定のあり方と課題を提示する。

三〇四頁・原色口絵四頁

【幕末・明治〜太平洋戦争期】

好評発売中

1 列島文化のはじまり

玉田芳英編

日本列島に生きた原始古代人は、どんな家に住み、何を食べ、どのように神へ祈りを捧げたのか。狩猟採集から定住農耕生活へと変化をとげ、やがて国家の形成へとむかう彼らの時代を、地中に残された史跡から復元。

【旧石器時代—弥生時代】

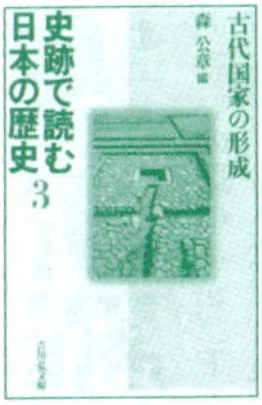

3 古代国家の形成

森　公章編

日本の古代国家はどのように成立したのか。飛鳥の宮と藤原京の遺跡から国家支配の中枢を、大宰府・水城や古代山城から地方支配の様相を明らかにする。高松塚・キトラ古墳、寺院や石碑など文化的側面も併せて描く。

【飛鳥時代】

6 鎌倉の世界

高橋慎一朗編

東国に成立した武家政権は、人・物・情報の全国的大移動を促し、交通・産業の発展をもたらした。都市鎌倉、荘園と居館、鎌倉仏教、金沢文庫、元寇防塁、南北朝遺跡など、主要な関連史跡から、躍動する人々の姿を再現。

【鎌倉時代—南北朝時代】

7 戦国の時代

小島道裕編

戦国大名の拠点や決戦の場につくられる城はいかに発達したのか。城下町・寺内町など続々と誕生する都市、窯業や鉱業の発展、庭園に代表される室町文化。日本の転換点となる時代の史跡を多角的な視点で読み解く。

【室町時代—戦国時代】

続刊書目　※配本順序は変更される場合がございます。

2 古墳の時代　岸本直文編

8 アジアの中の日本　服部英雄編

9 江戸の都市と社会（5月刊）　岩淵令治編

歴史文化ライブラリー

●2〜4月発売の6冊

全冊書下ろし

人類誕生から現代まで／忘れられた歴史の発掘／常識への挑戦／学問の成果を誰にもわかりやすく／ハンディな造本と読みやすい活字／個性あふれる装幀

291 白村江《はくそんこう》の真実 新羅王《しらぎ》・金春秋《きんしゅんじゅう》の策略

中村修也著

大敗した白村江の戦いの影に浮かび上がる後の新羅王金春秋。彼は日本の朝鮮半島外交にいかなる影響を与え、日本はなぜ戦争を選択したのか。白村江への道を臨場感溢れる筆致で描き、〝古代東アジア大戦〟の真実に迫る。

四六判・三〇二頁／一九九五円

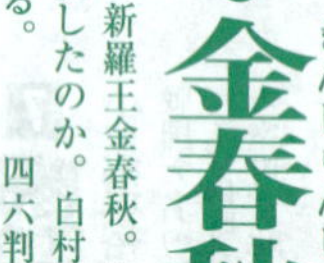

292 〈近代沖縄〉の知識人 島袋全発《しまぶくろぜんぱつ》の軌跡

屋嘉比収著

琉球処分以降、沖縄戦、米軍占領期まで過酷な時代を生きた郷土史家・島袋全発。伊波《いは》普猷《ふゆう》・東恩納寛惇《ひがしおんなかんじゅん》らとの交流や帝国主義・ナショナリズムとの戦いから、今に生きる沖縄の近代思想を浮かび上がらせた「思想史」入門。

四六判・二三八頁／一七八五円

293 O脚だったかもしれない縄文人 人骨は語る

谷畑美帆著

土器や漆製品の美しさで世界的に注目されている縄文時代とはどんな時代だったのか。貝塚や住居跡から出土したヒトの骨や魚介類より、縄文人の健康・食生活を検証。骨から見た研究成果を駆使し、縄文社会の実像に迫る。

四六判・一九二頁／一七八五円

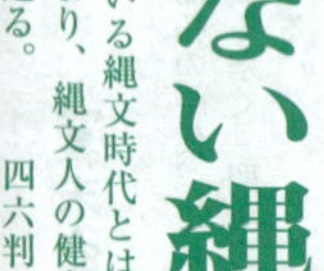

294
邪馬台国の滅亡
大和王権の征服戦争

若井敏明著

邪馬台国論争を解決する鍵は何か。『記紀』を丹念に読み解き、邪馬台国の位置が九州北部であったことを論証。大和政権が邪馬台国を滅ぼし、どのように全国を統一したのか、その真実に迫り、新たな古代史像を描きだす。

四六判・二〇八頁／一七八五円

295
鎌倉大仏の謎

塩澤寛樹著

「古都のシンボル」鎌倉の大仏は、いつ、誰が、何のために、どのように造ったのか明らかになっていない。政治と宗教の関係、銅造以前に存在した木造大仏、倒壊を繰返した大仏殿など、文献と彫刻史の両面から謎に挑む。

四六判・二八八頁／一八九〇円

296
昭和天皇側近たちの戦争

茶谷誠一著

戦前日本、天皇を支えた宮内大臣・内大臣・侍従長ら側近たち。彼らは戦争への道を突き進む激動の昭和にいかなる政治的影響力を持っていたのか。牧野伸顕・木戸幸一ら昭和天皇の側近たちの視点から近代日本の軌跡を描く。

四六判・二四〇頁／一七八五円

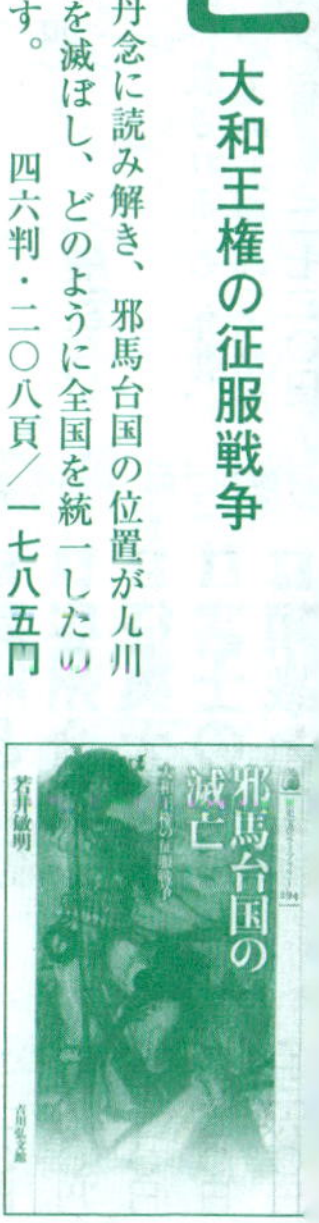

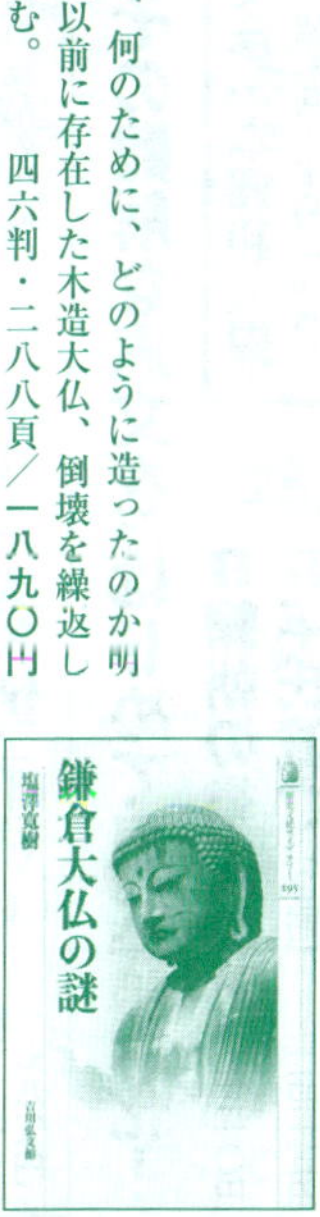

好評既刊

282 **大名行列を解剖する** 江戸の人材派遣
根岸茂夫著――【2刷】四六判・二二四頁／一七八五円

288 **平城京に暮らす** 天平びとの泣き笑い
馬場　基著――【2刷】四六判・二五六頁／一八九〇円

289 **幕末日本と対外戦争の危機** 下関戦争の舞台裏
保谷　徹著――四六判・二四〇頁／一七八五円

290 **「国語」という呪縛** 国語から日本語へ、そして〇〇語へ
川口　良・角田史幸著――四六判・二二四頁／一七八五円

飛鳥時代 倭から日本へ

田村圓澄著

聖徳太子が登場し、天武天皇が初めて「国家」を構築した飛鳥時代。律令制の導入、仏教受容、「天皇」「日本」の称号など多彩なテーマを検証。新生「日本」誕生の原点を鮮やかに描き出す。古代史碩学による渾身の書下ろし！ 四六判・一九二頁／二四一五円

さまざまな生涯を時代と共に描く、伝記シリーズ！

人物叢書

日本歴史学会編集 四六判

文《もん》覚《がく》 (263)

山田昭全著 一九九五円

鎌倉前期の僧。源頼朝と後白河院の連携を工作し平家打倒に奔走。神護寺や東寺の復興に努めた。過激な言動の根源には強い宗教的使命感があった。鎌倉期の仏教文化と政治に大きな足跡を残した荒法師の波乱の生涯。 二五六頁

- 山名宗全《やまなそうぜん》 (259) 川岡 勉著 一八九〇円
- 北条重時《ほうじょうしげとき》 (260) 森 幸夫著 一八九〇円
- 阿《あ》仏《ぶつ》尼《に》 (261) 田渕句美子著 二二〇五円
- 犬養橘三千代《あがたのいぬかいのたちばなのみちよ》 (262) 義江明子著 一七八五円

鎌倉時代のもっとも基本的な歴史書。その難解な原文を、はじめて現代語訳化！

現代語訳 吾妻鏡 全16巻 刊行中

五味文彦・本郷和人編

四六判・平均二九六頁

8 承久《じょうきゅう》の乱

建保二年（一二一四）〜承久三年（一二二一） 〈最新刊〉

承久元年（一二一九）正月、実朝は鶴岡八幡宮で兄頼家の子公暁に殺される。二年後、幕府の混迷を見た後鳥羽上皇は、義時追討の院宣を発する。政子の大演説で御家人結集に成功した幕府は大軍を派遣、朝廷軍と対決する。 三〇〇頁 二七三〇円

既刊７冊 『内容案内』送呈

1 頼朝の挙兵【4刷】 二三一〇円
2 平氏滅亡【2刷】 二四一五円
3 幕府と朝廷 二三一〇円
4 奥州合戦 二一〇〇円
5 征夷大将軍 二七三〇円
6 富士の巻狩 二五二〇円
7 頼家と実朝 三三六〇円

いま甦る〈知〉の宝庫！　名著を精選して復刊する好評シリーズ

歴史文化セレクション

第Ⅲ期〈13冊〉完結

ローマ帝国論

弓削　達著

四六判・三八八頁／三一五〇円

史上まれにみる大帝国ローマは、東京都の十分の一ほどにすぎない小都市国家ローマ市民共同体がうちたてたものであった。ローマ帝国とは何か。市民共同体の発展を中心に、その支配の実体を追求し、体系づけた名著。（解説＝松本宣郎）

肖像画の視線　源頼朝像から浮世絵まで

宮島新一著

A5判・二四四頁／二九四〇円

肖像画は何を語りかけるか。歴史資料として注目される日本の肖像画。鎌倉時代から江戸時代までの多くの作品の緻密な検討から、その変遷・特質と、日本人の精神世界を探る。過熱する像主論争に一石を投じた話題の書。（解説＝宮島新一）

第Ⅳ期〈11冊〉刊行開始

4月より毎月1冊ずつ配本予定／『内容案内』送呈

日本開国史

石井　孝著

四六判・四四六頁／二九四〇円

一八五三年の黒船渡来から一八五八年の日米通商条約締結にいたる開国の過程を、とくに内政と外交の絡み合う関係に留意しつつ詳細にあとづけた。米国議会文書等の原史料に当たるなど、精密な叙述が徹底された名著。（解説＝保谷　徹）

明治維新の再発見　毛利敏彦著　一九九五円

ベルニーニ　バロック美術の巨星　石鍋真澄著　三四六五円

古代蝦夷を考える　高橋富雄著　二四一五円

中世の神仏と古道　戸田芳実著　二二〇五円

日本中世の国家と仏教　佐藤弘夫著　二五二〇円

江戸上水道の歴史　伊藤好一著　一七八五円

神と仏と日本人　宗教人類学の構想　佐々木宏幹著　一九九五円

飛鳥・白鳳仏教史　田村圓澄著　四九三五円

樹皮の文化史　名久井文明著　三九九〇円

宮都と木簡　よみがえる古代史　岸　俊男著　二三一〇円

中世・近世期の公卿三千余人の詳細なデータベース。
公家制度と朝廷を理解するために必備！

公家事典

橋本政宣編
菊判・一一〇四頁
二一〇〇〇円

五摂家成立期の平安末期から明治元年に至る、二百九十余家の公卿約三千人を収録。総説、家名解説、系図、詳細な履歴等で構成。付録廣橋家蔵祖本『公卿補任當今』。公家制度と中世・近世期の朝廷を理解するための基本的事典。

本事典の特色

- ▼基本史料『公卿補任』全五冊（新訂増補国史大系本第五三巻—第五七巻）をこの一冊に凝縮
- ▼公卿を家別にまとめて官位叙任順に配列し、家ごとに家名解説と系図を付けた分かりやすい構成
- ▼中世・近世期における公卿三一七〇余名の、史料にもとづく詳細な履歴をまとめたこれまでにない人名事典
- ▼廣橋家所蔵祖本『公卿補任當今』（正親町天皇、弘治四年（一五五八）—永禄十一年（一五六八）分）をはじめて翻刻
- ▼人名検索に便利な索引つき

創業150周年記念出版

『内容案内』送呈

中・近世屈指の大名家に伝来する最大級の資料群
最新の調査結果に基づき、写真入り翻刻により公刊

永青文庫叢書

熊本大学文学部附属永青文庫研究センター編

旧熊本藩主細川家に伝来し、熊本大学に寄託される四万三〇〇〇点を超える文化財コレクション。細川幽斎没後四百年、中・近世の政治・文化を知る貴重な資料群を、最新の調査結果に基づき、写真入り翻刻により順次公刊。

第一回配本（4月発売）

細川家文書 中世編

足利将軍を支えた細川家一門の動向を伝える室町期文書を完全収録。自筆書状を含む織田信長文書五九通や本能寺の変をめぐる明智光秀・豊臣秀吉の文書、古今伝授や武家故実に関する史料など、戦国時代屈指の文化人＝細川幽斎の関係文書をはじめ、貴重な二六〇点を写真入りで一挙公開。室町・戦国期の政治動向や伝統文化を知るための待望の史料集。

A4判・三八四頁・原色口絵八頁
一六八〇〇円

〈続刊書目〉絵図・地図1／細川家文書 近世初期史料編／絵図・地図2／有職故実　毎年1冊ずつ刊行予定

『内容案内』送呈

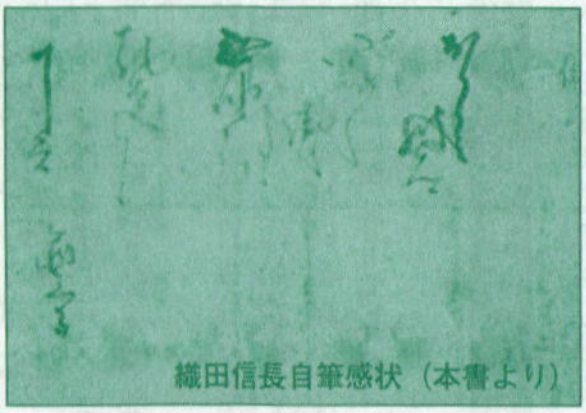
織田信長自筆感状（本書より）

京都の寺社と室町幕府

細川武稔著

A5判・三一八頁／一一五五〇円

中世後期、仏教と寺社はどのように存在したのか。京都を対象に、等持寺・清水寺などと室町幕府との関係を分析。また、幕府のための祈禱や将軍御所への参賀を考察し、仏教・寺社と幕府の関わり方の全貌を明らかにする。

戦国期の地域社会と権力

池　享著

A5判・三四八頁／一〇五〇〇円

戦国期研究における地域社会論的視角の重要性を早くから主張してきた著者が、土豪などの中間層と活動の場である地域社会に注目。戦国・織豊期の沼津や「郡絵図」、「国」の用法などを追究し、戦国期社会の実像に迫る。

近代日本社会と公娼制度

民衆史と国際関係史の視点から

小野沢あかね著

A5判・三三六頁／九四五〇円

男たちの放蕩や「家」の没落を招いた遊廓。女たちの勤倹貯蓄精神や修養意欲は、どう公娼制度批判へ発展したのか。東アジアに拡大した日本の公娼制度政策の特徴を国際関係史的視点から解明。慰安婦問題の歴史的前提にも言及。

花押かがみ (8) 南北朝時代4

東京大学史料編纂所編——四六倍判・三〇四頁／六五一〇円

戦国史研究 第59号

戦国史研究会編集——A5判・四八頁／七〇〇円

これなら使える！「古事類苑」。

学生・研究者・図書館…。歴史を学ぶすべての人が待望していた索引がついに完成！

古事類苑新仮名索引

『内容案内』送呈

倉本一宏編

A5判・七二六頁

一三六五〇円

七万五千頁におよぶ百科史料事典、古事類苑。旧仮名遣いで不便だった索引の項目を新仮名の五十音順に並べ替える。さらに旧版に多く存在した部門・冊数・頁数の誤りも訂正。長年の「使いにくい」という声に応えた待望の新版。

▽**調べやすくなりました**…二、三回、あちこちを彷徨しないと、目指す項目に到達できないこともあった旧仮名項目。新仮名の五十音順に並べ替えることで、検索のわずらわしさが激減します。

▽**正確になりました**…旧版索引には読み・部門・冊数・頁数の誤りが約八〇〇箇所ありました。国際日本文化研究センターの「古事類苑関係データベース」を参照してすべての項目を調べ直し、正しい部門・冊数・頁数を確定しました。

神と仏の古代史

上田正昭著

四六判・二二四頁／二四一五円

土偶・卑弥呼・神祇官・仏教伝来・役小角・神仙思想…。日本独自の文化が形成される中で古代信仰はいかなる役割を担ったのか？ 王権と祭祀とのかかわりや東アジアを視野に、古代信仰のすべてを描き出す神と仏の古代史。

水洗トイレは古代にもあった

トイレ考古学入門

黒崎　直著【2刷】

A5判・二五六頁・原色口絵四頁／一九九五円

古来、人々はいったいどうウンチを処理していたのか。最新の発掘成果と文献・絵画をもとに、縄文から戦国まで各時代のトイレ事情を解明。これまでなおざりにされてきた日本の排泄の歴史を科学する「トイレの考古学」。

平等院鳳凰堂

現世と浄土のあいだ

冨島義幸著

A5判・二〇八頁・原色口絵四頁／三一五〇円

藤原頼通により現世と極楽浄土を結ぶ空間として建立された平等院鳳凰堂。これまで個別に論じられてきた鳳凰堂の建築・仏像・絵画・庭園などを総合的に捉え直し、平安仏教の豊かな世界観と人々の祈りの姿を読み解く。

日本衣服史

増田美子編

四六判・四四四頁・原色口絵四頁／四二〇〇円

人はなぜ衣服を着るのか？ 縄文時代から現代まで、あらゆる人々の服装や流行などの変遷を最新の研究成果でたどる。歴史に果たした衣服の役割と、その中で生きた人たちの心の表現にもふれ、魅力的で新しい衣服史。

家康から慶喜まで、二六五年にわたり日本を治めた江戸幕府のすべてがわかる！

江戸幕府大事典

大石　学編

菊判・函入・一一六八頁／一八九〇〇円

最新の研究成果で描く概論と、職制・陣屋・儀式などの用語解説で、幕府の基礎情報約一八〇〇を集成する。役職存在期間一覧・幕府年中行事一覧・江戸城間取り図、索引などの便利な付録や索引も充実。

伊藤博文内閣から鳩山由紀夫内閣まで、全九三代の内閣と六〇名の首相を網羅した決定版！

歴代内閣・首相事典

鳥海　靖編

菊判・函入・八三二頁／九九七五円

歴代の内閣・首相を網羅し平易に解説。関連する政党、政治・経済・社会上の政策・事件約三〇〇項目を加え、日本近現代史がみえてくる！

奈良・大和を知り、旅を楽しむために必携のハンドブック

奈良古社寺辞典

吉川弘文館編集部編

【2刷】四六判・三六八頁／二九四〇円

一一五寺社を厳選！

誰でも読める

日本史年表【ふりがな付き】

吉川弘文館編集部編　全5冊　菊判・平均五二〇頁

第11回 学校図書館出版賞受賞

古代史年表　五九八五円

中世史年表　五〇四〇円

近世史年表　四八三〇円

近代史年表　四四一〇円

現代史年表　四四一〇円

祭りだけではない　日本人の暮らしに生きる年中行事のすべて

年中行事大辞典

加藤友康・高埜利彦
長沢利明・山田邦明 編

四六倍判・八七二頁
二九四〇〇円

古代から現代までくり返されてきた年中行事。宮中・公家・武家・寺社や民衆から生まれた多彩な三一〇〇の行事を、歴史・美術・民俗学の最新成果と豊富な図版で平易に解説。日本文化を読み解く〈年中行事〉百科の決定版。

世界の文字の図典【普及版】

世界の文字研究会編

〈2刷〉菊判・六四〇頁／五〇四〇円

日本女性史大辞典

金子幸子・黒田弘子・菅野則子・義江明子編

四六倍判
九六八頁
二九四〇〇円

対外関係史辞典

田中健夫・石井正敏編

四六倍判・九二八頁／二六二五〇円

事典 日本古代の道と駅

木下 良著

菊判・四三四頁／八四〇〇円

歴史考古学大辞典

小野正敏・佐藤 信・舘野和己・田辺征夫編

〈2刷〉四六倍判
一三九二頁
三三六〇〇円

沖縄民俗辞典

渡邊欣雄・岡野宣勝・佐藤壮広・塩月亮子・宮下克也編

菊判・六七二頁
八四〇〇円

近現代日本人物史料情報辞典

伊藤 隆・季武嘉也編

菊判・平均三八八頁

【1】＝八四〇〇円　【2】＝六八二五円　【3】＝七八七五円

●近刊

※書名は仮題のものもあります。

古代壁画の世界 高松塚・キトラ・法隆寺金堂（歴史文化ライブラリー297）
百橋明穂著　四六判／一七八五円

日本神道史
岡田莊司編　四六判／価格は未定

東アジア世界の成立（日本の対外関係❶）
荒野泰典・石井正敏・村井章介編　A5判／五七七五円

平安宮廷の儀礼文化
末松　剛著　A5判／一一五五〇円

鎌倉源氏三代記 一門・重臣と源家将軍（歴史文化ライブラリー299）
永井　晋著　四六判／価格は未定

近世の仏教 華ひらく思想と文化（歴史文化ライブラリー300）
末木文美士著　四六判／価格は未定

村の身分と由緒（〈江戸〉の人と身分❷）
白川部達夫・山本英二編　四六判／価格は未定

博覧会と明治の日本（歴史文化ライブラリー298）
國　雄行著　四六判／一七八五円

満洲国のビジュアル・メディア ポスター・絵はがき・切手
貴志俊彦著　A5判／二九四〇円

満洲紳士録の研究
小峰和夫著　A5判／価格は未定

山本五十六（人物叢書264）
田中宏巳著　四六判／二二〇五円

高度経済成長と生活変化（歴博フォーラム）
国立歴史民俗博物館編　四六判／価格は未定

古文書研究 第69号
日本古文書学会編　B5判／価格は未定

●復刊

放鷹 新装版
宮内省式部職編纂　【5月刊】菊判／二一〇〇〇円

寝殿造の研究 新装版
太田静六著　【6月刊】B5判／三一五〇〇円

日本婦人洋装史 新装版
中山千代著　【6月刊】B5判／二一〇〇〇円

ご予約は最寄りの書店、または直接小社販売部まで。**各種『内容案内』送呈**

いま、〈都〉の視点から日本古代史を捉え直す!

古代の都 全3巻

6月刊行開始!

四六判・平均二六〇頁

飛鳥から藤原京・平城京を経て平安京へ―。古代史の表舞台である都の実像を、発掘現場と最新の研究成果が照らし出す。貴重な歴史遺産の宝庫である〈都〉の視点から、古代史を捉え直し、都市のもつ歴史的特性を考える。

●第一回配本〈6月刊〉

②平城京の時代

佐藤 信・田辺征夫編

予価 二七三〇円

唐の都長安をモデルに国際色豊かな天平文化が花開いた平城京。最新の発掘成果や文献・木簡の研究から、宮都の構造、立ち並ぶ寺院、貴族や庶民の生活、地方とのつながりなど、古都奈良の原像とその時代が明らかになる。

〈続刊〉

①飛鳥から藤原京へ 〈7月刊〉
木下正史・佐藤 信編

③恒久の都 平安京 〈8月刊〉
西山良平・鈴木久男編

平城宮大極殿

三角縁神獣鏡研究事典

【5月刊行】下垣仁志著

菊判・四九六頁予定・原色口絵四頁/九九七五円

日本の対外関係 全7巻

【5月刊行開始】荒野泰典・石井正敏・村井章介編

A5判・平均三二〇頁予定/予価各六三〇〇円(①のみ五七七五円)

〈江戸〉の人と身分 全6巻

【6月刊行開始】深谷克己・藪田 貫ほか編

四六判・平均三四〇頁予定/予価各二九四〇円

（ご注意）
・この用紙は、機械で処理しますので、金額を記入する際は、枠内にはっきりと記入してください。また、本票を汚したり、折り曲げたりしないでください。
・この用紙は、ゆうちょ銀行又は郵便局の払込機能付きＡＴＭでもご利用いただけます。
・この払込書を、ゆうちょ銀行又は郵便局の渉外員にお預けになるときは、引換えに預り証を必ずお受け取りください。
・ご依頼人様からご提出いただきました払込書に記載されたおところ、おなまえ等は、加入者様に通知されます。
・この受領証は、払込みの証拠となるものですから大切に保管してください。

収入印紙
３万円以上
貼　　付

印

この用紙で「本郷」年間購読のお申し込みができます。

◆この申込票に必要事項をご記入の上、記載金額を添えて郵便局でお払込み下さい。
◆「本郷」のご送金は、４年分までとさせて頂きます。

この用紙で書籍のご注文ができます。

◆この申込票の通信欄にご注文の書籍をご記入の上、書籍代金（本体価格＋消費税５％）に荷造送料を加えた金額をお払込み下さい。
◆荷造送料は、ご注文１回の配送につき380円です。
◆入金確認まで約７日かかります。ご諒承下さい。

振替払込料は弊社が負担いたしますから無料です。

※領収証は改めてお送りいたしませんので、予めご諒承下さい。

お問い合わせ　〒113-0033・東京都文京区本郷７－２－８
吉川弘文館　販売部
電話03-3813-9151　FAX03-3812-3544

この場所には、何も記載しないでください。

02 東京

払込取扱票

通常払込料金加入者負担

口座記号番号	金額
00100－5－244	※ 千 百 十 万 千 百 十 円

加入者名	株式会社 吉川弘文館	料金	備考

各票の※印欄は、払込人において記載してください。

払込人住所氏名

フリガナ

※お名前

郵便番号　電話

※ご住所

通信欄

ご注文の書籍名をお書き下さい。

※

◆「本郷」購読を希望します

購読開始　　号より

1年 1000円 3年 2800円
（6冊）（18冊）
2年 2000円 4年 3600円
（12冊）（24冊）

（ご希望の購読期間に○印をお付け下さい）

日附印

裏面の注意事項をお読みください。（ゆうちょ銀行）（承認番号東第20048号）

これより下部には何も記入しないでください。

切り取らないでお出しください。

記載事項を訂正した場合は、その箇所に訂正印を押してください。

振替払込請求書兼受領証

口座記号番号	00100－5 通常払込料金加入者負担 244
加入者名	株式会社 吉川弘文館
金額	※ 千 百 十 万 千 百 十 円
払込人住所氏名	※
料金	日附印
備考	

この受領証は、大切に保管してください。

gallery 2

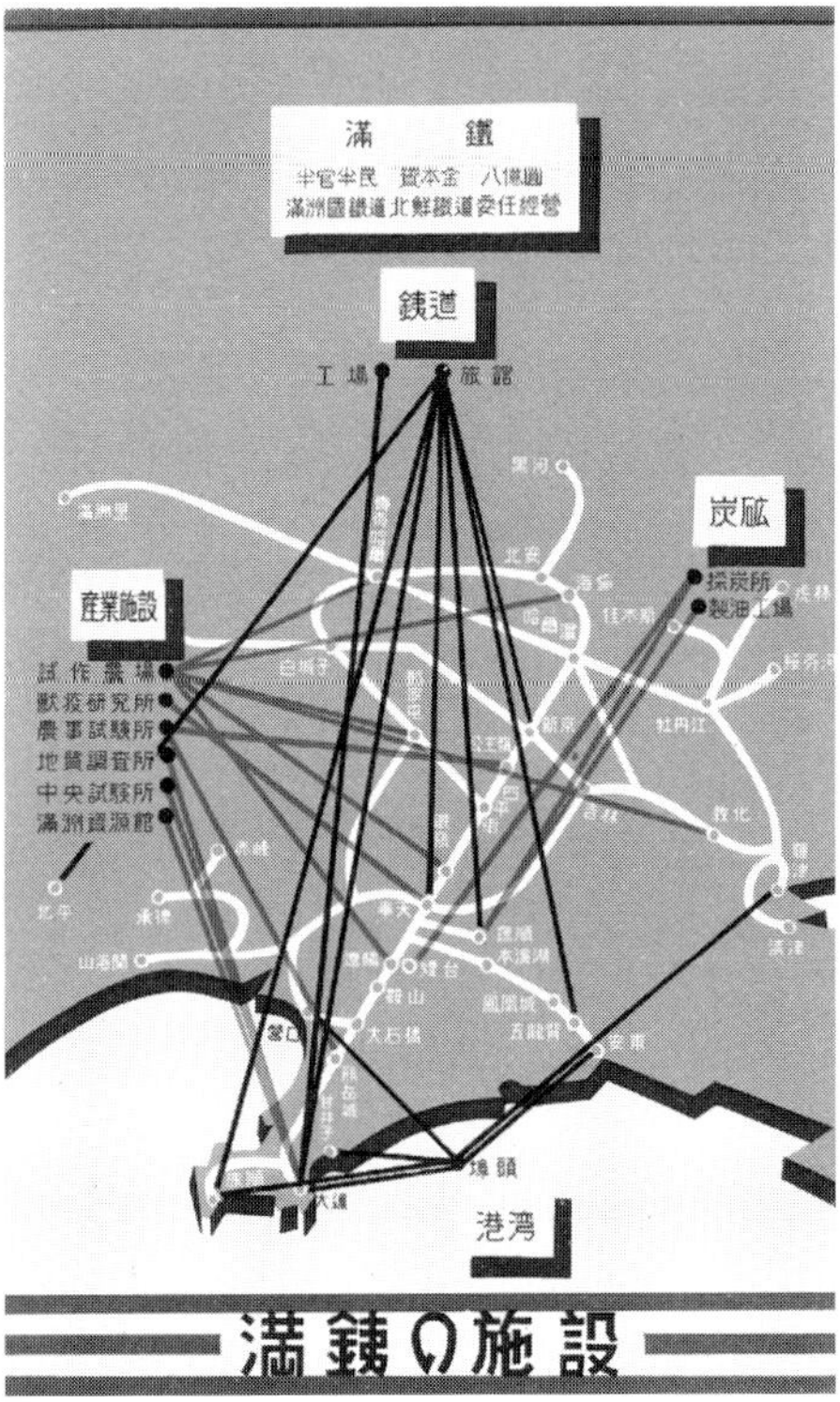

図8　満鉄絵はがき「満鉄の施設」

図9　満洲資源館のパンフレット
『満洲資源館要覧』表紙

図10　満洲大博覧会記念ポスター「満洲大博覧会 大連市催」(1933年)

図12　絵はがき「(奉天)駅前広場より浪速通を望む」

図13　満鉄・鮮満案内所の様子（満鉄製作の紹介フィルム「満洲の旅・内地編」より、口絵13・図14参照）

図14　鮮満案内所ポスター「見よ！ 楽土新満洲」(1937年)

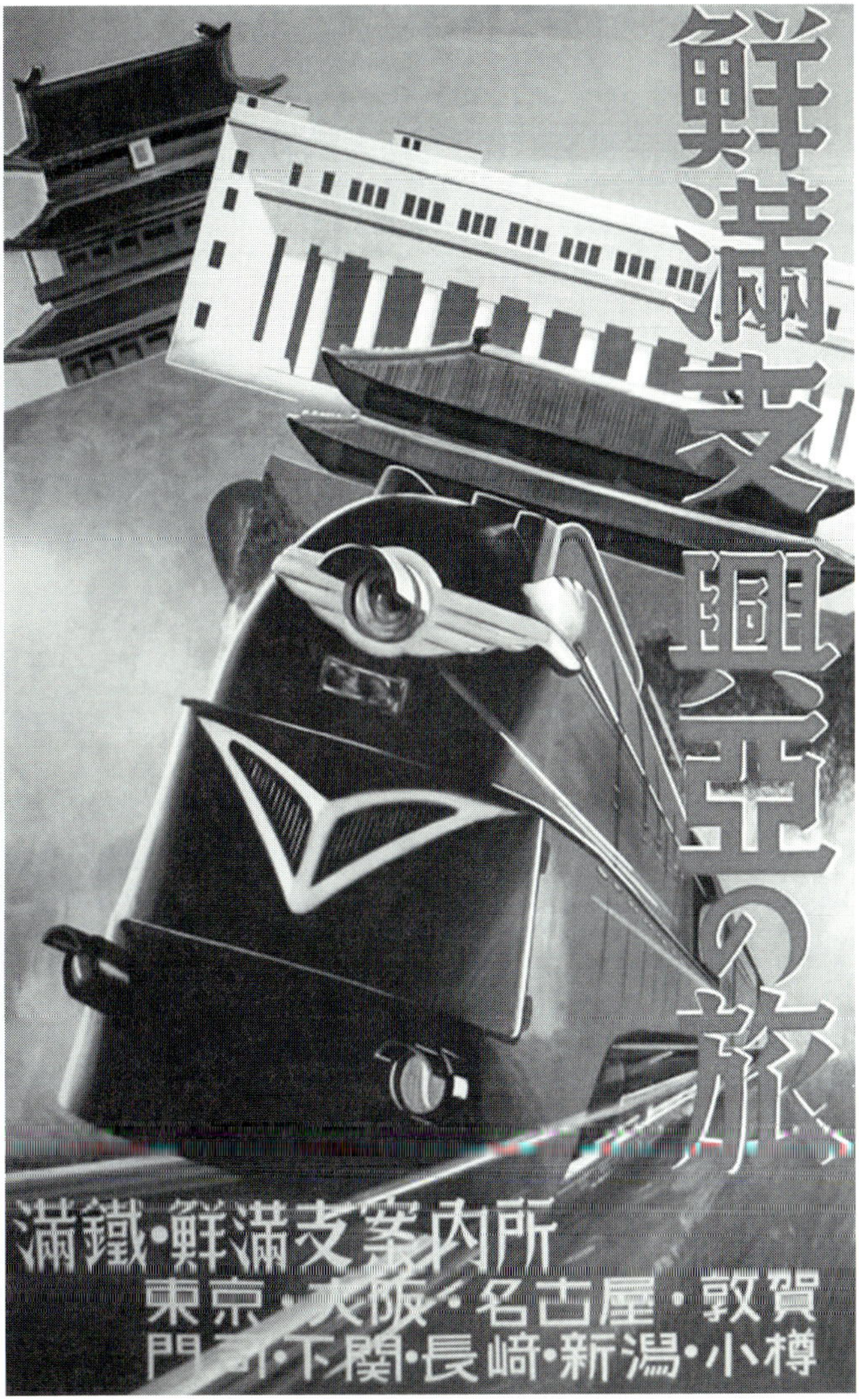

図15　満鉄・鮮満支案内所ポスター「鮮満支興亜の旅」

chapter 3

3 「建国」と「承認」をめぐるメディア・イベント

満洲独立運動

一九三一年九月十八日、「満蒙は日本の生命線」と位置づけていた関東軍は、奉天郊外の柳条湖で謀略事件を起こし、満鉄沿線一帯を一挙に占領した。

この事件をきっかけとして、満洲は在地の有力者による群雄割拠の状態に陥った。また、満鉄職員から関東軍司令部嘱託となった山口重次《じゅうじ》（一八九二―?）や小澤開作（一八九八―一九七〇、指揮者小澤征爾の父）ら満洲青年連盟や、笠木良明（一八九二―一九五五）を会長とする雄峯会といった日系の思想団体が、民族協和および自治獲得を目的とする理想主義を掲げ、現地社会からかけ離れた独立運動を展開していた（資②康徳十）。

一九三二年二月、張景恵《ちようけいけい》（一八七一―一九五九）を委員長とする東北行政委員会が発足した。この委員会の成立には、板垣征四郎大将（一八八五―一九四八）の意向が強く反映していたという。図16の写真はがきは、一九三二年三月九日の建国記念式の様子を撮ったものであるが、ここに独立運動の主要メンバーたちが建国の英雄として写っている。右から、黒龍江省の張景恵、吉林省の熙洽《きこう》（一八八四―一九五六）、奉天省の臧式毅《ぞうしきき》（一八八四―一九五六)、奉天市長兼高等法院長の趙欽伯《ちょうきんはく》(一八八七―?)、馬占山《ばせんざん》(一八八五―一九五〇)や袁金鎧《えんきんがい》(一八七〇―一九四七)、于冲漢《うちゅうかん》(一八七一―一九三二)であった。彼らは、それぞれ独立宣言をし、省政府を組織していた。東北行政委員会は、彼らの動きを調整することを目的として発足したものであった。委員会で「満蒙新国家独立宣言」を発布し、これが満洲国の原基となった(資①昭和八)。

満洲事変直後から、朝日新聞社の記者は、こうした満洲の動静を克明に取材していた。事変後の二週間に撮られた写真には、日本軍が占拠した奉天市内の様子が克明に写されている。そのとき、奉天城の城壁や関東軍司令部の壁などに、関東軍司令官本庄繁(一八七六―一九四五)の布告、陸軍第二師団長多門二郎中将(一八七八―一九三四)の諭告、憲兵隊の治安維持に関する布告などが矢継ぎ早に掲示され、「日本の正義は最後の勝利」など占領の正当性を主張するビラが町中に張り出された。また、同年十一月十日に発足した自治指導部は、日本語で書かれた「東北四省三千万民衆に告ぐるの書」を掲示して、みずからの役割と、めざすべき精神を明らかにした。

> 自治指導部ノ真精神ハ天日ノ下ニ過去一切ノ苛政、誤解、紛糾等ヲ掃蕩シ竭クシテ極楽土ノ建立ヲ志スニ在リ……此処大乗相応ノ地ニ史上未タ見サル理想境ヲ創建スヘク全力ヲ傾クルハ即チ興亜ノ大濤トナリテ人種的偏見ヲ是正シ中外悖ラサル世界正義ノ確立ヲ目指ス

これは、「極楽」「大乗」など仏教思想の影響を受けて、反人種差別主義を唱えるスローガンのように見えるが、この観点はのちに協和会中央本部総務部長になる坂田修一(一九〇六―?)が指摘するように、「自治指導部の理想は明治天皇の意図を奉職し真日本が世界に負へる大使命の第一歩を此の印象深き満洲の地に下さんとするにあり」(『満洲公論』三―七)、彼らの宣伝は満洲やモンゴルへの天皇制の移植もしくは影響行使を意図していたのである。

自治指導部は、一九三一年に奉天の満洲日日新聞社印刷所に、同じデザイナーによる数種の多色刷ポスターを作らせている。これらのポスターは、奉天市内で現地住民の目にとまっただけでなく、日本をはじめ海外にも発送され、多くの市民が見たといわれている。そのうちの一枚が、図17の「東北同胞と東亜民族が一致連絡して、新しい政治を掲げ、各国の文化を取り入れ、世界と協調する」である（以下、漢語は日本語に翻訳して表記）。このポスターには、伝単を撒く飛行機が描かれている。飛行機から伝単を撒く宣伝方法は、日本国内では、博覧会開催のときによく使われており、それをまねての宣伝手段だった。一九三〇年代以降の満洲ポスターには、当地の「近代性」を誇張するために、飛行機・鉄道・船舶・ビル・工場などが頻繁に描かれた。

また、「平和」と「協調」も強調するテーマのひとつであり、それを表わすポスターが、図18の「東北民衆の楽園を作ろう」である。太陽が燦燦と照らす緑の大地の上を、多くの民族が手をつなぎ、輪になって踊っているという構図であり、平和を象徴する鳩も描かれていた。朝日新聞の富士倉庫写真から、これらのポスターが、一九三二年三月一日の満洲建国の日前後に、東京でも掲示されていたことがわかった。日満両国における弘報の共時性と考えられる現象のひとつである。

なお、朝日新聞富士倉庫写真とは、戦前同紙の特派員や記者がアジア各地で撮影した写真七万枚あまりのコレクションのことである。戦後、この写真群が天理図書館ほか各地を転々とし、最終的に富士運送株式会社の倉庫で保管されたため、この名称がつけられた。近年、その膨大な写真群が朝日新聞大阪本社に移されて整理が進み、現在ではそのうち一万点が図書館向けデータベース『聞蔵IIビジュアル』の「朝日新聞歴史写真アーカイブ」で閲覧できるようになった（朝日新聞社「写真が語る戦争」取材班、二〇〇九年）。

伝単は、奉天の日本人団体によっても作られていた。満洲事変の二ヵ月後、奉天の日本人団体が、関東軍の占領を歓迎する「全満邦人示威行列」をおこない、「正義之出兵」や「良民の保護」の横断幕を掲げ、自動車隊から多くの伝単がばら撒かれていたことが、新聞聯合社の写真で確認できた。

一九三二年二月には、自治指導部は、奉天市内で新国家建設促進運動を進め、各施設で建国促進全満大会を開催したが、そのときにも市内各地に多くの漢語の伝単が掲示された。たとえば、「王道政治は私たちの光明です」「わたしたちの理想郷は新国家」といった政治的なもの、「資源開発は幸せの開発」「利息が低いと、信用が高まる」「鋤や鍬を使って眠った耕地を目覚めさせよ」といった経済的なもの、「開発富源はまず科学教育から」という教育的なものなど、その内容はじつにさまざまであった。

その一方で、上海などの大都市では、反満・反日本帝国主義を訴える華字紙が掲示されるなどして、市民の愛国主義感情が喚起された。図19は、一九二九年一月に製作されたもので、新聞の「反日特別号」として配布された伝単のコピーである。日本の対華政策に対して、「全国民は一致団結して起てよ!　政府の外交の後援となれ!」とあおっている。この図案は、日章旗と兵器をもつ日本軍の将兵が、下駄をはき日の丸(?)を羽織る人物を守って、「中国」と書かれた門に入ろうとする様子を描いている。興味深いのは、台車に載せている荷物で、「白丸」「金丹」(ともに麻薬中毒の治療薬)、「海龍英」(ヘロイン)、「嗎啡」(モルヒネ)、「劣貨」(不良品)という文字が読み取れることである。日本人が中国に運び込もうとしているのが薬物や不良品であることに注意が向けられている。このように、日中満それぞれの国のポスターや伝単を見れば、そこに「武力なき思想戦」が展開されていた様子がうかがえる。

リットン調査団

一九三二年一月、国際連盟の理事会で、前年九月十八日の日本の軍事行動が正当な自衛措置であったかを検証するために、国際連盟日華紛争調査委員会（通称リットン調査団）の派遣が決定された。団長のイギリス人リットンVictor A. Lyttonが二月に訪日、三月から二ヵ月の間中国で調査を進め、四月から三ヵ月間、満洲国で調査をおこなった。満洲国では、資政局弘法処が中心となって、リットン調査団の歓迎ムードが演出された。

満鉄は、満洲国におけるリットン調査団の行動を克明に撮影している。その記録ニュース「満洲におけるリットン調査団」の一シーンには（図20）、壁に貼られた伝単が映し出されている。そこには、英語で「東洋からの夜明け、ジュネーブ（国連本部所在地）からの平和」、漢語で「和平の使者国連調査団を歓迎する」といった歓迎を示す映像が流されると同時に、注意深く見れば反日ポスターをはがすシーンも写されている。

調査団が満洲を訪れる一ヵ月前の三月一日に、溥儀《ふぎ》を執政とした「立憲共和制」の国家である満洲国が成立した（この日は「建国記念日」と定められた）。調査団が到着したときには、たとえば長春公安局の掲示板といった正規の掲示板だけでなく、道端にも歓迎を示すポスターや伝単が貼られた。そのうちの一枚が図21で、調査団の奉天における宿泊先だったヤマトホテルの入口階段の下に貼られていたものである。このポスターには、満洲国の旗を掲げる漢人が「満洲国は委員のみなさまに感謝するとともに、さらなる支援を望んでいます」とある。先の記録ニュースでは、このポスターのとなりに「満洲国を覚えておいてね」や「誕生したばかりの国が成長し、国際社会のなかで承認されるようにお助けください」という大判の英文ポスターが貼られているシーンが映されていた。これらの製作者は資政局弘法処員だと推測できる。

リットンたちの調査は約五ヵ月に及んだが、調査活動の間に、関東軍・満洲国政府・満鉄調査課から多大の接待を受けた。十月二日、調査団が国連に提出した詳細な報告書は、日本の権利を可能な範囲で尊重しようとする意図が読み取れる。とはいえ、イギリスや中国などの国際的な世論を無視できず、報告書では満洲国の成立は認められないことが明記された。周知のように、一九三三年二月にこの報告書の採択をめぐって開催された国際連盟総会において、日本は唯一反対票を投じた。全権代表の松岡洋右（一八八〇―一九四六）は総会から退場し、その三日後に国際連盟を脱退する通告が連盟事務局に提出されたのである。世界から孤立した日本は、植民地朝鮮や台湾、租借地の関東州などとともに、満洲国との連帯を強化せざるを得ない状況に追いやられた。

図22は、関東軍司令官武藤信義（一八六八―一九三三）の名義で、日本が国連を脱退したことを満洲国三〇〇〇万の民衆に報告する告示として掲示されたものである。これには、日本の国連脱退は満洲国との関係をより重視したからで、国連を脱退してもこれまでの満洲との関係になんら影響は及ぼさないため、「デマ」にまどわされず、安心して生活するようにと書かれていた。これ以降、日満両国政府は、さまざまな弘報や宣伝を用いて、満洲国内の秩序の回復に努めるとともに、対外的には満洲国の承認を促すように働きかけた。国の内外に対して、弘報の役割は、緊要な意義をもつものとして理解され、これに多大な経費と人材が投入されたのである。

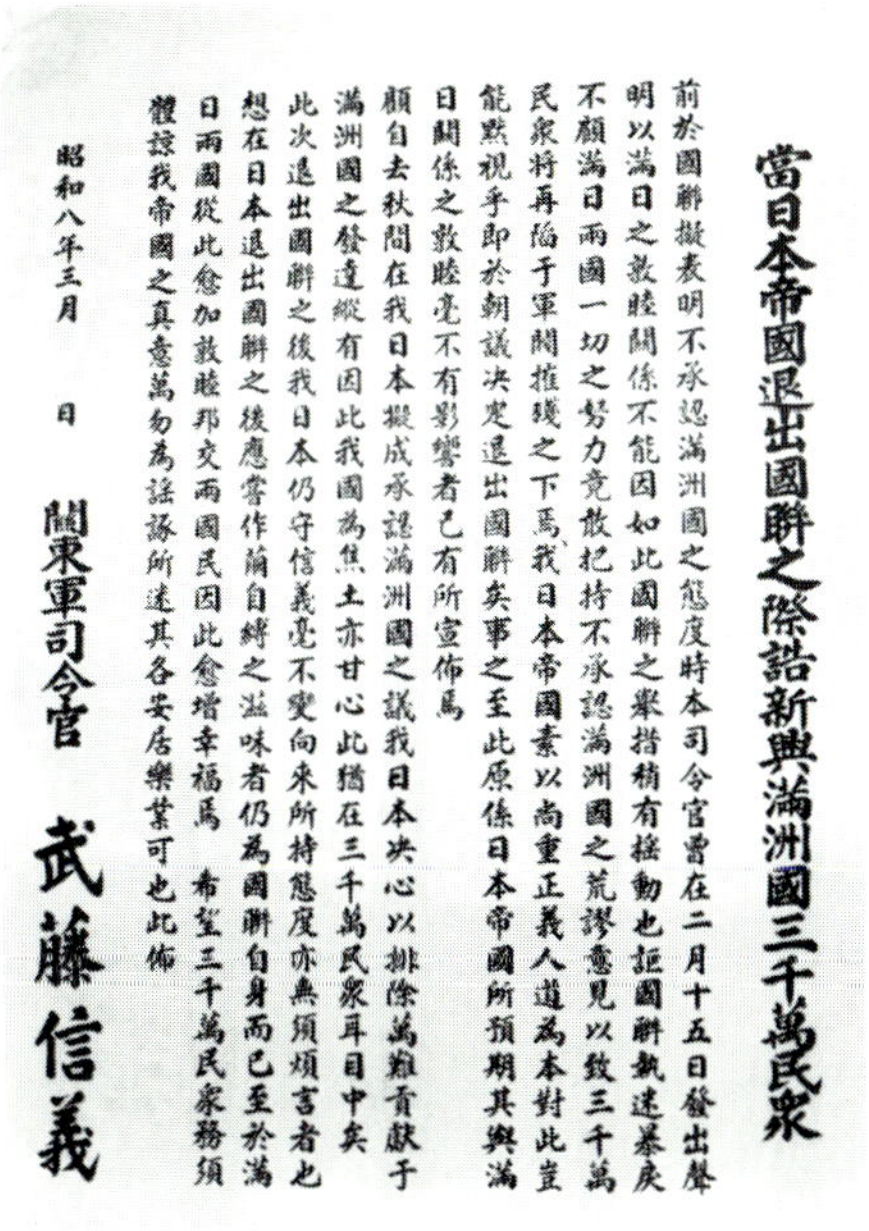

當日本帝國退出國聯之際誥新興滿洲國三千萬民衆

前於國聯擬表明不承認滿洲國之態度時本司令官曾在二月十五日發出聲明以滿日之敦睦關係不能因如此國聯之舉措稍有撼動也詎國聯執迷暴戾不顧滿日兩國一切之努力竟敢把持不承認滿洲國之荒謬意見以致三千萬民衆將再陷于軍閥摧殘之下焉我日本帝國素以尚重正義人道為本對此豈能默視乎即於朝議決定退出國聯矣事之至此原係日本帝國所預期其與滿日關係之敦睦毫不有影響者已有所宣佈焉
顧自去秋間在我日本擬成承認滿洲國之議我日本決心以排除萬難貢獻于滿洲國之發達縱有因此我國為焦土亦甘心此猶在三千萬民衆耳目中矣此次退出國聯之後我日本仍守信義毫不變向來所持態度亦無須煩言者也想在日本退出國聯之後應需作繭自縛之滋味者仍為國聯自身而已至於滿日兩國從此愈加敦睦邦交兩國民因此愈增幸福焉　希望三千萬民衆務須體諒我帝國之真意萬勿為謠諑所迷其各安居樂業可也此佈

昭和八年三月　日

關東軍司令官　武藤信義

図22　武藤信義名義の通告「当日本帝国退出国聯之際誥新興満洲国三千万民衆」（1933年３月）

建国記念イベント

満洲国の建国宣言後、三月九日に建国式典と溥儀の執政就任式典があわせて開催されることになった。執政とは、行政のトップだという意味で、皇帝とは根本的に違っており、溥儀はこのポストが気に入らなかった。当時、熱河《ねっか》作戦が実施されていたため、前線の将兵を配慮して、建国記念式典はなるべく派手にならないように注意して進められた。翌十日には、満洲国の政府要人が就任し、長春が首都に決定され（十四日に「新京」と改称）、この日から三日間が建国祝賀日と定められた。式典は、文書絵画による宣伝、団体宣伝、記念宣伝、娯楽宣伝、特殊宣伝などの方法によって彩られた。図23のポスターには、執政溥儀の肖像の下に、「王道立国」を宣言する「執政宣言」が配されている。このポスターは、奉天省公署印刷局で印刷されたものであるが、じつは執政宣言のときに掲示されたものではなく、富士倉庫写真によって、後述する一九三三年二月の熱河作戦のときに利用されたものであったことがわかった。いずれにせよ、三月十一日には、満洲国の基本法令である「政府組織法」「国務院官制」「省公署官制」「人権保障法」などが発布され、省や県で行政機構が成立し、十六日には国都建設局が設置された（翌年春に第一期工事開始）。満洲国建国を祝う／祝わせるために、やはり多くのポスターや伝単が作成されて掲示されたのである。

こうして満洲国の中央政府の形が見えてきたが、地域統治のやり方をめぐっては、いまだ五里霧中の状態であった。そのため、県公署（県の政府）と自治指導部との間で紛争が持ち上がったため、民間の組織であった自治指導部は解散を迫られた。しかし、自治指導部の大雄峯会系の人たちは国務院に直属する資政局を設置し、局長に笠木良明、総務処長に坂田修一、弘法処長に八木沼丈夫（一八九五―一九四四）が就任した。このうち、弘法処が「建国ならびに施政精神の宣伝」「民力滋養および民心善導」「自治思想の普及」などの弘報行政を担当することになった。これを「弘法処」、すなわち法を弘《ひろ》める処としたのは、宗教家が法を宣布するという意味を、格調高いものにすることをねらった笠木の精神主義の現われだったという（満洲国史編纂刊行会 一九七一）。八木沼は、後述するように、その後満鉄職員に転身する。図24は、当時資政局が発行したポスターであるが、この図案はその後、繰り返しさまざまなメディア媒体で利用された。たとえば、パンフレット『慶祝承認周年紀念大会録』の表紙や絵はがきなどである。

このポスターの構図についていうと、一九四〇年に汪兆銘（号は精衛、一八八三―一九四四）を首班として南京に成立した国民政府の宣伝工作のときに使用された図25のポスター「同胞たちよ！ 五色国旗の下で団結しよう！」と比較すれば、デザインが転用されたことが一目瞭然である。いうまでもなく、満洲国建国時の宣伝手段は、日本軍が華北や華中に侵攻したときにおこなった宣伝・宣撫工作に継承されたというわけである。このことは、後述する熱河作戦の際に用いられた宣撫方法にも、同じことがいえる。

なお、資政局は、後述する協和会との間で職権上の問題が起こり、また資政局と民生部との内務上の業務重複があり、成立から四ヵ月も経たない七月五日に廃止され、資政局員全員と県自治指導員三二名が退官に追いやられた。資政局に代わって弘報政策を担当したのは、総務庁（秘書庁新聞班）・文教部、そして協和会もその一部を継承した。なお、対外弘報活動は、川崎寅雄（一八九〇―一九八二）を司長とした外交部宣化司の専管とされた。リットン調査団の通訳を務めたこともある川崎は、一九三三年四月から三四年七月まで総務庁情報処長も兼任していた。

協和会の成立

一九三二年七月、自治指導部出身者の満洲青年連盟系の人たちは、新たに民間の教化団体である協和会を発足させた。協和会の名誉総裁には執政溥儀、名誉顧問には本庄繁関東軍司令官、会長に鄭孝胥《ていこうしょ》総理（一八六〇―一九三八）という満洲国の錚々たる人物がいたが、政府との協調関係が生まれるのは、じつは一九三四年八月、協和会中央事務局の執行部メンバーが、民間人から政府の日系官吏に交替してからのことであった。図26の協和会作成のポスターでは、「王道政治」と「民族協和」のロゴの間に溥儀の肖像を置き、その両脇に満洲国国旗を配し、その下に協和会の役割を図示している。そのデザインから、溥儀は協和会を通じて天意を下達し、人民は協和会を通じて執政に民意を伝えるという、協和会がスローガンにしていた「宣徳達情（上意下達・下意上達）」が表現されている。

図27は、絵はがきセット「協和画片第一輯」の袋（タトウ）である。おそらく、一九四〇年に開催された「慶祝紀元二六〇〇年興亜国民動員大会」の実施を記念して配布されたものだろう。協和会会員は、草緑色の詰襟服である協和服を着て、左の二の腕には協和会の腕章をはめていた。図28は、この絵はがきセットの一枚（部分）で、協和会組織が全国に点在していたことを示している。右端の枠内に、分会数三四五三、会員数一二八万八〇一六名、青年訓練隊一三七、青少年団一一〇、義勇奉公隊六五と記されている。協和会は行政組織ではなかったが、満洲国の建国精神を浸透させるために、全国的な運動を展開した一大教化機関であったことを、この絵はがきは訴えている。

ただ、協和会は、個人での参加は認められず、職業別・職場別・民族別・地域別・宗教別の社会集団が、そのまま参加するシステムをとっていた。会の活動目標は、「建国精神を遵守し王道を主義とし民族の協和を念とし以つて我が国家の基礎を鞏固ならしめ王道政治の宣化を図らんとする」ことにあった。こうした目標のために、協和会は、精神工作・厚生工作・「宣徳達情」工作に分けて活動した。このうち、宣伝工作にかかわるものは、住民に建国精神などを植えつけるための精神工作と、中央事務局内の調査室が担当した「宣徳達情」工作だった。具体的には、①座談会や講演会・語学講習会の開催、②ラジオ・レコード・童謡・歌劇の利用、③映画・芝居・大道芸の活用、④新聞・雑誌・パンフレット・民衆読物・絵画・ポスター・伝単などの利用、⑤民衆運動・スポーツ大会・学芸・社交など、多様な教化方法が考えられていた。協和会の弘報活動の中枢機関が、総務部の弘報科だった。

協和会の宣撫員は、討伐軍に従事して建国精神の普及宣伝に努め、あるいは討匪直後の地方で有力者を集めて自治委員会や自警団などを組織させて、地域の治安維持をはかろうとした。このほか、協和会は、資政局弘法処と競合しながらも、日本の世論に満洲国承認を喚起させるために、日本に会員を派遣したり、日満婦人大会・満洲事変一周年記念祝賀会・満洲国承認祝賀会などの催しに会員を動員したりした（JACAR：C04011565100）。

ただし、こうした協和会の活動は、満洲以外には理解されにくかったようである。そこで協和会は、とくに日本から大陸を訪れる観光客に協和会を理解してもらうために、大陸へのゲートウェイである大連に事務所を構えたり、国都新京に協和会館を新設したりして、弘報活動の拠点として、満洲に来る人びとにアピールしようとした（資⑥二―八）。

普通切手の発行

協和会が発足した三日後の七月二十六日、満洲国では最初の普通切手が発行された。じつは、満洲国建国後も、満鉄附属地を除く満洲国内の郵便局は、すべて中華民国郵政の管轄下にあるという特殊な状況が続いていた。満洲国交通部は、建国をアピールするために、最初の切手を二種類発行し、この特殊で奇妙なシステムを解消させることにした。普通切手の一種は遼陽の白塔、もう一種は執政溥儀の肖像がデザインされたもので、いずれもが日本の逓信博物館で立案された。中央白塔部の風景は逓信博物館図案部の吉田豊がデザインし、溥儀の肖像は写真を用い、切手の輪郭は同じ図案部の加曾利鼎造《かそりていぞう》が描いた。加曾利は東京美術学校図案科を卒業しており、戦後発行された前島密《ひそか》（一八三五—一九一九）をモデルとした一円切手のデザイナーである。印刷は、東京の内閣印刷局で、オフセット印刷でおこなわれた（内藤　二〇〇六）。

オフセット印刷は、彫刻凹版に比べて刷り上がりが貧弱に見えるが、それでもこの印刷方式を採用したことは、これらの切手がいかに急ごしらえで作られようとしたかの証明となる。のち、同種の切手を改めて彫刻凹版にするために、磯部忠一に原版彫刻を依頼した。ちなみに、満洲国の切手には、日本の初期の切手のような凸版印刷も、グラビア印刷のものもない。ともかく、満洲国最初の切手の製作工程すべてが、じつは日本で進められていた事実には留意したい（資⑩六—一二）。

さて、南京国民政府は、満洲国は国家ではないとしていたため、新しく発行される切手など承認するはずもなかった。国民政府は、満洲国の初めての切手が八月一日に発売されると聞いて、七月二十四日に満洲国郵務との断交を決定し、満洲国内の中華民国系郵便局の職員全員に対して、郵便局を閉鎖して関内（万里の長城以西）に移るようにとの強硬な指示を出した。翌二十五日、多くの郵政人員は、その指示に従って、関内への移動を始めた。満洲国は、これで郵政が混乱するのは面子がたたないと、早くも二十六日から郵政事業を再開したのである。

熱河作戦と『朝日新聞』

満洲国建国直後は、国内情勢がまだ不安定だった。そこで、関東軍は、一九三二年に奉天省・黒龍江省・遼寧省の反満勢力を制圧したが、湯玉麟《とうぎょくりん》（一八七一－一九三七）が主席を務める熱河省だけが残されていた。一九三三年二月、張学良（一九〇一－二〇〇一）が南京国民政府の軍隊とともに熱河に侵攻したため、関東軍司令官武藤信義はこれに対抗するために熱河作戦の実施を決定した。熱河は、清朝王公の離宮である避暑山荘や、乾隆帝時代にチベットや西域を征服した記念として設置されたチベット式の普陀宗乗廟《ふだそうじょうびょう》が有名な観光地であった。同時に、熱河は、満洲・中国・内モンゴルが交錯し、万里の長城以南の領域に通じる交通の要所であったために、軍事上きわめて重要視されていたのである。

五月になると、関東軍参謀副長岡村寧次《やすじ》（一八八四－一九六六）と北平軍事委員会中将熊斌《ゆうひん》（一八九四－一九六四）との間で、「塘沽《タンクー》停戦協定」が締結された。この協定により、中国軍は延慶・昌平・高麗営・順義・通州・香河・宝坻・林亭口・寧河・蘆台を結ぶ線より西側に撤退し、日本軍は長城以東に後退することが決められた。こうして、両者の間に「非武装地帯」が設定されたのである。この協定締結後、華北の情勢はいったんは落ち着いた。

関東軍の熱河侵攻に随行していたのが、朝日新聞社のスタッフだった。『朝日新聞』は、現場写真を飛行機で空輸し、熱河作戦の推移をつぶさに日本の読者に伝えた。また、従軍撮影隊も随行され、熱河作戦の模様を逐一記録フィルムにおさめた。この映像は、満洲国や関東州、日本の映画館で上映され、鑑賞者もそれを見ながら、あたかも自分が戦場にいるかのような擬似的なリアリティを感じ、これらのニュースに興奮した。

ところで、二〇〇六年頃から専門家の調査が開始された朝日新聞富士倉庫写真によって、これまで製作時期や用途が不明だったポスターや伝単の用途が一部明らかになりつつあることは、すでに述べた。図29の写真は、一九三二年一月に日本軍が錦州城を占領したあとの様子を撮ったもので、家屋の壁に貼られた四枚ほどのポスターを眺める漢人が写っている。そのポスターの一枚が図30で、そこには、「日本の軍隊は、みな良家の子弟である。国のため、平和のため、義務として兵隊になった彼らは、不穏分子に対しては厳しいが、商人や一般の人にはとても義理人情にたけているため、日本軍を歓迎しないところなどない」と書かれており、日本の軍隊に対する警戒心を和らげようとしている。また、口絵11には、「可愛い子どもたちよ、満洲国の良い子たちよ、さぁおいで。いっしょに手をつなごうよ。手をつないで歌って遊ぼうよ、楽土の満洲国だよ」とあり、子どもたちを描くことで、日本軍と仲良くなるのが容易だということをアピールした。口絵11の隅には「第六号」と書かれており、このポスターが連作の一枚であったことがわかる。いっしょに貼ってあった別のポスターは、奉天省公署が印刷した年画形式のものであり、これも連番がつけられていた。

また、別の写真には、図31のポスターが写っている。右側には、「道理の是非を知る将兵ならば、満洲国と日本とが協力して手を携え、和平の力をいっしょに維持し、王道楽土をつくるように努めましょう」とあり、左側は、「自分の過ちを悟らない悪党は天罰を受け、討伐されて血肉が飛び散って死んでも亡骸はない」との痛烈な言葉が書かれている。注目したいのは爆撃をおこなっている航空機で、飛行しながらも車輪をしまっていないので、これは満洲航空株式会社が製作した満航一型M－120機だとわかる。この機種はフォッカー機をモデルとしたものであったが、輸送効率は決して高くはなかった。熱河作戦において、この程度の性能の飛行機でも効果をあげたことは、かえって日本軍を錯覚に追いやってしまった。その結果、のちのノモンハン事件でもたくさんの航空機が投入され、多くのパイロットの犠牲者を出してしまうことになったのである。ノモンハン事件での空中勤務者の犠牲は、戦死一一六、行方不明一九、負傷者六五、計二〇〇名もおりながら、ソ連からは戦死者のうち五五名しか遺体が返還されていないという（上甲　二〇〇二）。

そのほか、富士倉庫写真には、熱河省が満洲国の一部であることを訴える「警告熱河省人民」や、「日本軍は平和を愛する神兵である。日本軍は正しい道理を有する義軍である」といった伝単、熱河省各民団連合会の「熱河省人民はまさに一致して立ち上がり、湯（玉麟）のように平和に逆らう悪党を打倒しよう」など、確認できただけでも三〇あまりの伝単が写されていた。熱河作戦で日本軍がどれほど大量のポスターや伝単で、宣撫活動を進めようとしていたかがわかる。大量生産されただけに、それらのポスターや伝単の紙質はきわめて悪く、デザインも明らかに素人のものだった。

この熱河作戦のとき、「宣撫」という言葉が、初めて正式に使われた。関東軍は、八木沼丈夫を班長とした「宣撫班」を派遣した。八木沼については、一九三二年十二月に彼が作詞し、藤原義江（一八九八―一九七六）が作曲して歌った「討匪行」が有名である。この歌は一九三三年二月ビクターからSP盤が発売され、ヒットした。八木沼は、熱河作戦での経験をもとに、次の歌詞を練ったといわれている。

1、どこまで続く泥濘《ぬかるみ》ぞ　三日二夜を食もなく　雨降りしぶく鉄かぶと　雨降りしぶく鉄かぶと
2、嘶《いなな》く声も絶えはてて　倒れし馬のたてがみを　かたみと今は別れ来ぬ　かたみと今は別れ来ぬ
3、ひずめのあとに乱れ咲く　秋草の花雫して　虫が音ほそき日暮れ空　虫が音ほそき日暮れ空
4、既に煙草はなくなりぬ　頼むマッチも濡れはてぬ　飢せまる夜の寒さかな　飢せまる夜の寒さかな
（中略）
14、敵にはあれど遺骸に　花を手向けてねんごろに　興安嶺よいざさらば　興安嶺よいざさらば

1番から4番の厭世的な歌詞が戦場の将兵だけでなく、彼らを送り出した家族の心に響いたし、14番の敵軍への同情が、この軍歌の心情を深いものにして、「討匪行」は大ヒットした。このヒットにあやかろうと、一九三九年、ポリドールが坂本修三郎作詞・三界稔作曲・東海林《しょうじ》太郎歌で「新討匪行」を売出したが、こちらのほうはあまりヒットしなかった。

八木沼が宣撫工作に携わるまでの経歴は、以下のようなものであった。彼は、一九二八年に満洲日日新聞社のハルビン支店長から満鉄総裁室弘報課の嘱託になり、社員会の機関誌『協和』の編集長に着任した。八木沼の功績のひとつは、同年七月、写真家淵上白陽《ふちかみはくよう》（一八八九―一九六〇）を満鉄にスカウトしたことである。よく知られているように、淵上は満鉄情報課嘱託となり、図32のポスターにあるグラビア誌『満洲グラフ』を発行したり、写真展を開催したりするなど、満洲写真界のリーダー的役割を果たした。満洲国建国後、八木沼は資政局弘法処長になったことはすでに述べたが、この資政局解散とともに、関東軍に移籍したのである（西原　二〇〇六）。

宣撫官という呼称は八木沼の発案だったという。彼は、「大日本軍宣撫官とは大日本軍に対する宣撫官という意味でもあるのだろう。我々は支那人自身を善導する前に、支那人に粗暴に振舞う日本の軍人をまず教育せねばならない」などと述べ、宣撫官は現地の人々との友好関係の構築に努めるべきであると訓示した。さきほど見た伝単に描かれた図案は、八木沼の宣撫に対するこうした精神が反映されて描かれたものであったろう。

熱河作戦が終了すると、八木沼は奉天の鉄路総局で、鉄道の保護を訴える「愛路運動」に携わることになった。このときの経験をもとに、一九三七年に八木沼が作詞した「青年蒙古の歌」は、関東軍新聞班の斡旋で山田耕筰が曲をつけて、コロムビアレコードから発売された（資③一九三七・五・一八）。また、同じコンビによる「武器なき戦士の歌」は、一九三九年八月、東京と北京から同じ日に放送されたが、それほどヒットは見込まれなかった。

「九月十八日」の神話

一九三二年九月十五日、日本が満洲国を承認し、両国の外交関係樹立を示す「日満議定書」が締結され、以後この日が「承認記念日」とされた。このとき、満洲国協和会が作成したポスターの一枚が、口絵3の「同徳同心、共存共栄」である。朝焼けのような希望を感じさせる背景に、「満人」と日本人の子どもが握手し、肩を組んで、親愛の情を示している。遠景に見えるのは、ドイツ、イタリア、スペイン、中米のエルサルバドルの国旗である。これらの国々は、いずれもが満洲国を承認したのである。のちに世界二〇ヵ国が満洲国を承認することになるが、国連加盟国が五〇にも満たない時代であったから、決して少ない数ではなかった。国旗の右側には、工場やビルといった「近代性」を象徴する影絵が配置されている。希望と近代をもとにした友愛、それを祝福する各国、そうしたイメージが読み取れる。

承認記念日の三日後には、満洲事変一周年を記念するイベントが開催された。毎年の満洲事変記念日（九一八紀念日）は、各地の慰霊塔の秋季招魂祭にもあたっており、戦争で亡くなった日本人将兵を「慰霊する日」として位置づけられ、大陸への「侵略」というロジックは微塵も見られなかった。

筆者の調査で、大日本独立守備隊司令部が満洲事変を記念するために作成した伝単は、「独宣品」という一句とシリーズ番号が記されていたことがわかっている。一九三二年から三三年の間に作成されたものを表3にまとめたが、独宣品第10・16・18・31号の伝単では満洲国への帰順を求めており、第11号の伝単は国民党支配地域と比較して満洲国を礼賛している。また、満洲事変の「意義」を喚起するのが第18・19・24号の伝単であり、生命

表3　大日本独立守備隊司令部が作成した伝単（1932－33年）

名　称	作成年月日	縦	横	備　考
真正的帰順罷	1932年	192	133	独宣品第10号
天国与地獄／非武装地帯		790	550	独宣品第11号
賞格！賞格！	1932年	264	178	独宣品第15号
国旗仰讃／国旗是代表国家之標識 懸掛国旗就是表現	1932年	273	383	独宣品第16号
告訴良民！	1932年	190	133	独宣品第18号
九、一八、一週年記念歌	1932年9月18日	256	174	独宣品第19号
九、一八、二週年記念歌	1933年9月18日	256	174	独宣品第20号
満洲国承認一週年記念	1933年9月15日	383	535	独宣品第21号
忘れるな柳条溝の一発!!	1933年	65	191	独宣品第24号
シツカリ　ガンバレ　コレカラダ	1933年	65	92	独宣品第25号
犠牲将士を犬死さすな	1933年	65	190	独宣品第26号
守れ我等の生命線を	1933年	68	190	独宣品第27号
同胞の双肩にあり　奮起せよ　自重せよ	1933年	87	191	独宣品第28号
満洲国決無軍閥苛剝之心理 你們的出産都是你們的東西／童謡「労働」（琦作・滋画）	1933年	－	－	独宣品第31号
告良民朋友！	1933年	198	129	番号不明
愛護鉄路罷	1933年			番号不明
勧告	1933年	133	190	番号不明

（注）　サイズの単位はミリメートル
（出典）　祐生出会いの館（鳥取県）所蔵の伝単より作成

線死守を強調するのが第25号から第28号の伝単である。

これらの伝単のうち、「独宣品第二〇号」の伝単が、図33の「九、一八、二週年記念歌」と表題がつけられたものである。鳥取県西伯郡南部町にある祐生出会いの館が所蔵するこの伝単には付箋が貼られており、そこには「一九三三年九月十八日、午前九時五十分に北大薩上空から落下したビラ」と書かれており、実際に飛行機からばら撒かれていたことがわかる。「九、一八、二週年記念歌」がどの程度歌われたのかを知るすべはないが、ともあれその主旨は、満洲事変は、友邦日本が東北軍閥の苦痛から東北人民を救済してくれた日であることをアピールする内容になっていることを確認しておきたい。

図33の伝単に示唆されるように、満洲国における「九月十八日」の神話は、日本軍＝解放者というナラティブを作り上げるための言説だった。そのことを明らかにするために、もう一枚、協和会が作成した口絵2のポスターを見てみたい。これは、次の六コマ割で、「九月十八日」の神話の意味を決定づけている。

一、旧軍閥の悪政のもと民衆は苦しんでいる。
二、日本軍は正義の銃砲で極悪軍閥を駆逐した。
三、日本兵は私たちにとても慈悲深い。
四、満洲建国以後、王道の光明が大地を照らしている。
五、私たちは忠霊塔に心から感謝しなければならない。
六、九一八事変記念日には、どの家も国旗を掲げて、殉国の将兵を慰めている。

一九三二年後半から翌年前半にかけて、こうした伝単を使って、満洲国の承認を祝うイベントや満洲事変を記念するイベントが、立て続けにおこなわれた。

国都新京では、十月八日、慶祝記念大会中央委員会（委員長は張燕卿《ちょうえんけい》〈一八九八—一九五一〉協和会理事長）が、記念標語や慶祝伝単を作成させ、市内各地に掲示した。新京は、あたかも日満両国の国旗と慶祝記念ポスターで埋め尽くされた観があったという。午前十一時から慶祝の旗行進がおこなわれ、満洲国側は一般市民も含めて二万二三〇〇人、日本人は各学校の生徒二〇〇〇名が参加した。午後三時には、西公園陸上運動場や長春附属地高等女学校講堂などで、慶祝の宴が開催された。撫順では、漢語による三五種類の伝単が作成された。たとえば、「日本の満洲国承認は歴史的な新しい時代を開く」「あらゆる悪辣な軍隊や軍閥を打倒し国内全域を粛清しよう」「これより王道による仁の政治が始まる」といった内容だった〔中央委員会　一九三二〕。

奉天では、十一月十五日におこなわれた大規模な記念行進を、東亜事局研究会の会員が目撃している。すこし長いが引用しておきたい。

かうした大示威とともに筆者のもつとも目を惹いたのは、城内城外を問はず、奉天市街の町といふ町、辻といふ辻の電信柱、壁、板塀に、ベタベタはりつけられた宣伝ポスターの多いことだ。「増兵断行」「支那応懲」「正義は勝つ」「二十萬の同胞を見殺しにするか？」のポスターは概ね浪速通り、千代田通りの大通りにはりつけられた宣伝文句で、春日町、琴平町、八幡町のごとき横町、裏町にはりつけられた宣伝文句はおほむね解りやすい砕けた文句で、「芳澤さん〔犬養毅内閣外務大臣芳澤謙吉のこと〕、しっかり頼みます」「血迷つたブリアンさん〔フランスの外務大臣A・ブリアンを指す〕」などのポスターのみだ。大示威は十時から開始され、街といふ街、通りといふ通りを練り歩いた。……指揮者の音頭によつて一斉に標語は叫ばれる。「増兵を断行せよ」「満蒙の天地を守れ」「聯盟の迷夢を醒せ」の高唱が終るとともに、天皇陛下萬歳、関東軍司令官萬歳を唱和して、つぎつぎへ進んでいく。……見物の群集のうちに見うけられる多くのイギリス人、ロシア人も、手に手に日章旗を持つて萬歳を唱和する。長旗を押し立てた支那人の行進隊がやつて来る。手に手に日章旗を持つて「アジアの光りの日の本の」を歌っている。朝鮮人の一隊がやつて来る。女もいる、子どももいる。嬰児を背にした婦女もある。元気はないながらもしきりに日章旗をふっている。

これを書いた会員は、総勢一万五〇〇〇人規模のデモだったと記している（東亜事局研究会　一九三二）。この記述は、いくつかの点を示唆している。ひとつは、ポスターや伝単は、掲示する場所によって内容を変えるという巧妙さがあったということである。現在残っている伝単と異なった種類の「砕けた文句」の宣伝ビラの存在が確認できる。二つには、デモ行進を率いていた指揮者の存在によって、デモが明らかに証かに組織されていたということである。しかも、漢人だけでなく、朝鮮人や白系ロシア人を含むエミグラントも動員されていたことが書かれている。最後に、満洲国旗ではなく、日章旗を振って日本の歌を唄っている様子から、その組織者とは日本人であったということになる。つまり、満洲国承認日・満洲事変記念日を祝うイベントの仕掛け人は、在満日本人だったということである。

じつは、満洲事変記念日の祝賀イベントは、日本でも開催されていた。陸軍省調査班は、パンフレット『満洲事変勃発満一年』を三万六一〇〇冊、ポスター一万一六五〇枚、絵はがき八万六〇〇〇枚を作成し、近衛師団、陸軍第一師団から第二〇師団、朝鮮、台湾、関東州、中華民国など、内外に送付する計画をたてた。調査班によると、パンフレットは陸軍省構内にあった小林又七商店の印刷所に、ポスターと絵はがきはジーチーサン商会（東京市築地二丁目一八番地）に照会すること、あまった印刷物の一般市場での転売を禁止することなどが通達された（JACAR：C04011379900）。

このときのポスターの一枚が図34「九月十八日―満洲事変勃発満一年」である。作者は、「盲目のエロシェンコ」の絵で有名な鶴田吾郎（一八九〇―一九六九）である。鶴田は、毎年、戦争画家の一人として、この満洲事変記念日と、三月十日（日露戦争のときの奉天会戦で勝利した日）の陸軍記念日のポスターも描いていた。さらに、鶴田は、一九四二年に陸軍省派遣画家として台湾・南洋を廻り、東京国立近代美術館に所蔵されている「志願兵に別れを告げる台湾人」「神兵パレンバンに降下す」など多くの作品を残している。

この年から毎年、日本内地では日満文化協会が主催する満洲事変記念イベントが開催され、祝賀の宴や講演会が開かれた。日満文化協会は、一九三三年に創設された日満間の文化交流を促進させる民間団体で、草創期には京都大学教授だった内藤湖南（一八六六―一九三四）が常任理事だった。

満洲国や日本で展開された、こうした「九月十八日」の神話と真っ向から対立するのが、国民政府側の認識であった。一九三二年九月二十八日に国民政府中央執行委員長高而虚《こうじきょ》の名義で散布された布告があり、漢語とハングルとの合壁《がっぺき》文となっており、それを日本語に翻訳するためのメモがカタカナでペン書きされている。この布告の文字から推測できることは、朝鮮国境沿いの間島で入手されたものと思える。その一部は、次のような内容だった。

日本帝国主義ハ自己ノ番犬タル軍隊ヲ派遣シテ満蒙ヲ強佔シタ後東省ヲ奪還シツヅシ世界平和ヲ維持ナサントスル自衛軍ヲ尽圧ナシガ為メ悪辣ナル手段ト政策ヲ持ツテ中人ノ幾個漢汗《ママ》ヲ買収シテ走狗機関満洲国ヲ組織セシ満洲国軍隊ヲ先鋒ニテ自衛軍ヲ討伐シ様トシ弱少民族解放運動ノ将来ノ形勢ト其レノ使命ヲ達セラルル可ク中韓合作運動カ日益硬ナラントスルヲ分散破壊セントシ奸悪タル倭敵ハ中韓両民族ノ民族的感情ヲ惹起サセントシツツアリシ鮮人走狗ヲ買収シテ密偵ト暗殺隊ヲ組織シ持テ革命運動ノ内部ヲ偵探シ中韓人革命者ヲ暗殺セントノ発悪テアリ……

国民政府の立場からすれば、日本が「解放者」であるなんてことはとんでもない話で、むしろ日本人は、軍事力で東三省を占領した「帝国主義者」であり、買収した漢人たちを手先として満洲国を作り上げ、買収した朝鮮人を手先として中韓合作の革命運動を破壊しようとしている、まさに「悪辣なる手段と政策」を実行する敵だと糾弾していたのである。ここでも、またポスターやビラを使った「武器なき戦争」が展開されていた。

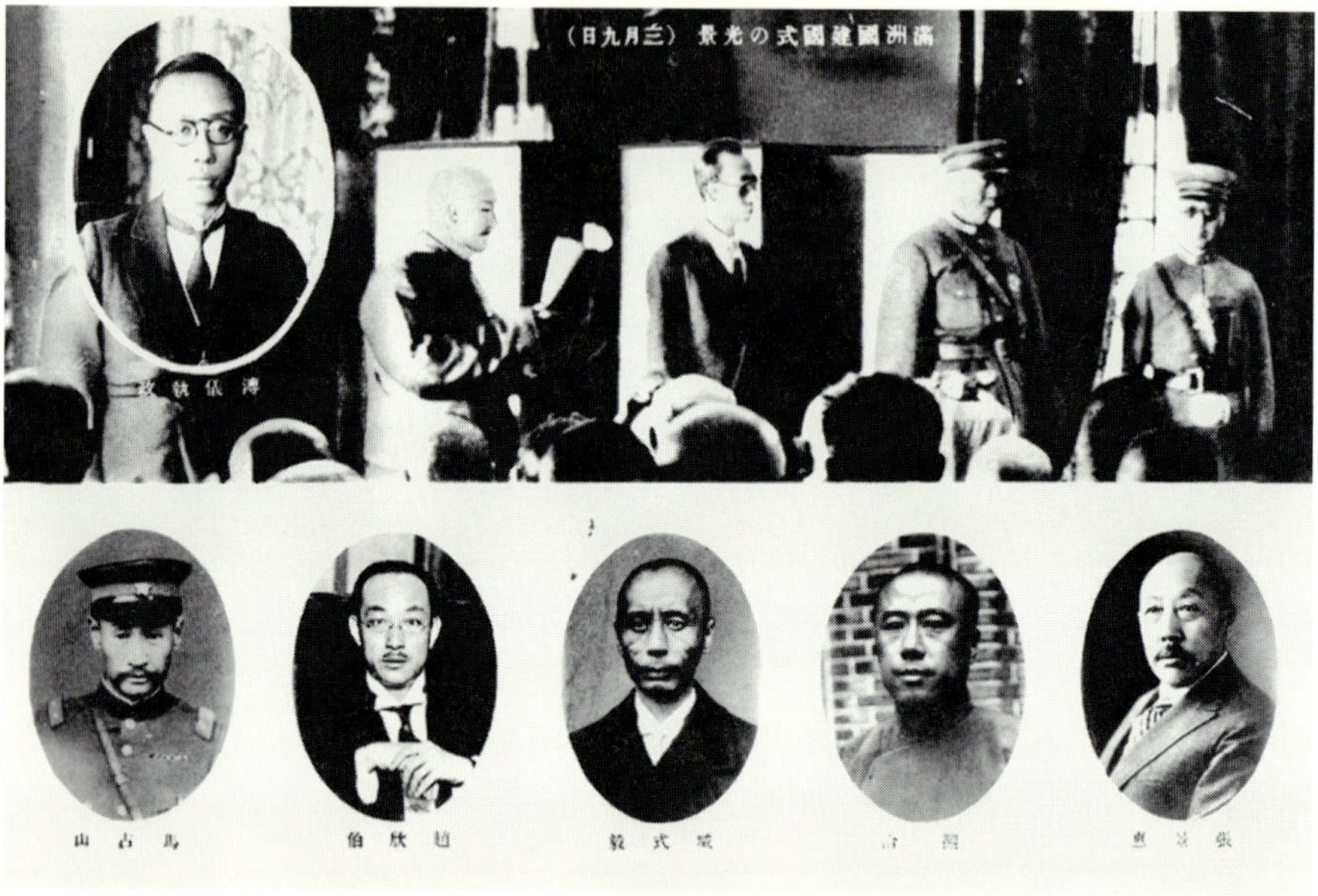

図16　写真はがき「満洲国建国式の光景」(1932年)

図17　自治指導部のポスター「東北同胞與東亜民族聯絡一致 列挙新政採列国文明協和万邦」(1931年)

図18　自治指導部のポスター「造成東北民衆的楽園」(1931年)

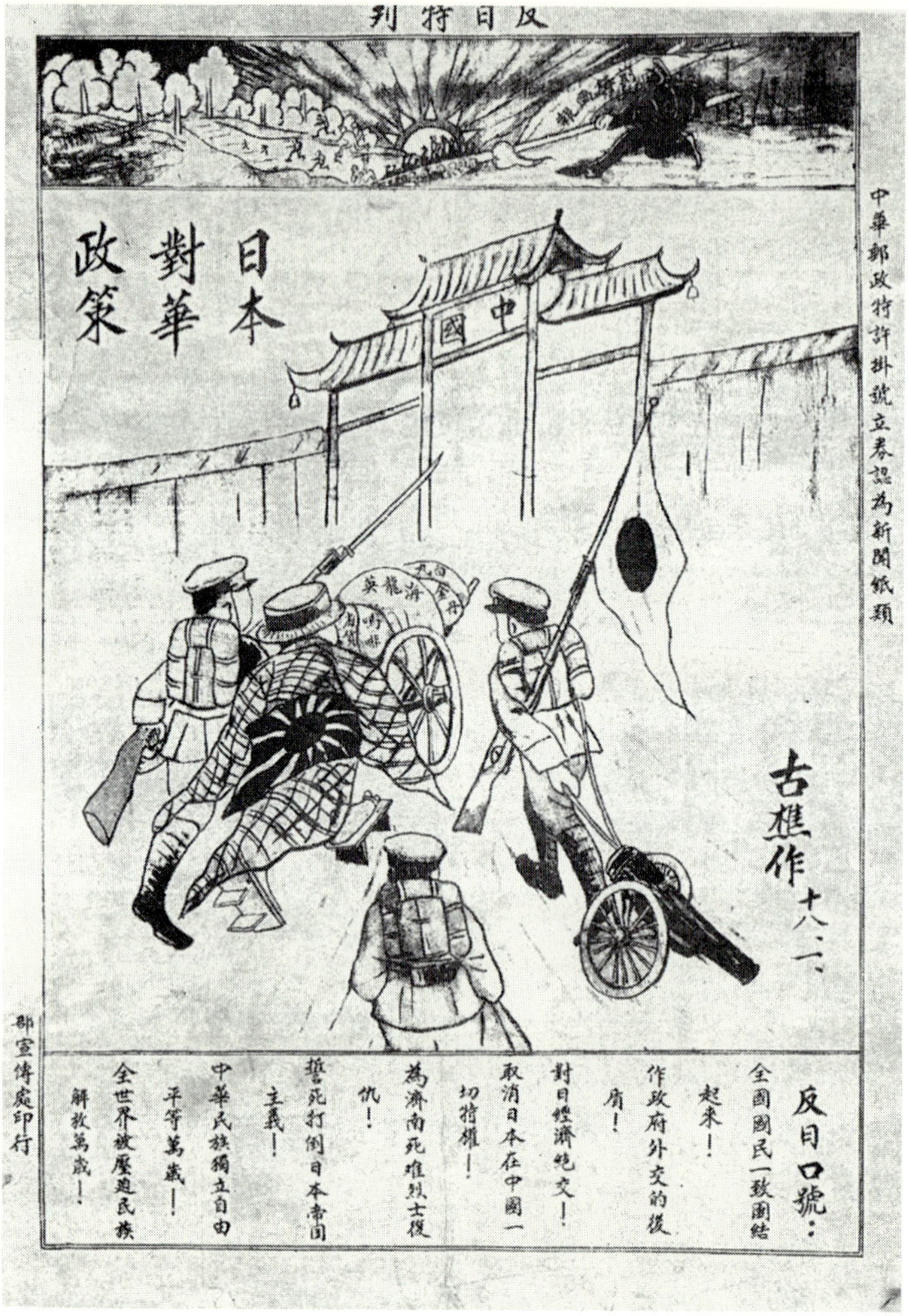

図19　反日を訴える伝単「日本対華政策」（コピー）

図20　壁に貼られたリットン調査団を歓迎する伝単（満鉄製作の記録ニュース「満洲におけるリットン調査団」より）

図21　リットン調査団歓迎ポスター「Manchoukuo : THANKS COMMISSIONERS AND SHE WANTS YOUR FURTHER ASSISTANCE」（1932年）

図23　執政宣言記念ポスター「大満洲国万歳」(1933年)

図24　満洲国資政局のポスター「MANCHOUKUO」(1932年)

図25　汪兆銘政権のポスター「同胞們！在五色国旗之下団結吧！」(1940年)

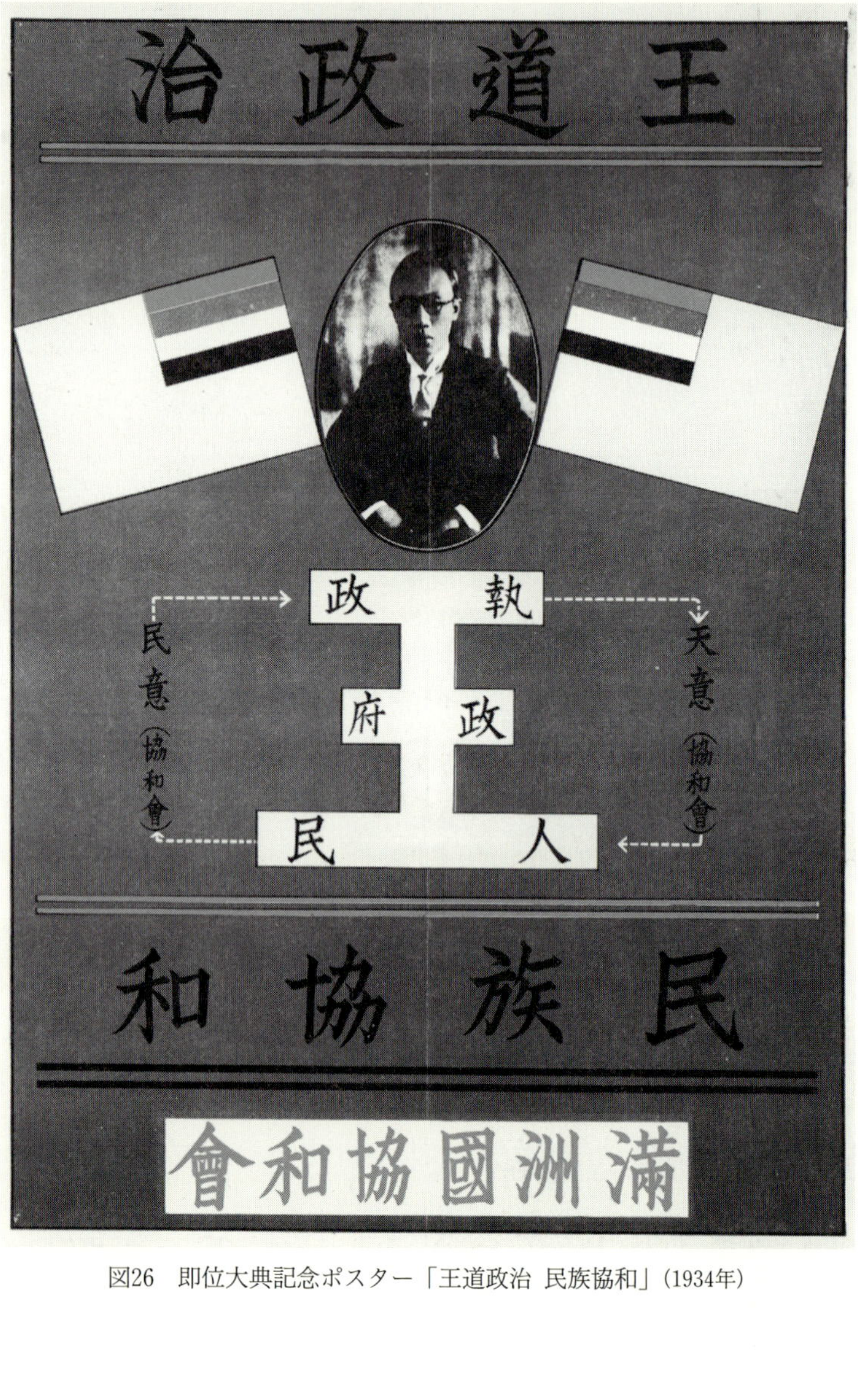

図26　即位大典記念ポスター「王道政治 民族協和」(1934年)

図27　絵はがきセット「協和画片第一輯」の袋（1940年）

図28　絵はがきセット「協和画片第一輯」の１枚「躍進満洲帝国協和会之全貌」の部分（1940年）

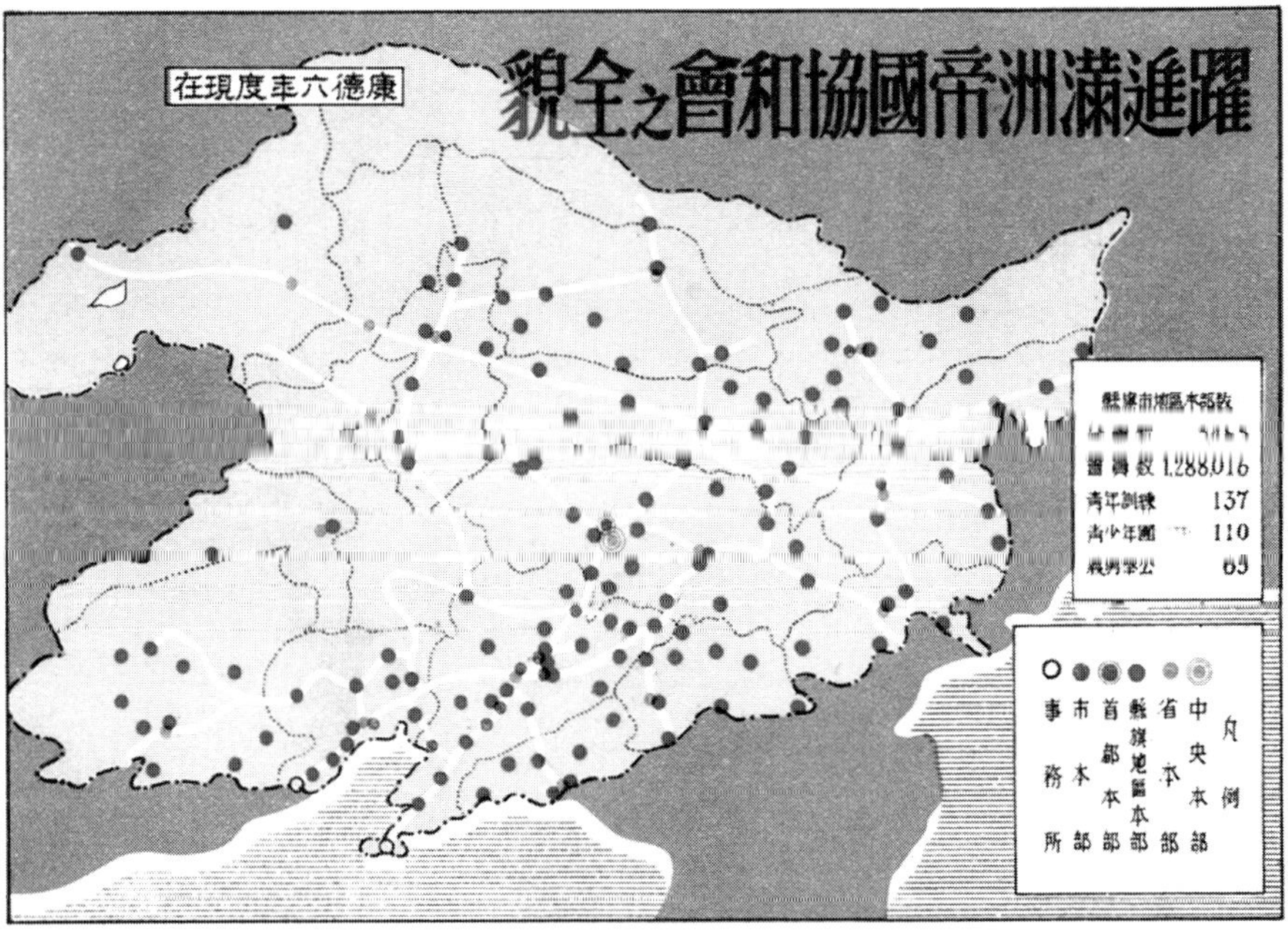

図29　錦州城内に貼られたポスターを眺める群衆（1933年）

図30　熱河作戦ポスター「日本軍隊都是良家子弟 為国家為和平義務当兵的他們対搗乱份子非常厲害 然対商民很講情理 所以日軍到処没有不歓迎的」

図31　熱河作戦ポスター「能明順逆的将士在満日協同携手之下一致維持和平力謀造成王道楽土 執迷不悟的乱賊当受天 誅血肉横飛死無葬身」

図32 『満洲グラフ』広告ポスター「満洲グラフ 知れ満洲の実相！」

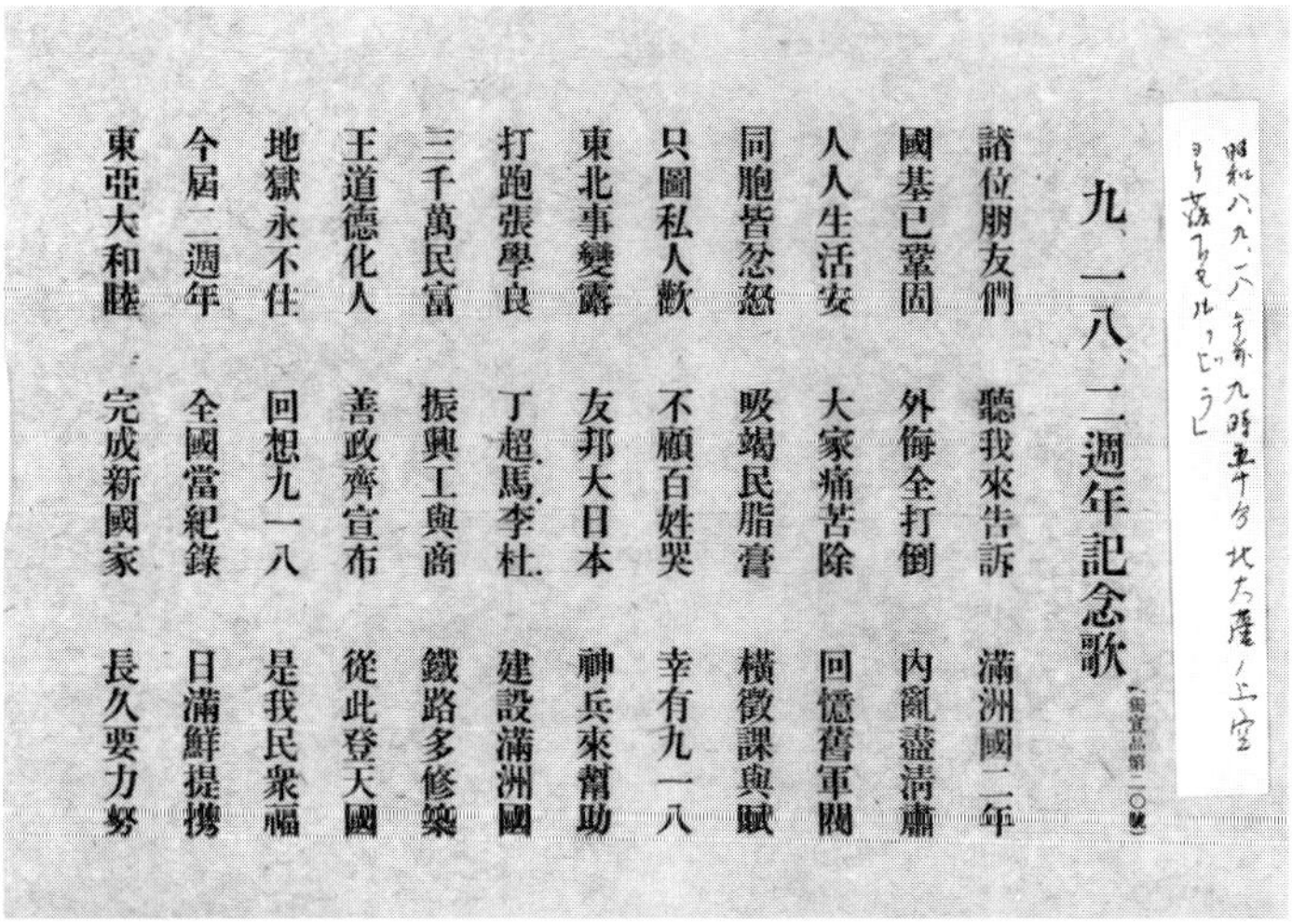

九、一八、二週年記念歌（獨宣品第二〇號）

昭和八、九、一八午前九時五十分北大營ノ上空ヨリ撒下セルビラ

諸位朋友們　聽我來告訴　滿洲國二年
國基已鞏固　外侮全打倒　内亂盡清肅
人人生活安　大家痛苦除　回憶舊軍閥
同胞皆忿怒　吸竭民脂膏　橫徵課與賦
只圖私人歡　不顧百姓哭　幸有九一八
東北事變露　友邦大日本　神兵來幫助
打跑張學良　丁超、馬、李、杜、　建設滿洲國
三千萬民富　振興工與商　鐵路多修築
王道德化人　善政齊宣布　從此登天國
地獄永不住　回想九一八　是我民衆福
今屆二週年　全國當紀錄　日滿鮮提携
東亞大和睦　完成新國家　長久要力努

図33　満洲事変を記念する伝単「九、一八、二週年記念歌（独宣品第20号）」（1933年９月18日）

図34　満洲事変記念ポスター「九月十八日－満洲事変勃発満一年」（1932年）

chapter 4

4 「建国一周年」をめぐる攻防

国務院総務庁情報処の成立

一九三三年二月、満洲国政府は弘報機構を強化するため、総務庁長官直属の機関として、新たに情報処（のち弘報処に改称）を設置した。元宣化司長の川崎寅雄が初代処長の任に就き、三四年には第二代処長宮脇襄二（一八八九―？）に交替した。宮脇は、三七年に情報処長から国通東京支社長に転任し、その後、満洲弘報協会理事となった。この情報処は、「宣伝の計画および実施」「政府部内宣伝の連絡統制」「民間宣伝団体の監理」を管掌事項としてあげており、対外的な情報宣伝政策は外交部宣化司が担当することになっていた。

情報処には、総務科・計画科・情報科の三科があった。総務科長には松澤光茂が就任したが、彼は三五年に計画科長となる。計画科は、庶務会計、宣伝計画、政府部内外の宣伝の連絡統制、および満洲・モンゴル・ロシア・朝鮮など各民族に対する宣伝啓発を担当した。また、情報科は、新聞班・映画写真班・調査班・資料編纂班に分かれ、新聞、雑誌、映画、ラジオ・ニュースなどの収集や製作に携わり、住民を対象とする弘報活動を進めた。

情報処には、翻訳要員として、だいたい四名の漢人と一名の朝鮮人がいた。浙江省紹興県出身の姚任《ようにん》（一九〇〇―?）は、早稲田大学政治経済学科卒業後、北京政府財政部秘書・上海東方通信社日本新聞聯合社記者などを経て、満洲国建国後に外交部宣化司文化科からの転任で情報処情報科の科長となった。のちに、同科理事官・国通理事を経て、三六年四月に成立した満洲弘報協会の協会常務理事になった。

鄭孝胥《ていこうしょ》の次男夫人の弟だという福建出身の陳承瀚《ちんしょうかん》（一八九七―?）は、宮内府では溥儀に英語を教えたこともあり、情報科や総務科の担当になった。後述するように、陳は、一九三八年弘報処情報科に「満系情報事務」が立ち上がると、その責任者になった。

安徽省蕪湖市出身の董《とう》再華は、日本語とフランス語ができた。彼は、一九三四年に情報処に入り、三七年には事務官に昇任し、『省政彙覧』の翻訳などに携わるが、まもなくして帰郷した。山東省出身の李心炎は、一九三五年に情報処に入り、情報処が弘報処に改組された三七年から三九年に弘報処宣伝科新聞班で新聞の社論翻訳の責任者となり、四〇年には国通編輯局調査部次長に転任した。銭寰清《せんかんせい》は、一九三三年に情報処入りをしたことしかわかっていない。崔三豊は朝鮮人で、一九三五年に情報処入りし、三七年には開拓総局に転任した。いずれもが、情報処で働いた期間は二、三年にすぎなかった。

情報処は、映画製作にもかかわっていた。記録映画「明け行く西部満洲」は、興安北省政府および高波祐治（一八八一―一九五三）陸軍少将の協力を得て、松竹映画株式会社が三週間かけて撮影したものである。その試写会は、東京の公使館で上映され、満洲国内では協和会などの映写班によって巡回上映された（資②建国―大同）。

記念ポスターの発行

情報処の最初の大仕事が、一九三三年三月一日に予定された建国記念式典であった。この式典は、建国周年記念中央委員会（委員長鄭孝胥）の主催によるもので、民政部前の広場で、国歌の演奏、国旗掲揚および国旗敬礼に始まる祝典式が開催され、午前一一時から旗行進がおこなわれた。そのとき、一万九三三〇人（うち一般市民は一万人）が参加した。

この日の式典には、中央委員会が、ポスター三六種三四万五〇〇〇枚、伝単七二三種一〇三万枚、国旗を描いた手旗五〇万枚、作文二三種、詩二七種、意見書一五種、俗謡二七種といった膨大な量の弘報媒体を製作し、全国に配布した。とくに、いまだ治安が不良の熱河省には、教化目的で、ポスター一〇万枚、伝単一〇万枚が追加して送られた。これらのデザインや作文は、懸賞募集の応募作品から、関東軍第四課・外交部・軍政部・総務庁・新京日日新聞社・大同報社・ハルビン広報社・大阪朝日新聞社・大阪毎日新聞社・新京女学校・同公学校の関係者からなる審査委員会で選出されたものであった（中央委員会　一九三三）。

このときのポスターのうち、筆者はいまのところ二五点の現物を確認している。そのうち八点が年画といわれる中国の伝統的な農民画風のもので、二三点が漢語、残り二点が漢語とハングルとの合壁《がっぺき》文である。これらのポスターには、連番がつけられたものが多く、建国一周年の記念イベントのために作成された一連のシリーズであったことがわかる。年画形式のものを除いた一七点は、いずれもが奉天興亜印刷局で印刷されたもので、うち六点は満洲国協和会が作成させたものだったことが確認できたが、ほかのポスター製作も協和会がかかわっていたと見るべきだろう。

年画形式の七点のポスターについては、川瀬千春の研究が役立つ（川瀬　二〇〇〇）。川瀬は、自著のなかで、「満洲国人の好むポスター」『満蒙』一月号（満洲文化協会、一九三四年）にあげられている二一点の年画を紹介しており、筆者が現物を確認できた八点の年画のうち七点は、そのなかに含まれていた。その年画とは、「福祿壽三星」「招財進宝」「大発財源」「宝馬駄来千倍利」「財神到家」「龍王慶寿」「連登高位」と表題がつけられている。ただ、川瀬は、掲載紙の記述に基づき、これらポスターは、満洲経済事情案内所が「集めたもの」であると指摘しているが（同書一六〇ページ）、事実はそうではない。これらの年画は、奉天省公署印刷局または奉天興亜印刷局で印刷されたものであること、いずれも「一九三三年三月一日」のために作成されたものであることなどが確認できている。つまり、これらの年画は、先に述べたように、建国一周年記念イベントのために「製作されたもの」であり、図書館機能をあわせもつ満洲経済事情案内所は、これらを「集めた」のではなく、「寄贈された」のだと推測できる。

いずれにせよ、二五点のポスターからは、建国一周年記念イベントのための弘報メディアが、すべて奉天省政府の意向を反映するものであったことがわかる。

ポスター「ミス満洲」のモデルは誰か？

情報処が作成させたポスターは一〇種あるといわれているが、確認できたのは、図35の「新興大満洲国」というポスター一点だけである。最近、このポスターのモデルが誰であるか、朝日新聞富士倉庫所蔵の図36の写真を通じて判明することになった。この写真の裏には、赤字で「満洲風俗」、黒字で「満洲国製作映画」「新興満洲国の全貌」「ミス満洲」と走り書きされていた。

「新興満洲国の全貌」は全五巻からなる記録映画で、建国一周年を記念して、国内外向けの宣伝に利用するために、外交部宣化司が満鉄総務部弘報係に依頼して製作させた、いわば満洲国最初の国策映画である。この映画は、漢語版・英語版・日本語版など七ヵ国語版が作られ、満洲国外交部から在外日本公使館を通じて、イギリス・アメリカ・フランス・イタリア・スイスで上映され、海外での満洲国の紹介に貢献したといわれる（資③一九三六・一〇・三一）。また、国内では満洲国協和会・文教部などの映写班とともに、これを巡回上映した。

朝日新聞の記者である小倉いづみさんは、富士倉庫の写真と、筆者が提供した図35のポスター画像をもとに記事を書かれたところ（二〇〇七年二月十一日付『朝日新聞』朝刊）、ほどなくして、「ミス満洲」の親戚だという方から小倉さん宛てに連絡が入った。モデルになった少女がじつは日本人で、その名を大島八重美さんといい、戦後、満洲から日本に帰還されていたというのである（朝日新聞社「写真が語る戦争」取材班、二〇〇九年）。ちなみに、この少女は集英社の『満州の記録』（一九九五年）には、「中国人」として紹介されている。

一方、筆者のほうも、鳥取県の祐生出会いの館の稲田セツ子さんを通じて、八重美さんの二人の娘さん、兼松和美さん・加藤信さん姉妹と連絡がとれた。筆者は、小倉さんとともに、兼松さんたちに、八重美さんについてのお話をうかがうことにした。ところが、兼松さん姉妹は、満洲時代の母親のことは何も聞いておらず、満鉄が上述した記録映画「新興満洲国の全貌」の冒頭に出てくる八重美さんの姿に驚かれたくらいだった。残念ながら、これは無声映画だったため、映っている八重美さんが何を語っているのかがわからない。ただ幸いなことに、当日、八重美さんの異父弟である庄司彰さんにも同席していただいていたので、詳しいお話をうかがうことができた。八重美さんは幼いときに父親を亡くし、新京に住んでいた伯母さんのもとで小学校高等科を卒業し、その後すぐに臨時嘱託として国務院総務庁で働かれたという。「新興満洲国の全貌」の撮影のときに、たまたまキャスティングされ、映画出演に抜擢されたのだろうというのである。

「ミス満洲」のモデル探しは、こうして一件落着したが、満洲国の象徴と見なされた「ミス満洲」が、じつは日本人であったことには驚いた。しかし、満洲国の弘報政策において、企画者・製作者だけでなく、モデルさえ日本人であったことを知りえたことは、満洲国メディアの問題をより深く考えるきっかけになった。

建国一周年記念切手・絵はがき

満洲国交通部郵政司は、建国一周年を記念して、一九三三年三月一日に記念切手二種類四枚を発行した。一分と四分は満洲国地図を背景とした国旗と月桂樹の図案、二分と一〇分は国務院正門の図案で、李顛塵《りてんじん》がデザインしたものだった。原版彫刻者は一分と四分は青木宮吉、二分と一〇分は加藤倉吉（一八九四－一九九二）、文字は若林清次が担当した。印刷は日本政府の内閣印刷局でおこなわれ、発行部数は計一二万枚に及んだ（吉林省集郵協会　二〇〇五、資⑩一四－五）。発売とともに、各地の郵便局では数時間で売れ切れるところが続発し、新京郵便局でも二時間で二分と一角の切手が売り切れ、翌日には一分と四分の切手も売り切れた（資⑩一三－五）。

また、建国一周年記念式典の中心であった中央委員会が、二種一組の絵はがきを配布している。ひとつは鄭孝胥の揮毫による「仁者有義（仁ある者は義あり）」を記したもの、いまひとつは銀地に満洲国国旗を配したものである。一〇万組も発行し、うち八万組は日満両軍に配布され、残り二万組が内外各方面に送付されたという。これだけの量が印刷されたので、いまだにオークションで取引されることもある。

また、交通部郵政司は、当初三種類の建国記念絵はがきを発行すると、凸版印刷株式会社に連絡していたが、実際に発行されたのは二枚一組、計一万組だった。発売された一種は、戦勝や栄光の象徴である月桂樹を背景のデザインとして、そこに五色旗、溥儀の肖像、執政府の前景を配置したもので、もう一種は耕外画伯（人物不詳）が描いた平和な農村風景の水彩画であった。じつは、図37の絵はがきは、発行されなかった一枚である。そのデザインは、大満洲国の版図の上に国務総理鄭孝胥の揮毫と奉天城を描いた絵はがきだったが、問題は背景の地図にあった。満洲国の境界の一部が万里の長城に達していなかったことを関東軍が問題視したとの推論もあるが（内藤　二〇〇六）、そうではなく、当時まだ中華民国の領土として認定されていた熱河省が満洲国の領土とされていることが問題視され、交通部が絵はがき発行の前日である二月二十八日に急遽発行を中止するように連絡したのである。ただ、一部の地方では、この連絡が間に合わず、少量は流出してしまったという（吉林省集郵協会　二〇〇五）。今日見られるのは、その流出分であろう。

日本での記念日祝典

満洲国建国記念日である三月一日、日本でも毎年「満洲（帝）国記念日祝典」がおこなわれていたことをご存知だろうか。場所は、いつも日比谷公会堂で、日満中央協会が主催者であった。

一九三三年の場合、午前一一時から一時間、駐日満洲国代表公署にて祝典式がおこなわれ、午後一時から一般市民向けに日比谷公会堂で式典が開催された。このときの式典は、開会、君が代斉唱で始まり、満洲国国歌斉唱、満洲事変における戦死者への黙禱、日満中央協会理事長の挨拶、外務大臣や拓務大臣らの祝辞、講演、余興、最後に祝電披露という順番で進んだ。そして、当日午後九時からは、麻布桜田一町内会で大提灯行列が催された。また、こうした記念式典とともに、一九三三年以降、毎年この日は、必ず東京都内の各デパートで、記念日を慶祝するためにディスプレイに装飾が施されたという。

一九三九年の七周年記念日には、午前一〇時から麻布桜田町の満洲国大使館で、皇帝の弟である溥傑《ふけつ》を迎えて、陸軍大学校・士官学校・司法官・警察官の満洲国留学生一六〇名が参集し、祝賀会がおこなわれた。午後二時からは、靖国神社広場で、日満中央協会・満洲移住協会・日満実業協会・満洲拓殖公社・日満帝国婦人会などの主催で、建国祝典の旗行進がおこなわれ、また日本聯合青年団・東京聯合青年団・少年義勇軍・満蒙開拓青少年義勇軍鼓笛隊など五〇〇〇名が九段より日比谷公園へと行進し、「帝都をいやが上にも満洲色で塗り潰した」。午後六時からは、日比谷公会堂で記念式典が開催され、また小石川の満洲留学生会館で日満学生交歓会がおこなわれた。この種の記念式典は、大阪・横浜・仙台・新潟・広島・呉・門司でも、各地の商工会議所が主催者となっておこなわれたという（資③一九三九・三・二）。

翌一九四〇年、建国八周年記念式典の報告書によれば、日比谷公会堂での記念祝典のときの余興は、満蒙開拓青少年義勇軍鼓笛隊に始まり、徳川夢声（一八九四―一九七一）の漫談「満洲みやげ」、高橋祐子《さちこ》（一九三〇―）の童謡「日満支仲よし行進曲」、飯田ふさ江（一九二五―）の童謡「靖国神社のお父さん」、霧島昇（一九一四―八四）による独唱「満洲行進曲」のほか、ミス・コロムビア（一九一一―八四）による独唱「荒鷲慕ひて」などであり、最後に満映提供の映画「森林満洲」が上映されたという（久保田　一九四〇）。

九月十八日の満洲事変記念日を含めて、日満両国では、こうした記念イベントを通じた弘報活動がシンクロナイズして進められたが、これらは明らかに両国国民に対して、互いへの関心と共感を引き出させようという国家ぐるみの企画・演出であった。

承認一周年記念

一九三三年九月十五日に開催された承認一周年記念は特別な意味をもっていた。その年の三月二十七日、日本は正式に国際連盟脱退を通告していたが、日本は国際的な孤立を阻止するために、日満両国関係を尊重する「日満議定書」を再確認するセレモニーを開催する必要があったからである。

記念日の祝賀会は、国都新京をはじめ、満洲国各地において大規模なイベントが計画された。国務院総務庁情報処と民政部は、各家庭の入口に五色旗を飾るように通知したほか、慶祝承認大会中央委員会が作成したポスター二四〇〇枚を市内各所に貼らせた。また、大版と中版の伝単各二万枚を人力車や馬車に貼り、開会当日には市内各所で散布した。また、小さな伝単二万枚は、慶祝大会当日の午前に飛行機から市内に散布された。さらに、ラジオからは、鄭孝胥総理、台湾出身の謝介石《しゃかいせき》（一八七八―一九四六）外交部総長らが、祝賀を伝える声を響かせた。こうしたポスター・伝単・ラジオを使った弘報手段は、その後もよく使われた。

十五日当日の新京での慶祝大会の様子は、次のようなものだった。主催者は新京市公署で、午前九時から民政部前の特設会場で挙行された。会場には満洲国国旗が翻り、会場正門には「慶祝承認週年大会」の額を掲げ、正門柱には各種の標語を記したポスターや伝単が貼られた。図38は、大日本独立守備隊司令部が作成した「満洲国承認一週年記念」のポスターである。これには、満洲国国旗と日の丸の前で、日満を代表する人物が握手し、平和を象徴する鳩が飛ぶ様子が描かれている。また、会場や七馬路南には、巨大な記念塔が建てられたことが写真で確認できる。市内各地には万国旗や国旗が翻り、道行く人々の関心を惹こうとした。会場の正面には満洲国の国旗が数百本掲げられ、軍楽隊が並び、会場左手は来賓席、右手は記者席と委員の席が配置された。八時半には各学校の生徒が隊列を組み、手に日満両国の国旗をもって参列した。

九時、開会とともに、日満両国の軍隊・警察の厳重なる警備のなか、鄭孝胥総理・菱刈隆《ひしかりたかし》（一八七一―一九五二）全権大使・謝介石外交部総長らが入場した。さらに、各種学校・教育会・商会・記者協会などの参加者総勢六、七〇〇〇人が入場した。このとき、軍楽隊が高らかに国歌を奏で、祝砲が轟き、飛行機の爆音が響き渡るなか、国旗が掲揚され、参列者一同が国旗に向かって三度参拝した。同時に、国歌が斉唱され、大会主催者には新京市長で川島芳子の兄にあたる金壁東《きんへきとう》（一八九六―一九四〇）が開会の挨拶をおこなった。このとき、コスモス機一四機は爆音をあげて上空を旋回し、「五色のビラは天花の如く中空に撒かれ」た。最後に全員で三度「満洲国万歳！」と唱えて、一〇時に典礼式が終了した。

典礼式終了後の午前一〇時に満洲国軍隊、軍楽隊、小学校や県立女子中学校の生徒、大同学院の生徒、諸団体、満洲国官吏、一般市民約二万四三〇〇人（うち日本人は各学校の生徒二〇〇〇人）が、国旗をもって会場を出発し、市内各地を行進した。このほか、典礼式の開会とともに、満洲独自の伝統的な演芸である高脚会が練り歩き、龍鳳船などの乗り物が出たり、推歌会などの合唱会などが開かれたりして、道行く人々がこれに声をあげて群がり、山のような人だかりができた。この見世物は、夜の一〇時に終了したが、夜間には典礼式典会場で映画が上映されて多くの観客で賑わったという。一方、大会主催者および主賓たちは、午後三時からヤマトホテルの庭園で開催された園遊会に参加したが、その数は六〇〇名にも上った。

この種の慶祝大会は、各地でも同様な形で開催された。たとえば、奉天では、一万人に上る旗行進が万歳三唱を唱え、国旗を振り、満洲国国歌を口ずさみながら練り歩いた。吉林では五〇〇〇人、ハルビンでは四〇万人（四万人の間違いか？）、大連では二万人が行列に参加した。大連では、この日を記念して、「第一回日満合同陸上大会」が開催された（国務院総務庁情報処　一九三三年）。情報処は、さらに、各地の祝賀の模様を撮って、『慶祝承認周年紀念画冊』を出版し、弘報手段として使った。

反日・反満勢力への対策

関東軍は、反満勢力を軍事的に制圧したのち、ほかの弘報機関とともに、人心の安定、治安の回復と維持、共産・抗日思想の一掃などを目的とする宣撫工作を進める必要があると考えていた。一九三二年十一月、関東軍参謀部は、吉林・奉天・華北一部地域に対して、反満勢力の討伐とともに、宣撫計画を実行した。宣伝班の組織化、「民衆説服要領」や「宣伝用ポスター使用要領」の策定のほか、伝単八種（文字一種・絵入り七種）・ポスター一二種（ビジュアル四種・標語八種）・布告四種が作成された。

一九三三年以降も、依然として建国精神の普及と反満勢力の鎮圧が課題であった。軍事作戦は、おもに吉林省・東辺道・東防衛地区および東南防衛地区に重点が置かれた（資②康二）。この年、治安維持会が組織され、六月十五、十六日の両日、関東軍下の宣伝・諜報業務に携わる関係者を集め、会議が開かれた。治安維持会の「規定」によると、会は、満洲国・関東軍・その他の関係諸機関の連絡や、企画の統制に関して円滑に運行するために組織されたのであり、中央治安維持会の下に、省・県・地区に下部の治安維持会が組織された。すべての治安維持会は関東軍の指揮下にあり、中央治安維持会長は関東軍参謀が兼任し、省の会長は関東軍防衛地区司令官の指揮を受け、地区の長は地区防衛司令官、県の長は日本軍の隊長や指揮官の指導を受けた（JACAR：C0100327600）。

一九三三年八月、満洲国軍政部顧問多田駿《はやお》（一八八二―一九四六）が著した『満洲国軍政指導状況報告』によると、軍政部は治安回復にともない、軍隊内部を改善させる教化へと重点を移した。華北に対する宣伝は天津に設けた特務機関で、華中に対しては上海の新聞社などを使って世論操作をはかったという。しかし、各機関の宣伝政策と重複を避けるため、建国精神の徹底、新軍使命の普及をはかり、国軍改革に必要な事項を周知させるため、「宣伝計画大綱」を作成し、弘報の主力を満洲国軍内部に傾注した。つまり、政治教育あるいは精神教育をおこなうことによって、軍隊の動揺防止とともに、軍隊の教化に努めようとしたのである。

また、幕僚講習会の開催、陸軍宣伝の実施、新聞の発刊、宣伝用慰問品の配給、小冊子・軍事美談集・標語・ポスター・伝単の配布を継続しておこなった。また、軍隊内部にも、新たに映画による宣伝という推進計画をたて、興安省付近ではソ連の宣伝を排除し、モンゴル人民共和国に対しては興安省付近の「幸福」を訴えかけることとしたが、中国共産党への宣伝政策は課題として残った（JACAR：C01002918600）。

一九三三年十二月には、各村の匪賊対策と治安維持のための自衛組織を強化するために、中国の伝統的統治組織を改編した「保甲法」が公布された。同法は、一〇戸を単位として一牌として、一〇牌を一甲、一〇甲を一保として組織された。その団員の資格は、同一地方に一年以上居住する一八歳から四〇歳までの男子だった（資③一九三三・一二・二三）。こうして、自衛のための基層社会の再編・統合をはかり、満洲国のイデオロギーを基層社会に浸透させようとしたのである。図39のポスターが示しているとおり、保甲法の実施は治安部警察司の担当であったが、とくに基層社会とかかわる牌の組織化・強化が重視された。このポスターでは、保甲法を実施している満洲国側は匪賊がおらず平和で平穏であるとアピールしている。

「天国と地獄」絵図

満洲国と中華民国の違いを示そうとするために、「天国と地獄」とでも呼べる一連のビジュアル・メディアが作られた。そのポスターを詳しく見る前に、事実経過を押さえておきたい。

一九三五年十一月、河北省通州で、親日派の殷汝耕《いんじょこう》（一八八九―一九四七）を首班とした冀東《きとう》防共自治委員会が成立した。殷汝耕は、早稲田大学に留学して帰国後、孫文が指導する辛亥革命と第二革命に参加したこともあり、黄郛《こうふ》（一八八〇―一九三六）とともに有名な親日派の政治家であった。国民政府内では、それまでの日本経験が評価されて、駐日外交代表や陸海空軍総司令部参議という重要なポストを歴任した。冀東防共自治委員会の「組織大綱」には、「塘沽《タンクー》停戦協定」による一八県のほか、河北省の寧河・宝坻・香河・昌平などを加えた二五県をその支配下に置き、すべての国家収入、鉄道・鉱山・郵便・電信・電話の収益を管理するとあった。翌十二月、委員会は冀東防共自治政府と改称し、塘沽・新河を接収し、塩税の大部分を押さえ、財政的基盤を固め、国民政府から分離した政治勢力としての確立をめざした。

図40は、「天国と地獄」とタイトルがつけられた伝単である。関東軍の独立守備隊司令部の製作によるもので、左上隅に「独宣品第一一号」とある。これも一連の反中華民国のプロパガンダ用の伝単であり、少なくとも十数種類は、同様なビラが作られていたと思われる。「天国」=「快活的（楽しく暮らせる）満洲国」であり、満洲国軍によって防衛された世界では、満洲国と日本との間で友愛に満ち溢れた生活が営まれているとイメージ化されている。一方、「地獄」=中華民国は、「混乱破壊した中国」であり、略奪や放火、国民党軍による虐殺が横行している様子が描かれている。「天国」と「地獄」の間には、一九三三年の塘沽停戦協定によって成立した非武装地帯が連なっている。

もう一枚（図41）も、同様な世界観を表わしている。上段の一は、満洲事変前の状況を表わしており、城壁上の見晴らし台には国民党の徽章らしいデザインが施されており、となりの太陽は涙を流して泣いている。この世界では、「軍閥が横行しており、良民は塗炭の苦しみをなめている」。中断の二は、満洲国が建国したばかりの状況を表わしており、右側の国民党旗を「旧悪を除く」ために蹴飛ばし、新しい満洲国旗に取り替えており、「民族が奮起して理想の国家を建設する」と題され、「改造刷新」の文字も見られ、太陽もにこやかな顔に変わっている。山海関をはさんだ左側では、乱れた党と横暴な匪賊のため、軍隊がばらばらで、太陽は涙を流している。

下段の三では、見晴らし台に「大満洲国」の看板が掲げられ、屋根には「光り輝く」満洲国国旗がクロスされており、「居所も安定し、職業をもって楽しくやっていける満洲国万々歳」と書かれ、民衆が満洲国旗を振っている。一方、万里の長城以西では、「後悔及ばず笑うのみ」と書かれ、張学良が涙を流して後悔し、一九三二年にフルンブイルで日本人拉致事件を起こした蘇炳文《そへいぶん》（一八九二―一九七五）や、ハルビンで吉林自衛軍を組織して反日蜂起をした李杜《りと》（一八八六―一九五六）が、万里の長城以東をうらやましげに眺めている。

この図41の伝単で注目したいところは、少し見えにくいが、上段の泣いている太陽の右側に書いてある「三民醜鬼越境擾民」という文字である。文字どおり読めば、「三民醜鬼」という髑髏の化け物が万里の長城を越えて民を苦しめているということになるが、この「三民醜鬼」は日本語で読めば「さんみんしゅうき」となり、明らかに国民党のイデオロギーである「三民主義」の語呂合わせであることがわかる。つまり、これを語呂合わせできるのは、日本人しかいないということで、この伝単のデザイン案は日本人がかかわっていたことの証拠となる。

これら満洲国側の一連の宣伝メディアは、満洲国と蔣介石（一八八七―一九七五）率いる中華民国との二つの世界をイメージ戦略で差異化させることを目的としている。日中戦争勃発前、満洲国は「九月十八日」の神話を浸透させ、「地獄」として描かれている中華民国の側ではなく、「天国」としてイメージ化されている満洲国の側で生活できることの幸福感を住民に強制していたのである。しかしながら、これらのポスターや伝単は、中華民国では掲示されるわけはなく、そこの住民は見る機会はなかったため、プロパガンダの対象となるのは「天国」の側に住む満洲国の人々だけであった。これらの伝単は、「九月十八日」の神話に支えられた満洲国の「内向き」宣伝であったことの証左のひとつであろう。

図35 「ミス満洲」のポスター「新興大満州国」

図36 「ミス満洲」ポスターのモデル少女

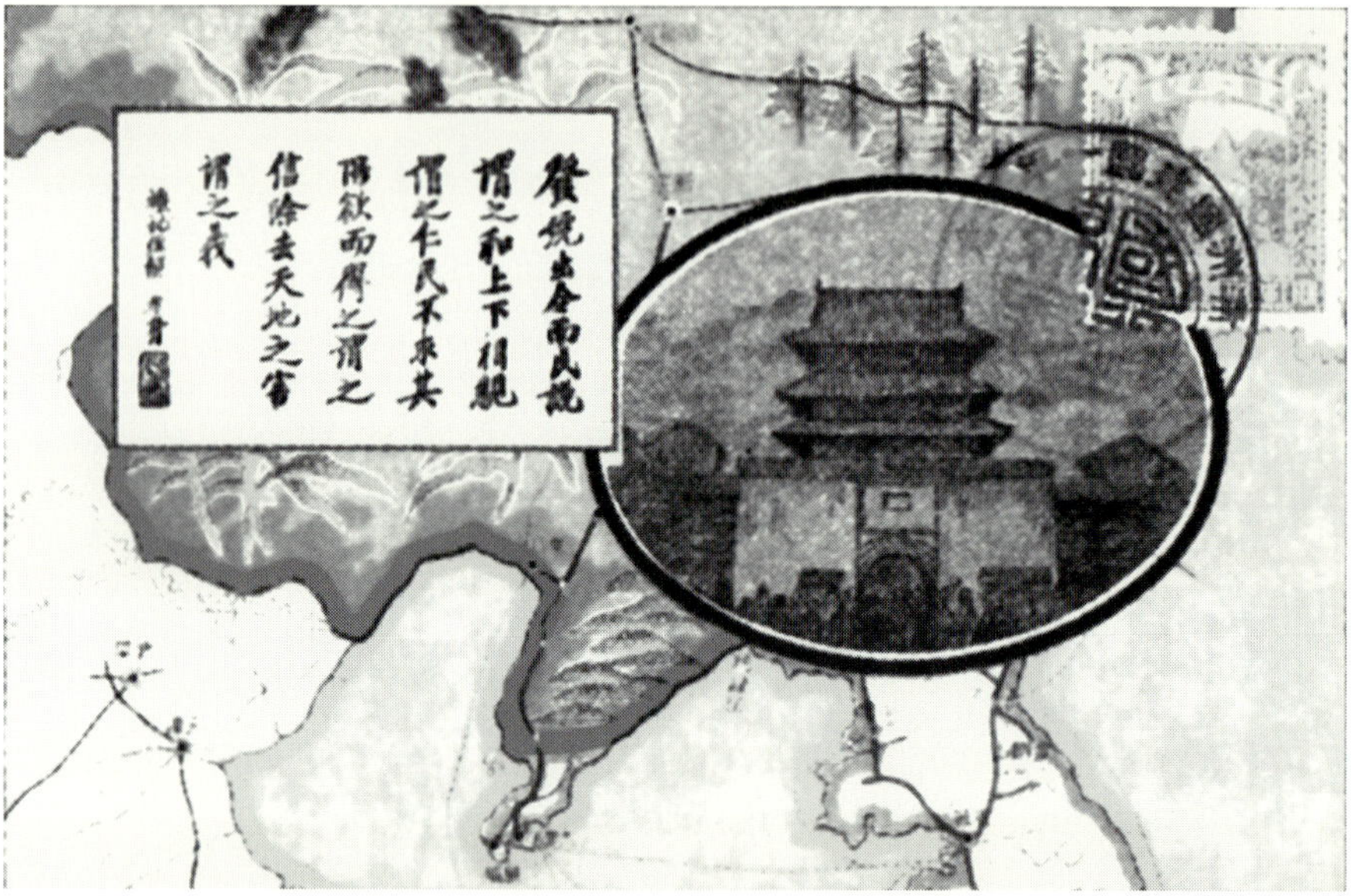

図37　発行されなかった満洲国建国記念絵はがき「満洲国建国一周年」(1933年)

図38　満洲国承認一周年記念ポスター「満洲国承認一週年記念」(1933年)

図39　保甲法公布記念ポスター「保甲 部落防衛 匪賊」(1933年)

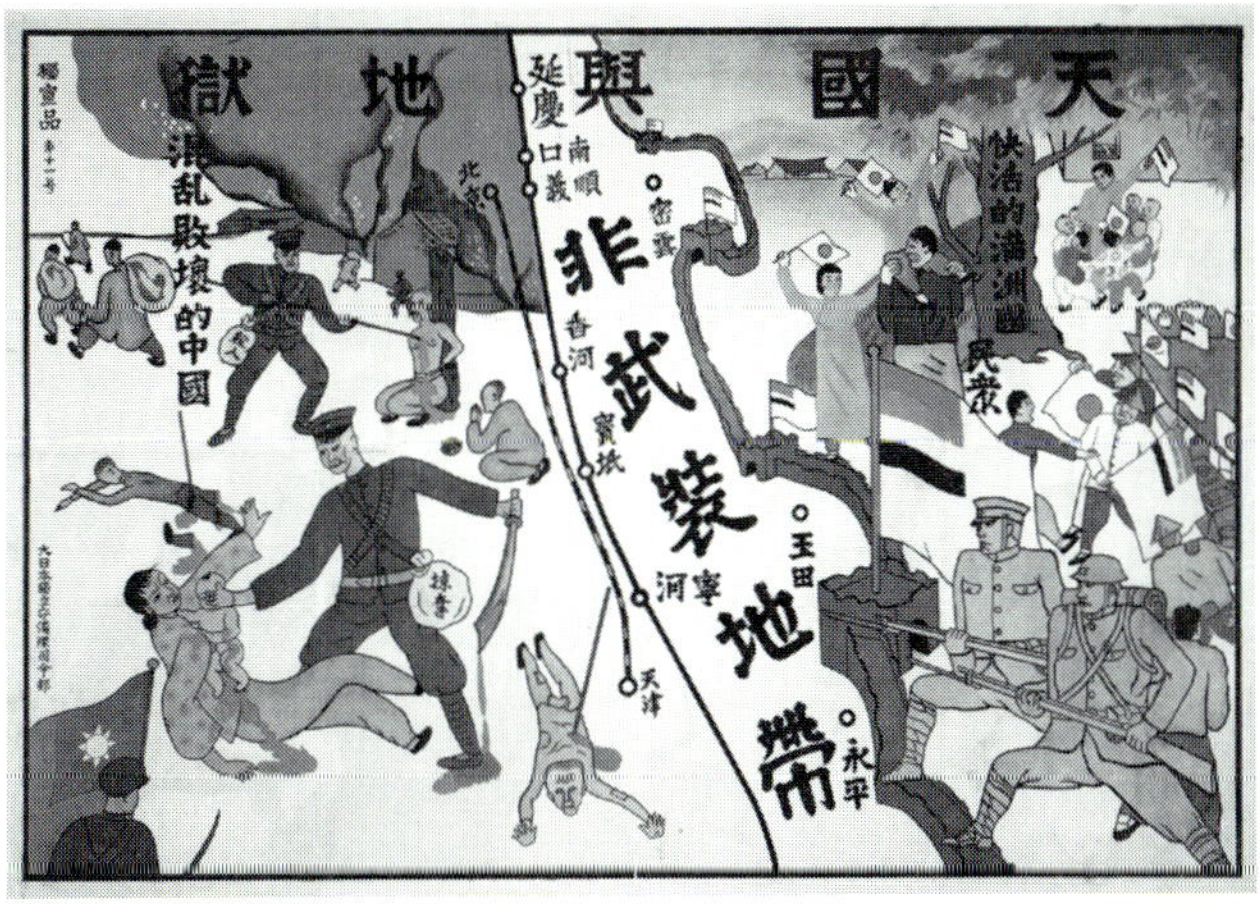

図40 「天国と地獄」の違いを示そうとする伝単「天国與地獄（独宣品第11号）」

図41 「天国と地獄」の違いを示そうとする伝単

chapter 5

5 帝政への転換と日満関係

祝賀行事と伝単

溥儀《ふぎ》は、『我的前半生』のなかで、「執政」という身分に屈辱的な感情を抱いており、家臣らに運動をさせて、皇帝の地位をつかみ取ろうと躍起だったことを記している。そして、一九三四年、二八歳の溥儀は、ようやくその屈辱感から解放される出来事、つまり満洲国第一世皇帝となるための即位の式典を迎えることができた。しかし、皇帝になってからの溥儀は、自身が夢見た思いと現実との乖離《かいり》にさらに苦しむことになる。

この年、国務院総務庁情報処は、軍政部・文教部とともに、式典にまつわるいっさいの弘報活動にかかわった。その方法とは、①新聞・雑誌・ラジオ・劇場などを利用した講演の実施、②ポスター・伝単・絵本・パンフレットの作成と頒布、③宣伝計画案に基づいた地方機関の指導、④軍隊や学校に対する宣伝であった（JACAR：C04011795000）。

また、満洲国軍政部の宣伝部（一九三五年八月、軍事調査部に改組）も、本来は陸海軍の士気啓発を目的とする組織内教化を課題としていたが、ポスターの掲示でもって帝政への移行を周知させようとした。たとえば、軍政部が大連の小林又七支店に発注した口絵5のようなポップなポスターが現存している。本店の小林又七商店の創業者である小林又七は、陸軍省印刷御用をつかさどり、その印刷所も陸軍省構内にあったことから、一九二〇年代には陸軍参謀本部監修の絵地図や絵はがきを大量に発行していた。こうした陸軍との関係を通じて、満洲国軍政部のポスターの印刷を請け負うことができたのだろう。

即位式典では、三月一日の建国記念日から三日間の記念行事の実施を予定し、郊祭、即位式、臣下外賓の饗宴という順で進められた。これら式典に用いる満洲国軍旗四七旗・皇帝旗は京都高島屋に発注され、それぞれ二月十七日・十九日に神戸港から発送されたという（資③一九三四・二・一八）。式典当日、皇居、南郊の地、杏花村順天広場で儀式がおこなわれた後、正午から二〇分間、宮殿内勤宮楼において即位式が催された。

当日は、午前一〇時から大同広場（現在の人民広場）で市民参加による奉祝大会が開かれた。会場となった広場には六つの奉祝門が設置され、万国旗が飾られ、広場前の文教部に建てられた塔には、夜間奉祝のイルミネーションの文字が浮かび上がった。広場からは、学生による旗行進が市内に繰り出し、花火や高脚踊・仮装行列でにぎわった（資②康二、資③一九三四・一・二〇）。

皇帝即位の祝賀行事は、国都新京だけでなく、満洲国各地で開催された。たとえば、奉天では、城内故宮十王亭を式場として祝宴を開催し、奉天城内外の官庁・学校・民間住宅など至る所に満洲国旗が掲げられた。式場広場では一万六〇〇〇人が旗行進に参加し、また編隊飛行機が広場の上空を飛来して五色の慶祝ビラを散布した。満鉄附属地でも、家ごとに日満両国の国旗が掲揚され、奉祝花火が打ち上げられたり、さまざまな団体が行列をなして練り歩いたりした。そのほか、満洲里・チチハル・ハルビン・大連・鞍山・営口・鉄嶺・安東《アントン》・間島などでも、同様な祝賀行事が催された（資③一九三四・三・二、一二）。

情報処は、この記念式典の記録として、『即位大典紀念写真冊』を発行した。そのなかの写真からは、即位大典中央委員会が、どのようなポスターを、どの場所に掲示させたのかがわかる。図42はハルビンの祝宴の場を写した一枚であり、この場には少なくとも四種類のポスターが掲示されていたことが確認できる。部屋の中央奥と左右の壁に貼られているのが、図43の「帝土平震（帝国の大地をゆるがす）」ポスターである。二羽の鳳凰は高貴さを、中央の国旗は満洲国を、下の蘭の花は溥儀を象徴化させている。

また、肉眼では見えにくいが、デジタル化して拡大すると、左の壁には、図44の国務院総務庁情報処製作・新京世界堂印刷の年画形式のポスター「福は東より来たる　皇帝長寿／大同三年」が貼られており、右の壁には、図45の即位大典中央委員会製作・川口印刷所新京工廠印刷のポスター「満洲帝国／民族協和／王道政治／王道楽土」が貼られているのがわかる。図45のポスターには、「満洲帝国」のゲートの前で踊る「五族」、その先には「民族協和」、そして「王道政治」のゲートがあり、それをくぐると、「王道楽土」の城というゴールが待ち受けていることが描かれている。

情報処が即位大典のために用意したポスターは全部で一〇点あり、うち六点が鳥取県の祐生出会いの館に残っており、右にあげたポスターはすべて実見できる。

また、一九三四年三月に、満鉄が情報処の指導によって撮影した記録フィルム「満洲国曠大典」には、図46のように、即位大典の際のポスターや伝単を見る中国人たちが写っている。壁に貼られているポスターは二種類あり、大きなほうは、満洲国軍政部が作成させた「大満洲帝国万歳　王道之光普照全球（大満洲帝国万歳　王道の光が全地球を遍く照らしている）」というポスターで、大連の小林又七支店が印刷したものである（その右側のポスターは、はっきり見えない）。さらに、これらのポスターの下には、数字をふった伝単が一〇枚ほど貼られていることが確認できる。これら連番になっている伝単は、「三一大典　宣伝標語」という続きものの伝単だった。人物の背中で覆われて不明瞭な点があるが、別のシーンから、それらは次のような文言であったことがわかる。

1、皇帝即位順天応民（皇帝の即位は天に順じ民に応じるものである）
2、皇帝即位是依三千萬民衆渴望実現（皇帝の即位は三〇〇〇万民衆が渇望して実現したこと）
3、皇帝即位対国基健全発展上愈見鞏固（皇帝の即位は国の根幹の健全なる発展をいっそう強固にさせる）
4、皇帝即位　発揚建国理想使命永保東亜和平（皇帝の即位は建国の理想や使命を奮い立たせ東亜の平和を永久に保つ）
5、皇帝即位是天命攸帰（皇帝の即位は天命に由るもの）
6、皇帝即位是我満洲国大慶特典（皇帝の即位はわが満洲国の喜ぶべき大礼である）
7、皇帝即位是我満洲建国精神実現（皇帝の即位はわが満洲の建国精神を実現するものである）
8、天賦聖聰的皇帝即位官民浔享皇恩浩蕩的恵澤（才能と聡明さを備える皇帝の即位で無限の恩恵を享受する）
9、為興亜和平上民衆福利上帝制為当務之急（アジアを栄えさせ、平和を保ち、民衆の福利を向上させるためには、帝政こそが急務である）
10、帝制実現普天同慶（帝政の実現を人々はみな喜んでいる）

この記録フィルムには、以上一〇点、皇帝の即位や帝政への転換を歓迎する伝単が映し出されていた。しかし、祐生出会いの館所蔵資料からは、「三一大典　宣伝標語」の連番が20番まで続いていたことが確認できる。残り一〇点を分類すると、満洲国の未来を信じるもの、日本との交流を促すもの、民衆に帰順を促すものであったが、これらの伝単が実際に使われていたのかどうかは確認できていない。

即位記念切手

交通部郵政司は、皇帝の即位を記念するために、一九三四年一月に四種類セットの切手と、二枚一組（定価一〇銭）の絵はがきを発行した。一分五厘と六分の記念切手には、「日満議定書」が調印された勤民楼が描かれている。三分と一〇分の切手には、高粱《コーリャン》と一双の鳳凰がデザインされている。これら四種の記念切手は、すべて日本の逓信博物館図案部でデザインされ、野間謙一・加藤倉吉・若林清次が原版彫刻を担当した。加藤・若林は、建国一周年記念切手のときも彫刻を担当していた。彼らは、大蔵省印刷局で紙幣や切手の原版彫刻を手がけた面々である。印刷は、内閣印刷局でおこなわれた。記念切手の発行枚数は、建国一周年のときの二倍の二四五万枚だった。

一方、絵はがきは二枚一組で、建国一周年のときの五倍の五万組が発売された。絵はがきの図案は、図47にあげているように、長白山や黒龍江をバックに国務総理鄭孝胥《ていこうしょ》が揮毫した「誕敷文徳」をデザインしたものと、満洲国旗を背景に溥儀の肖像と吉祥文様の瑞雲と鳳凰があしらわれたものとがあった（吉林省集郵協会　二〇〇五）。建国式典のときは熱河《ねっか》作戦の最中だったので自粛ムードが漂っていたが、今回の即位式典の記念郵便物の発行量を見ると、帝政への転換を切手や絵はがきを使って積極的に宣伝していたことがわかる。

宣撫と娘娘廟会

このときの記念行事を通じて、満洲国政府は、都市部だけでなく、農村部への宣伝活動を進めようとしたことが、一九三四年四月に制定された「治安維持ノ為宣伝統制ニ関スル規定」を通してうかがえる。この規定によって、中央治安維持会内に中央宣撫小委員会が設置され、省および県の治安維持会内に省・県宣撫小委員会が設置された。中央宣撫小委員会の事務は情報処が担当し、委員会の構成員は情報処・関東軍・関東局・満鉄・鉄路総局などであった。

省の委員会は省公署総務庁が、県の委員会は県参事官が中心となっておこなった。中央宣撫小委員会の業務は、①治安維持会で決まった宣撫方針に基づいて、省宣撫小委員会への指導、中央各機関との連絡、②弘報メディア用の材料の作製・頒布、映画会・講演会などへの要員派遣、③宣伝用フィルムやレコードの貸出、新聞・通信・雑誌・ラジオの指導と操縦、などがあげられている。省や県の宣撫小委員会は、中央の動向に準じつつ、さらに移動宣撫班の編成や派遣などに加え、とくに県の委員会では保甲制や鉄路愛護村の強化、童子団・男女青年団の結成、日本語講習会の開催、武器回収の呼びかけ、廟会などの祭典の利用などを含めた具体的な活動をおこない、基層社会への働きかけをおこなった（JACAR：C01003276900）。

こうした働きかけのひとつが、五月二十日に開催される娘娘祭の場で、情報処が試みたやり方である。娘娘祭は、満洲各地にある娘娘廟という道教寺院でおこなわれる女性のための祭りで、女性に福を授け、眼病を治し、子が授かるように祈るのである。もっとも規模の大きかった娘娘祭は大石橋でおこなわれるもので、廟のある小山を埋め尽くすほどの大勢の人々が集まった。

情報処は、娘娘祭に集まる群衆向けに、ポスター三五万枚、伝単五〇万枚を作成したほか、民政部衛生司とともに、七班の施療班を大屯・鳳凰城・安東・湯崗子・大石橋・吉林に派遣し、無料で家庭用常備薬を配布するという計画をたてた（資③一九三四・五・二〇）。協和会も、この娘娘祭での教化宣伝をはかるため、講演会、ポスター配布、伝単の利用、施薬、映画の上映をおこなった。図48の娘娘廟会のポスターは、即位大典を祝して作成された一枚である。ちなみに、現代中国でも、一九九二年に娘娘祭が復活されている。

視聴覚メディアへのシフト

こうして満洲国建国前後には、ポスターや伝単の大量印刷が弘報の常套手段となる。しかし、一九三四年から、こうしたエフェメラルなメディアによる宣伝教化の効果は薄く、これに代わる手段として視覚や聴覚による新しい国策宣伝の方法が模索された。そこで、あらためて映画とラジオの役割が注目されるようになった。

協和会は、その年の七月から、映像を通じて民衆の教化宣伝をはかり、全国的な映画網を作るために、地方局の事務員に機器やフィルムを配布して映画技術を体得させせようとした。また、漢語の『協和報』を月三回、各発行部数約三万部を全国の分会や各機関に配布した（日本語の『協和運動』は一九三九年六月から発行。資②康二）。

情報処は、朝日新聞新京支局主催による室町小学校での映写会の開催に協力している。この映写会では、満鉄撮影班撮影の満洲帝国大典映画、満洲事情紹介映画、「明け行く西部満洲」などが上映され、約二〇〇〇名の観衆が集まったという（資③一九三四・四・一〇）。また、省宣撫小委員に指示して、即位大典フィルムの巡回上映もおこなった。

また、満洲国交通部は、総額一五万円をかけて、全国各地に大型ラジオを設置し、治安回復や産業発達の状況を伝えるなど、聴覚から民衆を教化しようとした。新京・ハルビン・奉天などの主要都市や国境地帯に電波監視局を設置して、国内の電波の統制にも乗り出した（資③一九三四・六・五）。この宣撫方法は、十一月から新京放送局が一〇〇キロ放送を開始したことで本格化されることになった。たとえば、協和会は毎日「国民の時間」で教化思想の普及に努め、ラジオの国策的運用を進めたのである。

続く一九三五年も、情報処は、国歌制定を題材として映画化した「王道楽土新満洲」を製作したほか、グラビア誌『新満州』の刊行、多色刷のカレンダー「康徳三年月暦一二葉」の配布を実施した。印刷物としては、例年どおり、ポスター・パンフレット・絵はがき・地図・宣伝工作資料・伝単などを印刷したというが、詳細はわからない（資②康三）。

「満華」「日満」の郵便協定

日満両国の距離が急接近する一方、満洲国と中華民国との間の政治空間は縮まらなかった。しかし、万里の長城一帯を境として二分化された政治空間が形作られたことは、満洲国にとっても、中華民国にとっても、人や物資の往来の面で不自由極まりなかった。

こうした状況に対して、暫定的なものにせよ、解決を見出す努力が試みられることになった。一九三四年九月、両国はまず郵便物の交換について協議を始めることにし、十一月二十四日には「満華通郵協定」、十二月十四日には同細目協定が締結され、歩み寄りの第一歩となった。その結果、翌三五年一月一日から、山海関・古北口《グーペイコウ》の郵便局を仲介局として、両国の郵便物の交換が再開されることになった。

注目すべきは、このとき満洲国側が発行した切手である。満洲国皇室紋章の蘭の花をあしらった二分切手、長白山を図案にした四分切手が発行されたが、「郵政」の二文字が印刷されただけで、「満洲国」という国名のロゴがいっさい入っていなかった。これは、満洲国交通部側が、中華民国の立場を尊重した結果生まれたことであった。切手のデザインは満洲中央銀行印刷所のデザイナーだった大矢博三、製版は同行印刷所製版工場、印刷は同行印刷所が担当し、当初はオフセット印刷が予定されていたが、彫刻凹版に切り替わり、凸版印刷株式会社技師の中田幾久治が原版彫刻を受け持った（資⑩一一巻一号）。

一方、満洲国と日本との空間は、縮められるどころではなく、むしろ一体化が進められた。一九三五年十二月に駐満全権大使南次郎大将と満洲国外交部訪問外交部大臣張燕卿《ちょうえんけい》との間で、「日満郵便条約」「日満郵便業務協定」が締結された。この条約は、両国が同一の郵便圏として取り扱われることを定めるものであった。つまり、満洲国からであれ、日本からであれ、相手の国に郵便を送っても、「国内料金」で済むことになったのである。

　これは、郵便制度的に見れば両国の地域統合が実現されたことを示した。一月二十六日、この条約締結を記念して、交通部は四種類セットの記念切手一四〇万枚を発行した。デザインと印刷は、「満華通郵協定」後の記念切手と同様、満洲中央銀行印刷所の大矢博三と同行印刷所がこれにあたった。原版彫刻は、中田幾久治が担当した。図案には、日満両国地図と新日本建築式の交通部庁舎が取り上げられたが、両国間の関係を示すために、満洲国皇帝の紋章である蘭の花と天皇家の紋章である菊の花が、それぞれ添えられている。天皇家の紋章が外国の切手に登場したのは、これが初めてだったという（資⑩一三―二、三）。

　このとき、関東局は「日満郵便条約締結記念」の三枚一組の絵はがきを発行した。図49はそのうちの一枚で、右側のストライプの所に桜花と青海波、左側のオレンジ地に高粱がデザインされている。図49のデジタル画像を拡大してみると、「ＩＴＯ」とサインがあるのがわかる。口絵13の配色と花のデザインと照合しても、これは間違いなく先に紹介した伊藤順三がデザインした絵はがきである。

　一方、満洲国でも、「満日郵便条約締結紀念絵図明信片《はがき》」二枚一組が発行された。図50上は、もともと発行を予定していた一枚だったが、突然発行中止になった。これについては興味ある事実が判明した。図50上の左側写真は交通部大臣丁修鑑、右側が逓信大臣床次《とこなみ》竹次郎（一八六七―一九三五）だったが、丁は一九三五年五月に交通部大臣から実業部大臣に移籍しており、床次は三五年九月に心臓病で急死していた。この二つの理由で、この絵はがきは発行が中止となり、新たに交通部大臣になった李紹庚《りしょうこう》、逓信大臣望月圭介（一八六七―一九四一）の肖像写真に差し替えられて、一九三六年一月に図50下のようなデザインで発行にこぎつけたというのである。しかし、注意すべきは、「日満郵便条約」が締結されたのは三五年十二月であり、そのときにはすでに丁が交通部大臣を離職していたことも、床次の急死も、すでにわかっていたということである。つまり、「日満郵便条約」締結記念として発行準備をしていた絵はがきは、条約が締結される半年以上前にすでに刊行準備のために完成していたことになる。日満両国の外交上の条約調印が形式的なものにすぎず、そのシナリオは事前に完成していたことの証左となる事実だった。

訪日宣詔記念日と記念切手

一九三五年は、満洲国と日本との一体化を促す画期となった年であった。同年四月、中国の「皇帝」が歴史上初めて訪日を実現したのである（ちなみに日本の天皇が中国を初めて訪れたのは一九九二年十月二十三日のこと。たいへんセンセーショナルな出来事だった）。五月二日、溥儀の来日を祝って、昭和天皇が日満不可分の詔書を煥発した。溥儀は、各省に対して、「回鑾訓民詔書《かいらんくんみんしょうしょ》」（皇帝から民への告知文）の公表を記念して、国民慶祝大会を開催するように指示した。溥儀は、訪日の感想を詔書に盛り込んだが、日満親善の強調、日本的な忠孝道徳の賞賛、これらが満洲国の建国精神を表現するものであると公表したところに、関東軍の思わくや超えた状況認識のずれを感じる。ともあれ、この日は「訪日宣詔記念日」として制定された。この祝祭行事に参加したおもな団体は、協和会・農商会・教育会などの民間団体、そして各学校の教職員や生徒で、大会では講演会や映画会が催された（資③一九三五・五・七、二五）。口絵6は、協和会がこの記念日を祝うために製作したポスターである（ただし、これは一九三九年に使用したもの）。

この頃、切手が通信用の道具としてだけでなく、その宣伝効果に期待が寄せられるようになっていた。四月二日、初の試みとして、満洲国と日本とで同一日に、彫刻凹版印刷による精巧な記念切手が発行された。いずれも満洲国内・日本内地だけでなく、朝鮮・台湾・関東庁・樺太庁・南洋庁の管轄下の郵便局でも売られたという。交通部が発行した四種類セットの記念切手のうち、一分五厘と六分は富士山と吉祥を象徴する瑞雲、三分と一〇分は双鳳菊蘭などのデザインで、交通部郵政司で立案し、デザインは先の満華通郵切手をデザインした大矢博三が担当した。下絵の作者は不明だが、原版の彫刻は同じく満華通郵切手を担当した凸版印刷株式会社の中田幾久治、印刷は満洲中央銀行印刷所でおこなわれ、約二五〇万枚が発行された。

一方、逓信省が発行した二種類の記念切手のうち、はがき用の二銭五厘切手は溥儀が乗船した御召艦《おめしかん》「比叡」、そして書状用の一〇銭切手は赤坂迎賓館がデザインされており、図案は満洲国初の普通切手のときと同じく、逓信博物館図案部の吉田豊、フォントデザインは加曾利鼎造が担当した。原版彫刻は、二銭五厘のほうは青木宮吉、一〇銭のほうは即位記念切手を担当した野間謙一がおこない、二種類とも内閣印刷局において印刷された。この記念切手は爆発的に売れた。『満洲日報』の記事によれば、発売後一週間もたたないうちに、三〇万円の売り上げを達成したというから、これを二銭五厘の切手だけに換算すれば一二〇〇万枚も売れたことになる。ともあれ、この頃から、当局は、切手が確かに「宣伝力」があると判断することになった（資⑩一一―四、一二―二）。

このときの記念絵はがきについては、満洲国交通部が二種類を発行しており、デザインは記念切手と同じく交通部郵政司立案、大矢博三デザインによる。甲の図案は皇居二重橋を背景に溥儀の肖像を組み合わせたもの、乙の図案は赤坂離宮と御召艦「比叡」の写真に鳳凰・蘭と菊の花を配したものだった。このうち、甲は突然発行が中止され、図51のように背景の景色を武庫離宮付近の須磨浦の景色に差し替えられた（資⑩一一―四）。皇居の図柄では、溥儀が皇居の主に見えてしまったからかもしれないが、正確な理由はわからない。逓信省でも、十月四日、大分県出身の彫刻家日名子《ひなこ》実三（一八九二―一九四五）が描いた原画をもとに作製された絵はがき「軍艦比叡」が発行された。発行部数は一万一〇〇〇枚にすぎず、非売品扱いだったために、今日ではお目にかかることはほとんどない。

協和会は、溥儀の訪日の際、「御訪日記念日満交驩《こうかん》歌」を募集し、最優秀作品はレコードにして国内全域に配布したり、全国の分会から中堅会員八〇名を選出して日本に派遣して溥儀歓迎の状況を取材させたりした。この大規模な取材旅行の影響は甚大で、その後、参加者の子弟で日本に留学に赴くものが絶えなかったという。また、協和会は、「回鑾訓民詔書」頒布のときに全国で開催された慶祝大会や奉戴大会にも会員を動員した（満洲国協和会中央事務局　一九三五）。

満洲弘報委員会による統制

一九三六年九月、新京神社恒例の秋祭りと満洲国承認四周年記念日が重なり、また十八日には満洲事変五周年記念日を迎え、国都新京は祝祭の一色に包まれた。すでに十一日から満洲事変記念週間が始まっており、市内各地で建国体操に講演会・座談会・展覧会・映画会が開催され、主要映画館では関東軍所蔵の「亜細亜の先駆」をはじめとした事変映画が上映された。また、カフェ・喫茶店・ダンスホール・ラジオ店などではレコードを使って事変記念を宣伝し、バスやタクシー・馬車・人力車にはポスターや伝単が貼られ、市内の主要地点には立看板・幟《のぼり》・宣伝アーチが作られた。さらに、学校や教化団体は、戦跡を訪問したり、戦没将兵の墓地を清掃したり、ラジオでは連日記念プログラムが放送された（資③一九三六・九・一七）。国都新京は、こうした狂乱的な祝祭一色のなかに包み込まれた。

翌十月には、情報処は、治外法権の撤廃と準戦時体制の構築に向けて関係機関に働きかけるとともに、中華民国やソ連に対抗する思想戦を展開することで、国内陣営を強化しようとした。そのため、一九三六年十月に一元的な弘報政策を進めるために、弘報委員会が立ち上げられた。この弘報委員会のもとに既設の満洲弘報協会・放送委員会を組み込み、また新設の観光委員会・満洲映画協会（満映）の監理を試みた（資⑥二―二）。

満洲弘報委員会設立の前月、新聞・通信などの弘報事業の統制のために、森田久（一八九〇―一九七一）を社長として満洲国弘報協会が設置された。弘報協会は、この年の四月九日、満洲国勅令第五一条「株式会社満洲弘報協会ニ関スル件」によって設置が決定された特殊法人だった。協会設立の際、満洲国政府と満鉄による現物出資が七五万円分、満洲電電が現金二五万円を出資した。

協会の初代理事長には、インテリジェンスのプロである高柳保太郎《たかやなぎやすたろう》が就任し、マスコミの統制に乗り出した。表4のとおり、一九三六年、弘報協会は、満洲日日新聞社・盛京新聞社など八つの新聞社の全株あるいは過半数株を所有し、資本面でもこれら新聞社を統制下に置いた。一方、弘報協会に参加しなかった新聞社・通信社は、翌年には廃社に追いやられた。廃社になった新聞社一五社が発行していた新聞は、全満洲発行部数の九〇％に相当していたため、在満メディアは劇的な影響をこうむった（田中 一九四〇）。

また、弘報委員会のもとに組み込まれた放送委員会は、宣伝・防諜・国民教化をはかるために、大連・奉天・ハルビン・牡丹江・安東《アントン》・承徳・チチハル・延吉・佳木斯《ジャムス》には支部を設置し、満洲電電を傘下に置いた。興味深いのは、弘報協会がラジオ放送の広告を一手に取り扱ったことだった。ラジオ広告は、当時、日本内地でも実施されておらず、こうした放送局の経営は日本や台湾でも採用された。

表4　満洲弘報協会による新聞・通信の統廃合状況

		満洲弘報協会傘下	廃　社		廃刊
新聞社	邦字紙	満洲日日新聞社 大新京日報社 哈爾濱日日新聞社	奉天 新京 牡丹江	1 1 1	11
	華字紙	大同報社 盛京新聞社	大連 ハルビン 奉天	2 3 5	15
	ハングル紙	満鮮日報社			1
	英字紙	マンチュリア・デイリー・ニュース社			1
	露字紙		奉天 新京	1 1	1
	計	7		15	29
通信社		満洲国通信社	奉天 新京	1 1	
	計	1		2	

（出典）　田中総一郎『満洲の新聞と通信』（満洲弘報協会、1940年）より作成

通信会社に対しては、満洲国秘書庁新聞班が、満洲国の「弘報国策」の方針に基づき、一国一通信社とする原則によって満洲国通信社（国通）を立ち上げた。国通は、内外報道機関のニュースや報道を統制するとともに、国際情勢に対応した対外放送を強化する目的で設立されたのである。弘報処の働きかけで、里見甫（一八九六―一九六五）が社長に就任した。里見は、上海の東亜同文書院を卒業し、国通の社長を経て、華字紙『庸報』の社長となった。『庸報』は、中国大陸で終戦直前まで発行された数少ない全国紙だった（佐野　二〇〇五）。

　国通は、図52のとおり（一九四〇年当時）、新京に本社を置き、奉天・大連・ハルビン・張家口・東京・大阪に支社を設置していた。とくに東京支社は、海外の同盟支局や特派員との連絡のセンターになっており、大阪支社・福岡支局とは電話で直通連絡ができた。また、チチハル・錦州・安東など一八ヵ所に支局を設け、黒河・図《と》們《もん》・営口など一三ヵ所に通信部を置いた。

　国通は、満洲国内にあった電通および聯合両社の通信網を継承し、通信員は国内外三一

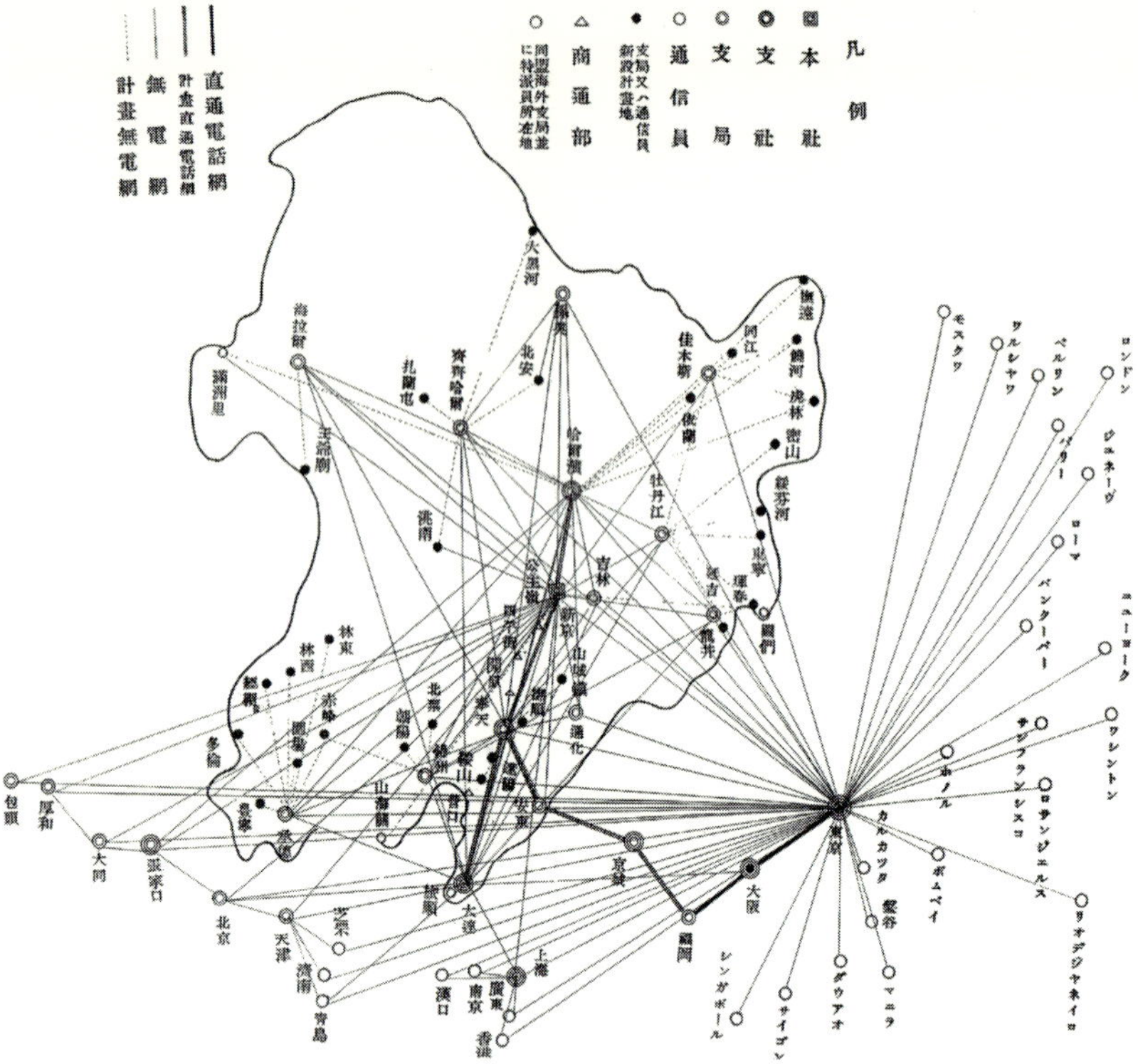

図52　1940年当時の満洲国通信社の情報ネットワーク（田中総一郎『満洲の新聞と通信』1940年より）

ヵ所に配置された。また、満洲国内の漢語・日本語・英語・ロシア語・ハングルを扱う新聞社ネットワーク・通信ネットワーク・放送局ネットワークによって、国内向け・海外向けのニュースを速やかに提供できるような体制をとっていた。この図では、将来、新京とハルビン・奉天・旅順・安東・京城・福岡が直通電話で連絡できるようになることが示されている。一九三七年、国通は日本の同盟通信の傘下に吸収されたが、同年十二月には森田久社長が兼任となって、満洲国弘報協会の直営の子会社として国通を独立させ、のちには特殊法人として独立組織となった（田中　一九四〇）。

また、観光委員会は、一九三七年二月に弘報委員会のもとに設置され、観光事業の整備・統制に関する審議機関となった。委員長は総務庁次長神吉正一、幹事は情報処長宮脇襄二が担当者になったことから、政府がこの委員会を重視していたことがわかる。観光委員会の下には観光連盟が設置され、観光事業機関の連絡を担当し、聯盟の下に組織された各地の観光協会は景観保存や都市の美化を担うことになった。こうした観光事業のヒエラルキーが成立したことで、ようやく一九三五年に唱えられた「観光国策」が実質化することになった（資③一九三七・二・二三）。

さらに、満映も、一九三七年八月に弘報委員会の監理下に設立された。詳細は次章にゆずるが、発足にあたっては、満洲国政府と満鉄が半分ずつ出資した。満映の初代会長は、川島芳子の兄である金壁東が就任したが、実権を握っていたのは満鉄映画製作所出身で専務理事に着任した林顕蔵だった。図53は、一九四二年の満映と松竹の合作映画「迎春花」で、満映の李香蘭（一九二〇―）と、松竹の看板スターだった小暮美千代（一九一八―二〇〇七）が共演した貴重な青春映画の一本である（満映ＤＶＤ）。

図書の統制に関しては、一九三七年三月に設立された特殊会社満洲国図書会社が、教科書の発行を独占的におこない、「国策優良図書」を編集・出版し、さらに日本の出版物を大量に輸入する役目を負った。日本の出版物があふれるなかで、三九年十二月には満洲国図書会社と同系の満洲書籍配給会社を設立し、出版物の輸出入業務を独占した。

実際、満洲書籍配給会社が輸入した日本の出版物の量は半端でなく、一九三六年に五八万冊だったものが、一九四一年には三四〇〇万冊あまりに急増したといわれる。それら日本語書籍の多くは、天皇・皇族・兵隊・戦争など、軍国主義日本を代表するような内容のものが多かった。こうした日本書籍の氾濫の反面、漢語の書籍は寥々としたものだったことが次の数字からわかる。つまり、一九四一年七月に出版された一三七種の書籍のうち、一一二種が日本語の書籍で、わずか二八種が漢語の出版物にすぎなかったというのである（数字は引用文のまま。解学詩 二〇〇八）。本書第一章冒頭にあげた「満漢族」の人口と「日本族」の人口比を考えた場合、この出版物の内容は明らかに日本人優遇政策だったということを示している。

治安第一主義の終結

一九三六年末、総務庁情報処は、翌年に開催予定の建国五周年記念行事のためのポスターを募集した。懸賞目当てに内外各地から一五〇〇点あまりの作品が応募されてきた。情報処スタッフらによる審査の結果、一等に輝いたのが、大阪市在住の小山宗祐の作品だった。二等賞は大連市在住の川合寅雄の作品である。

図54のポスター「建国五周年記念」は小山のデザインで、黎明の空に映し出された建国五周年記念の文字よりなる鉄塔は斬新だった。印刷は、一九三五年に奉天に設置された興亜印刷株式会社がおこなった。この印刷会社は、官営の奉天省公署印刷局を民営化するなかで、その設備と人材を引き継いで設置された会社だった（鈴木

二〇〇七)。このときのデザインは、のち情報処発行の絵はがきにも利用された。また、情報処は、建国を記念するために、『建国五年写真帳』『建国五年小史』『満洲国体系(司法篇)』なども刊行した(資⑥二一一)。

建国記念イベント自体は、例年の記念日とそれほど変わりなかった。交通部は、この日を記念して、記念切手と記念絵はがきを発行した。切手は、一分五厘と三分の二種類、総計九一万枚が発行された。デザインは「満華通郵条約」や「満日郵便条約」のときと同じく、総務庁需品局需品処の大矢博三、製版は需品処印刷科写真部、印刷は同印刷科工場で印刷された。

また、一九三七年三月一日に発行された二枚一組の絵はがきは、定価一角で発行された。一枚は、真っ赤な太陽と吉祥の瑞雲とともに、図55のとおり、上下の輪郭に郵政徽章が図案化され、中央部には船舶・鉄道・飛行機・郵便自動車が配されて、満洲国の発展を表象させている。もう一枚は農村風景に、収穫物をもち驢馬を引く農民夫婦がデザインされており、遠景には近代的な都市を見ることができる。

以上のように、満洲国国務院総務庁情報処は、建国以来の五年間を治安第一主義としたが、その手段は軍事的な制圧から、記念行事を通じた治安維持工作・宣撫工作に重点を移し、諸機関への統制を強化するようになった。ただ、弘報活動については、満洲弘報委員会のもとに満洲弘報協会・放送委員会・観光委員会・満映などが統合・組織され、マス・メディアや通信関係の企業はその傘下に入ったが、弘報の一元的管理はいまだ徹底してはいなかった。

図42　ハルビンでの即位大典祝賀会（国務院総務庁情報処編『即位大典紀念写真冊』1934年より）

図43　即位大典記念ポスター「帝土乎震」(1934年)

図44　即位大典記念年画「福自東来万寿無疆 大同三年」(1934年)

図45　即位大典記念ポスター「満洲帝国 民族協和 王道政治 王道楽土」(1934年)

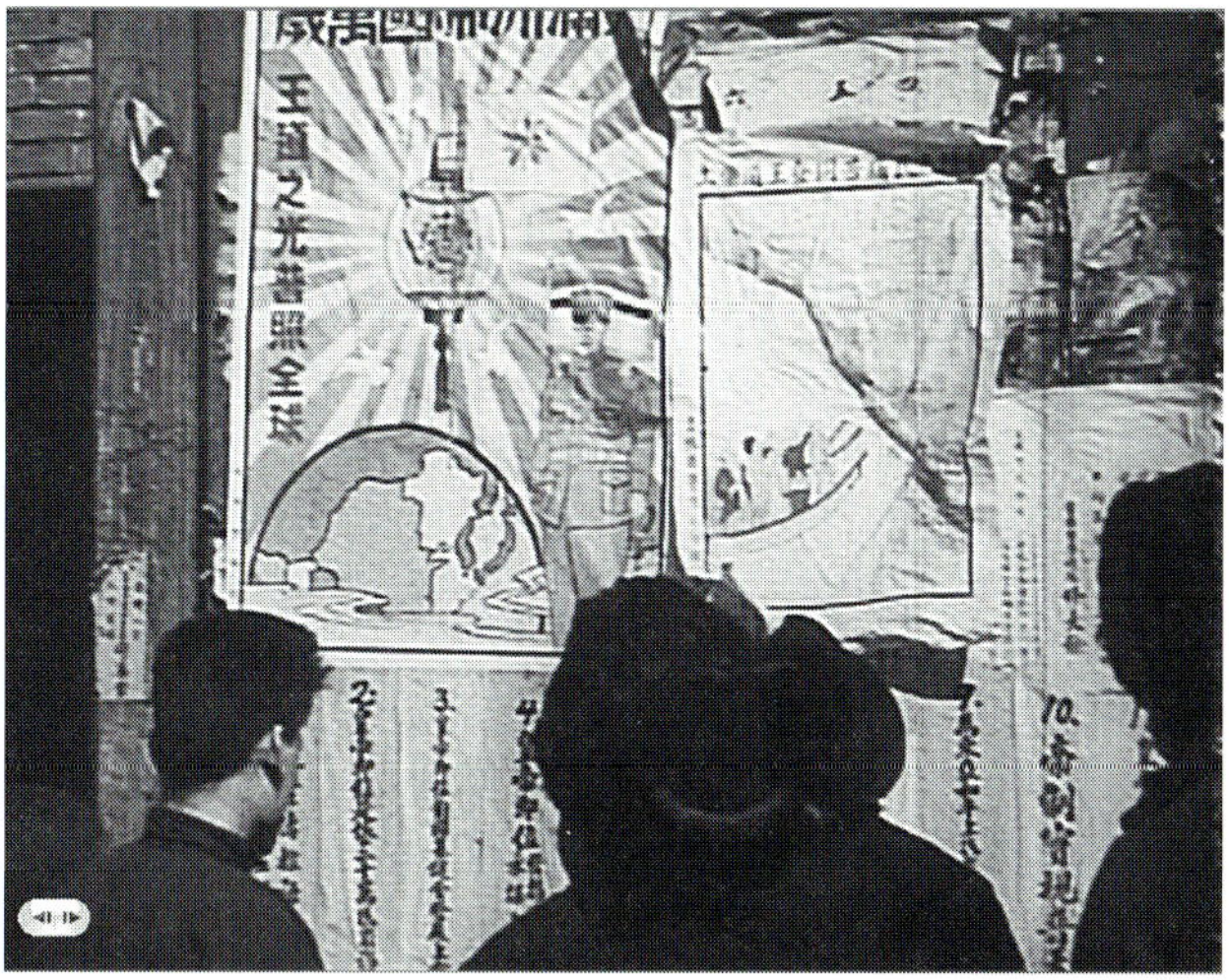

図46　即位大典の記念ポスター（口絵５）や伝単を見る中国人（満鉄製作の記録フィルム「満洲国曠大典」より）

図47　即位大典記念絵はがきセットの１枚「誕敷文徳」（1934年）

図48　娘娘廟会ポスター「娘娘廟会 坦坦王道 浩浩皇恩」(1934年)

図49　日満郵便条約締結記念絵はがきセット「日満郵便条約締結紀念」の１枚（1936年）

図50　（上）発行中止の絵はがきの１枚「満日郵便条約締結紀念絵図明信片」
（下）肖像写真を差し替えて発行された絵はがき（1936年）

図51　訪日宣詔記念絵はがきの１枚（甲の修正版、1935年）

図53　満映・松竹合作映画「迎春花」（1942年）DVDのパッケージ

図54　満洲国建国五周年記念ポスター「建国五周年記念」(1937年)

図55　満洲国建国五周年記念絵はがきセットの１枚（1937年）

chapter 6

6 日中戦争と弘報一元化

弘報処への改組

一九三七年は、満洲国と日本が、「一徳一心」をスローガンとして、その制度上の一元化・一体化を促した年だった。その典型的な例は、この年の一月一日から、日満両国間の一時間の時差をなくし、同一の標準時間を採用することになったことが象徴している。これにより、満洲国側の鉄道・船舶・航空機などのダイヤは全面的に改正された。また、この年、初級小学校の必須科目に、日本語の導入が確実となり、満洲国における「国語」としての日本語が第一歩を歩むことになった。日中戦争が起こったこの年、戦争と祝祭、満洲国と日本、中央と地域、それぞれの一体化をはかるために、弘報の一元化が進められたのである。

この年の一月に開催された省長会議や各省公署総務庁長会議で強調されたことは、治安を維持する段階から、地方行政を整備する段階へとシフトしたことであった。その共通認識のもと、産業開発五ヵ年計画が着手され、あわせて従来の機関を整理統合するための行政改革が実施された。

七月には、国務院総務庁情報処が、広く国家的弘報全般を担えるように組織を拡大し、名称も弘報処と改めた。

ここでいう情報とは、デマ、共産主義プロパガンダ、反満活動、邪教の布教、政府や施政に対する世論、民心の動向などを指している。弘報処初代処長には、関東軍幕僚付・満洲国陸軍少将などの経歴がある堀内一雄（一八九三―一九八五）が着任した。翌年初頭、堀内の突然の帰国によって、総務庁次長だった神吉正一が代理処長として兼任することになった。

このとき、弘報処は、新たに情報収集・整理を専門とする情報科を設置して、監理科・宣伝科とともに三科体制とした。情報科は、新聞班と情報班に分けられ、初代科長には岡田益吉、事務官には高橋源一が就任した。新聞班は、弘報協会の監理や新聞の指導を担当し、情報班は情報の連絡統制・収集・通報を担当した。監理科は総務班と映画写真班に分けられ、初代科長には情報処時代の理事官だった山本紀綱が着任した。総務班は、『宣撫月報』や『弘宣半月刊』の発行を含む一般事務を担当し、映画写真班は満映の監理、映画製作の指導、普通写真の撮影を担当した。宣伝科は二班に分けられ、第二代科長には遼寧省盖平県出身でコロンビア大学を卒業した郭宝森が就任した（初代は不明）。宣化一班はパンフレットや雑誌の発行、演芸・行事・展覧会の開催、現地指導や満洲事情案内所の監理をつかさどった。宣化二班は、放送、対外宣伝、満洲観光連盟の指導を担当業務とした（資⑥三―一二）。

弘報処の参事官には、日本人六名、漢人五名がいた。一九四〇年前後の名簿によると、漢人参事官には次のような人物がいた。福建省閩候県出身の荘開永《しょうかいえい》（一九〇七―？）は、東京大学大学院農学科修了後、満洲国の実業部・外交部・外務局の事務官、駐ドイツ大使館事務官など歴任。一九三九年から弘報処参事官として新聞の検閲を担当し、翌年に同処「満系」主席参事官として、国務院総務庁長官の武部六蔵や弘報処第三代処長武藤富男の腹心の部下として働いた。彼の父親である荘景珂《しょうけいか》は、一九一五年段祺瑞《だんきずい》政権時代に鉄道借款に調印したため、翌年起こった五四運動のときに売国奴扱いされ、殺されかけた人物であった。

劉威源は、総務庁統計処からの異動で弘報処に着任し、弘報処が発行する雑誌『弘宣』の主任編集者として、現地住民の情報事務を担当した。その後、劉は、映画班班長・地方班班長・黒龍江省富裕県長・黒龍江省公署参事官を歴任した。民生部理事だった王秉鐸《おうへいたく》は、一九三九年に弘報処参事官を兼任した。

福岡出身の鶴永次は、京都大学法学部卒業後、奉天省や三江省の参事官、治安部理事官などを歴任、一九四二年から弘報処参事官となった。遼寧省陽県出身の蘇正心（一九〇九－？）は、瀋陽地方法院・奉天省警備司令部・陸軍で翻訳官を勤めたあと、一九三九年から弘報処の図書関係の事務官となり、四二年に参事官となった。いまだ経歴が不明な人物もいるが、おおよそこうした陣営のもとで、弘報処の活動が始まったのである。

日中戦争勃発の翌一九三八年、弘報処情報科に新たに「満系情報事務」が加えられ、上述した陳承瀚が責任者となった。また、遼寧省遼陽県出身の何博安は、大同学院卒業後、ハルビン省公署に赴任したが、「満系情報事務」が立ち上がるとともに、これを担当するために弘報処に異動してきた。同じく、この事務に参画した者に、弘報処の宣伝科や検閲科を担当したことのある張経宇もいた。

この頃、弘報処は、軍事機密や諜報・犯罪に関する情報を除いて、あらゆる情報を一元的に集中管理する組織に肥大化していた。また、中央の宣撫機関との横のつながりを強化するため、七月に第一回宣伝連絡会議を開催して、印刷物・映画・宗教・芸術団体関係をはじめ、対民族工作・デマ防止工作など、一連の宣撫方針を決定した。

さらに、省や県の弘報組織も強化されることになった。一九三七年七月の「省、市、県旗情報組織及系統」によると、省政府の情報責任者は省次長であり、省内情報の責任者は庶務科長で、その下に総務班・宣伝班・情報班・映画班があった。市県旗レベルでは、市長・副市長（県旗はこれに準ずる者）が責任者となり、弘報主務者は庶務科長、弘報主任は各科長、弘報担当者は庶務股長、弘報要員は弘報股長があたり、地方の協和会・農事合作社・商工公会・労工協会・教化団体・慈善団体などと連絡をとった。ここで実際の活動にあたったのは、（特別）弘報要員と呼ばれる臨時の嘱託員のうち、みずから登記手続きをした者で、その活動には報酬がともなった。街村レベルでは、弘報主任は街村長が担当し、弘報要員は庶務課長または街村長補助員・区屯長のほか、学校長・民衆講習所長・地方有力者・協和会の分会員が担当者になった。さらに、弘報組織の末端、とくに牌レベルには隣保組織があり、地域の事情に通じる弘報要員が置かれた。

一九三八年、弘報処は、対外的な宣伝の重点課題として、国家防衛と産業五カ年計画の成果の紹介、日満華関係の緊密化にともなう国外情報組織の整備と強化、日独伊映画文化交流による防共思想の国際的普及などを掲げた。また、国内向けの新聞通信政策としては、弘報委員会を解散し、弘報処みずからが地方の新聞にも指示や指導をおこない、また満洲事情案内所・国通などに各種宣伝資料を作成・配布させた。

日中戦争の勃発と満映

一九三七年七月に日中戦争が勃発すると、弘報や宣撫の効率化は急務となり、翌月には長年懸案となっていた満映が、国務総理大臣を監理とした「映画国策」確立を目的として正式に成立した。満映設立にあたっての政府談として、次のように伝えられている。

文字を解せざる多数国民に対しても満洲国独自の国民精神を徹底し、また外邦就中、日支両国をして満洲国の本質及びその発展の実相を確認し、もって日満不可分関係の強化及び日、満、支の提携の必要を容易に知悉せしめるため、より重要な設立の役割を持つ映画の国家的統制機関の設立を企図し……（資⑥三―三）。

満映は、こうした「映画国策」という方針に準じて、ただちにニュース映画の製作　上映を開始した。また、満鉄の映画班は、国策的宣伝映画を撮影したほか、映画の輸出入と満洲国・関東州への映画配給の一元的統制をはかろうとした。とくに、日中戦争勃発後は、上海で製作されていた中華映画の輸入が困難となり、また、ハリウッド映画の輸入が禁止されたので、満映の映画製作の役割はいっそう重要なものとなった。そこで、一九三八年に東洋一の規模を誇る大スタジオを建設し、劇映画の製作に取り組む計画がたてられた。

また、満映は作品不足を補い、戦争で動揺する漢人向けに映画配給を進めるために、シナリオとストーリーを公募することにした。その結果、シナリオの応募はすべて日本語のもので九一件（内地四六、満洲四五）、ストーリーの応募は日本語七八件（内地四〇、満洲三八）、満洲在住者による漢語作品の応募は六四件であった。分類すると、恋愛劇三割、社会劇四割、王道宣伝劇二割、喜劇など一割という内訳となる。満映には、日本から老若男女の映画人が集まった。満映理事の牧野満男（一九〇九―五七）ほか、プロデューサー根岸寛一（一八九四―一九六二）、監督内田吐夢（一八九八―一九七〇）、カメラマン杉山公平（一八九九―一九六〇）、「昭和の鳥人スター」といわれ満映の監督入りをしたハヤフサヒデト（一九〇四―九一）らである。満映時代の人脈は、戦後、東映などに継承されることになる。

協和会も、「映画国策」の動きに呼応して、一九三七年六月締切りで建国映画「思想篇」のシナリオを募集した。まもなく日中戦争勃発という重要局面に遭遇したため、審議は慎重に慎重を重ね、翌年ようやく結果が発表された。長編シナリオ一等の総理大臣賞銀製トロフィー（副賞一五〇〇円）を得たのは北京市の公島徳衛の「暁の建設」、二等賞の銀製トロフィー（副賞五〇〇円）を得たのは奉天の李周欽「懐恋」だった。ストーリー応募のはうは該当者なしという結果に終わった（資⑥二―八、三―二、三）。

満映は、翌一九三八年、華北進出をはかり、関東軍・協和会とともに計画委員会を発足させて、国家的事業たるニュース映画「満洲帝国映画大観」の製作を企画したり、同盟通信社との間でニュース映画交換契約を締結したり、日本や満洲だけでなく世界各地のニュースとの交流を進めるプランを企画した。また、満映は弘報処に一県一台一六ミリのトーキー映写機を常置する案を提出したところ、この原案は民生部・治安部・協和会との協議を経て、十一月「県旗市映画班設置案」として発表された。その実施の実態は不明ながらも、弘報処は、映画による文化啓蒙・教化宣伝の役割を重視して、地方都市や郷村部でも映画を上映できるような全国的な映画網を設置しようとしたのである（資①昭和一五）。

この年は、また第一回訪日宣詔記念美術展覧会での経験をふまえて、弘報処は展覧会開催による宣伝宣撫工作も進めることになった。たとえば、「武器なき戦争展」「躍進満洲国勢展」「ナチス独逸《ドイツ》展」などを主催し、各部局および特殊会社から委員を選んで、博覧会にまつわる懇談会を結成し、さまざまな観光事業への指導や統制を実行した。

満映と同じ発想で、現地住民を意識した弘報戦略をとるために設立されたのが、満洲蓄音機株式会社（満蓄）であった。満蓄は、一九四〇年四月に月一五万枚製造可能な大レコード工場を設立した。満洲国の住民の教化・宣撫・娯楽のためのレコード製作を中心に、「満洲人の唱ふものは満洲人の手で」をスローガンとして、地元の作曲家を動員して、漢語歌謡の宣伝に努めた。満蓄は、この方針に基づき、一九三七年四月に「我愛我満洲」を新発売するほか、録音済みの約七〇種のレコードを発売する計画をたてた。さらに、漢語の歌謡曲・漫才・童謡のレコードの製作も計画された（資⑥五―四）。

国都建設記念式典

一九三七年二月、国都新京の第一期国都建設工事が完了した。国務院国都建設局は、事業遂行のため、九四平方キロメートルの土地を買収し、数千円の巨費を投じて主要な施設の建設を完成させた。その結果、市街地面積は七倍に拡張され、人口も四倍近くに急増した。これを祝うために、同月十八日に設置された国都建設記念式典準備委員会が計画を進めた。

式典の目的は、「国内的にも国際的にも国運の発展を顕彰すべき絶好の機会なるのみならず時局対策の一方途として国内民心の安定を企図する重要なる工作を併せ行ひ得るもの」とされた。いまひとつの重要な目的は、「本式典を機会に更に全国的動員を行ひ強力熾烈なる国民意識及国家意識の涵養に努め以て従前の諸工作に拍車を掛けしむ、之が為め特に地方工作に力を注ぐものと」することにあった（満洲国政府 一九三七）。

ところが、七月に日中戦争が起こったため、記念式典の準備は延期された。八月には、国務院訓令第八六号でもって、さきの式典準備委員会は改組され、新たに国都建設記念式典実行委員会が成立した。委員長には国務総理大臣張景恵《ちょうけいけい》、副委員長には総務長官の星野直樹（一八九二―一九七八）が着任し、委員会の下に総務・式典・彰賞・接伴・工営・警衛・宣伝・市民・地方の九部を置き、各部の下には計三二の係が設けられた。

式典開催にあたって、弘報処は、交通部郵務司業務科とともに、六月締切りで、国都建設記念切手・記念絵はがき・記念通信日附消印・記念ポスターのデザインを懸賞広告付で募集した。七月、それらの当選発表があり、記念切手一等は東京市の石川酵佑、記念絵はがきの一等は大連市のデザイナー廣松正満が当選した。廣松は、関東局施政三〇年の記念切手をデザインした経験をもっていた。また、記念通信日付消印一等は新京の韓娜麗《かんなれい》が取得したが、日本人以外の受賞は珍しいことだった。ポスターのほうは、三〇〇点あまりの応募があり、そのなかで大連市の猿田俊夫が描いた図56のポスターが一等をとり、これは二万枚印刷された（資⑥二―六―八）。また、国務院国都建設局が製作し、新京世界堂で印刷された口絵7のポスターは、一万枚が刷られた。

切手のデザインを担当した石川には、製作過程を記した一文が残っている。彼が、この懸賞広告を見たのは五月二十四日だったが、実際に仕事にかかったのは締切りである六月十五日の二、三日前だったというのだから、じつに短時間でデザイン案を考えたことになる。石川は、「一種は鳩と日輪をもつて国民歓喜の表現とし、一種は国旗をもちまして健実雄大の気を盛り、両図案を共に国都建設記念の意を端的に、開け行く国都新京市街をもつて表現する事として」製作にとりかかった。鳩のデザインは、フランスの彫刻家ジョエル&ジャン・マルテルの「胸を膨らませるハト」を参考にし、国旗のデザインは一九三六年のベルリン・オリンピックのポスターに出ていた内務省庁舎のオリンピック旗などから着想を得て、ラフスケッチを描いた。さらに、石川は、鳩の形を勇ましくしたり、瑞雲を加えたりして修正した原図を作成し、四分と二角、二分と一角の切手をデザインした。

石川による図57の二分と一角のデザイン案をもとに、凸版印刷株式会社技師の中田幾久治が原版を彫刻したが、その工程で、原図にあった日輪の光芒が削除されてしまった。石川は、これに憤慨したようだが、じつはこれには理由があった。つまり、石川がデザインした光芒の太陽が、国民党の青天白日満地紅旗を思わせるということで削除されたとの記録が残っている。また、石川も触れているが、満洲の切手には白鳩と月桂樹というモチーフがよく使われるが、平和を象徴するならば、栄光や勝利を象徴する月桂樹ではなく、平和のシンボルであるオリーブを描くべきであったとの意見もある。ともあれ、この四種類の切手は、需品局需品処印刷科工場にて彫刻凹版で印刷され、全部で一七八万五〇〇〇枚（うち四分切手一四〇〇万枚）もの大量の切手が発行された。

また、九月に絵はがき三種一組が発行された。そのうちの一枚が図58である。大同広場の国務院庁舎と国都建設局が描かれ、重機を描くことで国都の建設工事を示し、それが平和目的であることを示唆させるために上空に鳩が描かれている。もう一枚は、国旗の下で爆竹を鳴らして祝賀する漢人、残り一枚は国都建設計画図を図案化したものであった。これらは、二万組が印刷されて配布された。

国都建設の完了、そしてその記念式典は、海外にも積極的に報道された。海外への弘報メディアの配布先およびその数は、アメリカ一六、日本一二、フランス一〇、イギリスとドイツ七、イタリア六、中華民国四、その他六、合計六八件であった。このうち、日本の送付先は、在日満洲国大使館、国際観光局、ジャパン・ツーリスト・ビューロー、日本郵船会社、大阪商船会社、ジャパン・タイムズ、ジャパン・アードバタイザー、ジャパン・クロニクル、大阪毎日新聞社、朝日グラフ、日本工房、世界情報社だった。

こうして、周到に準備され、宣伝された記念式典は、九月十六日と十七日の両日に大同公園で開催された。じつは、同月十五日の承認記念日と十八日の満洲事変記念日の間をはさんで、その中日に式典をおこなうほうが演出効果は高い、と判断されたからであった。当局は、まさに戦争という匂いを払拭するために、九月に記念イベントを集中させたのである。しかも、それらのイベントには、積極的に住民が動員されており、計画的に準戦時動員の予行演習としての役割もあったと思われる。イベントへの参加者は、「五族協和」を象徴できるように、漢人・満洲人の地方代表者も加え、三三〇〇名が参列する盛大な行事となった。式典の模様は、ラジオを通じて、日本内地にも中継放送されたという。行事のなかでは、「国都建設紀念歌」（李秋潭作詞・園山民平作曲）が歌われたが、図59にあるその楽譜が掲載されたパンフレットは一〇万部も印刷され、国内外に配布された。このパンフレットの表紙デザインは、ポスター懸賞で一等に輝いた猿田俊夫が描いた。

これら一連の記念式典の様子を撮った写真帖『躍進国都』は、一万部が印刷され、その半分が満洲国内の関係機関と、日本の同盟通信社・日本郵船会社・大阪商船会社などに発送された。友好国であるイタリアとドイツにも、それぞれ一〇〇〇部ずつ送られた。また、満映に撮影依頼して、式典の様子を記録した映画「伸び行く国都」二巻は、漢語版・ドイツ語版・イタリア語版・英語版・日本語版がそれぞれ一〜二本作られ、関係各国に頒布されたという（以上、満洲帝国臨時国都建設局　一九三八）。

治外法権の撤廃とその影響

国都建設記念式典開催の三カ月後、懸案であった治外法権の一部撤廃が実現した。これについては、日満間で、すでに一九三六年六月に合意を得ていた。しかし、翌年に日中戦争が勃発したため、それを施行できず、十二月になってようやく着手されたという次第だった。国都新京は、一九三三年四月に指定されたとき約二〇〇平方キロメートルにすぎなかったが、国都建設工事が完了し、満鉄附属地が移管されたことで、約四八七平方キロメートルという巨大な都市に膨張したのである（田中　一九四〇）。

その結果、満洲国成立前の一九三〇年の人口は九万人にすぎなかったが、一九三七年には三五万人にも膨れ上がった。満鉄附属地跡の人口も五六万人に上り、人口密度は一平方キロメートルにつき一万五五五八人に達した。これは、当時の神戸の九六一八人をはるかに上まわっていたという（『国都建設之偉容與紀念式典』一九三七、田中　一九四〇）。国都新京は、急激な人口増加という異例の事態を迎えたが、国都建設と満鉄附属地の返還によって、新京は名実ともにメトロポリタンと化し、大連や奉天とともに満洲国のコア・エリアへと成長したのである。

図60は、治外法権撤廃を祝賀するポスターである。日満両国の婦人が手を携え、観客が祝賀している様子が描かれており、分断されていた二つの地域の行政権が統合されたことを象徴している。満洲国のポスターでも、女

性像は、友愛をイメージさせるときに使用されることが多かった。身体表現として示される握手・肩組み・円陣などは、満洲国と日本の間、現地の民族間の友愛を促すシンボリックな行動であった。

一九三七年十二月には、満鉄附属地行政権の返還を記念して、絵はがき三枚一組が発行された。図61はその一枚である。鳳凰を背景に国務院総務庁舎が描かれており、皇帝の威信によって治外法権の撤廃が実現したことを象徴している。この絵はがきには、同日に発行された二枚の切手が貼られ、それぞれに特殊通信日附消印が押されている。そのうち、二分切手は、全満一色の意味を表わすために、満洲国全域が赤で着色され、「治外法権撤廃紀念」の文字が白抜きで浮かしている。一角と二角の切手には新郵政総局庁舎、一角二分には司法庁舎、四分と八分には治外法権撤廃とともに解消された新京居留民会の建物が描かれていた。

企画から発売までわずか四ヵ月しかなかったが、図案は営繕需品局需品処印刷科長飯島省一と同科デザイナーの大矢博三が考え、原図は大矢が作画し、同印刷科でオフセット印刷のプロセス製版（写真製版）で印刷された。発売数は二分と四分がそれぞれ三〇〇万枚、一角が五〇〇万枚、そのほかが二〇〇万枚、計七一〇万枚に上った（資⑩一七―二）。記念切手の宣伝力への信頼が、切手の発行数量に如実に表われている。

ただし、治外法権の撤廃、続く行政権の統合によって、複雑な問題も起こった。ひとつは、満鉄附属地に住んでいた日本人の取扱いの問題だった。たとえば、スポーツ選手の国籍や、当地のスポーツ組織の取扱いをどうするか。この問題について、満洲国と日本の体育協会は協議を重ねて、一九三七年十月に「日満スポーツ協定」を締結するにいたった。そこでは「スポーツ国籍」という概念が創出され、在満日本人は、すべてこの「スポーツ国籍」に準じて満洲国の選手として取り扱われることになったが、日本の租借地である関東州の日本人は日本の「スポーツ国籍」を有することとされた。それぞれの地の体育協会も、この基準に準じた。満洲国の「国籍法」

が制定されていない段階での暫定的な措置として注目されよう（資③一九三七・一〇・二九）。

二つめは、教育行政権の問題である。それまでの満洲における日本帝国の教育行政権は、満鉄附属地内外の日本人と朝鮮人、附属地内の「満人」とに及んでいた。しかし、満鉄附属地の行政権に加え、朝鮮総督府の行政権も移譲されたことによって、日本政府の教育行政権の及ぶ範囲を変更する必要が生じた。その結果、朝鮮人教育と「満人」教育は満洲国に移管されることになったが、日本人の教育行政については全権大使の監督下にある教務部のもとに留保されることになった。

三つめは、在満日本人に対する兵事行政権の問題である。それまで、満鉄附属地内では日本人の警察署長、附属地外では領事館警察署長が、それぞれ在留地徴兵事務官とされたが、治外法権撤廃後も、日本人に対する兵事行政権は留保された。ただ、担当機関は、関東軍ならびに駐満大使館に変更され、また、新京・奉天・牡丹江には兵事事務に関する大使館嘱託が置かれ、それぞれ日本人の兵事行政を担当した。

四つめは、満洲にあった四〇の神社に関する取扱いという宗教行政権の問題である。日本の国教である神道の施設を満洲国側に委託することなどは論外とされたため、あまり深く論じられることもなく、神社は日本側に保留されることになった（資②康徳五）。

しかし、満鉄附属地の行政権の返還は、そこに住んでいた日本人・朝鮮人・「満人」にとって当惑することが多かったし、新京特別市政府のほうも、行政領域の急激な拡張と、統治すべき人間の急増によって、行政サイドの対応が必ずしもスムーズにおこなわれたわけではなかった。

戦争と旅行の変容

日中戦争が勃発したあとも、意外なことに、満洲への旅行熱や移住熱は加熱状態になっていた。加えて、一九四〇年の紀元二六〇〇年の祝賀にあわせて、東京・横浜で日本万国博覧会と東京オリンピックの開催が予定されたことから、満洲国のみならず、世界が東京を注目した。どちらのイベントも幻となったが、メディア・イベントを続けざまに企画することで、旅行熱は留まるところをしらず、日本内地から満洲国、満洲国から日本への旅行客は、減少するどころではなかった。

実際、日本の紀元二六〇〇年の式典に参加するため、満洲国では、日本への修学旅行団体が次々に組織された。ジャパン・ツーリスト・ビューロー（以下、ＪＴＢと略記）は、これを一手に引き受けたが、三月時点の訪日視察団は、一一六名の大団体を編成した新京医大修学旅行団をはじめ、敷島高女母国訪問修学旅行団・公主嶺農学校・新京商工公会・吉林省扶余県公署・国立師道学校女子部など、千余名に上っているという状況だった（資③一九四〇・二・一七）。

しかし、満洲国にある従来の輸送機関や観光施設では、こうした急増する渡航者に対応できず、事態は深刻になりつつあった。満洲国の観光機関は、時局難ということもあって、内地からの渡航者を一定条件で制限することを決定した。東京で開催された団体旅客輸送会議でも、団体客については、時局にふさわしくない物見遊山的なものや、団体の人数があまりに多いものは取扱い斡旋を断る一方、開拓地視察については積極的にこれを受け入れることという方針が了承された。また、学生の団体旅行については、従来のように名所旧跡を見物するだけでなく、旅行先の学校参観や現地学生との交流を重視し、現地にある神社そのほかでの勤労奉仕作業をプログラムに盛り込むことなどで承認が得られた。大陸科を新設した大学や高専では、従来からのステロタイプ的な修学旅行を改善した「大陸視察旅行」が強く求められるようになっていたのである。

一方、鉄道省やＪＴＢは、学生だけでなく、全国民の大陸認識を促進させるという声を反映させて、団体旅行という枠組みを拡大することに決定した。つまり、それまでのように内地や朝鮮・満洲だけでなく、台湾・天津・青島・上海などにも旅行ルートを拡大することにしたのである。取扱う範囲は五〇人以上、二、三等客（汽船は一等）と制限されたが、中国大陸沿岸にも団体旅行を拡大することで、満洲国への集中を緩和しようという目論見だった。

ところが、一九三九年中旬、人手不足に悩む満洲国を発展させるために、日本内地から建設勤労奉仕隊が派遣されるようになると、輸送交通の面から、それまで比較的自由におこなわれていた満洲視察も制限されることになった。この規制を進めるために、八月から、満洲観光協会が旅行の斡旋を一元的に取り扱うことになった（資③一九三九・三・八、四・二二）。こうして、旅や観光も統制の対象になったのである。

鉄道一万キロ突破

満鉄は、日中戦争後の一九三九年十月、鉄道一万キロ敷設を達成した。一万キロの内容とは、①満鉄所管線一一七五・七キロ、②国線（満洲国有鉄道）のうち満洲事変前から存在していた線路と事変後建設した線七〇一〇・八キロ、③国線のうち旧ロシア帝国が所有していた北鉄の接収線一七二九・七キロ、④私有鉄道を買収して国線にした線路一六一・〇キロ、合計一万七七・二キロである。この達成を記念して、十月二十一日に開催された式典では、招待客に手土産として、『満洲鉄道建設秘話』『満洲の鉄道』『協私（鉄道一萬キロ突破紀念特輯）』『満洲グラフ（鉄道運営一萬キロ紀念）』『奉天抄誌』といった書籍のほか、記念切手入ホルダーが配布された。

ここにある記念切手とは、満鉄新京支社が交通部郵政総局の同意を得て作成した「鉄路一万粁突破紀念切手」

のことである。満鉄は、記念切手製作のため、総裁室嘱託赤木英信と総裁室弘報課勤務のデザイナー佐々木順の両名を郵政総局に派遣した。赤木は満鉄社内でも有名な切手収集家であり、切手の構図についてドイツやソ連の切手表現を参考にしたという。一方の佐々木は、一九三六年に東京の帝国美術学校工芸図案科を卒業後、東京電気会社宣伝部・カルピス会社宣伝部・満洲教科書編輯部を経て、満鉄に入社しており、「昭和十三年度満鉄ポスター及カレンダー」「昭和十四年度カレンダー」などを手がけていた。

彼らが、郵政総局郵務科・経理科、営繕需品局需品処印刷科の関係者とともに図案の構想をたて、満鉄から提供された写真（図62上）をもとに、佐々木が原図を作成した（図62下）。この図案を、需品処印刷科のデザイナー岩倉彊三が製版原稿向けの図案に描き直し、これを内閣印刷局から営繕需品局需品処印刷科に移った吉岡輝夫が原版作成し、同科工場にてオフセット二度印刷をおこなって完成させた。発売枚数は二分切手一二万一三八五枚、四分切手一一万八一六一枚、合計二三万九五四六枚で、切手に弘報的役割を担わせるために、そのうち約四六％が海外向けに売られたという（資⑩二二―一）。

同時に、五枚一組の記念写真はがきも三万組発売された。五枚のうち、満鉄本社、特急「あじあ」、鉄道敷設列車、満洲大豆の貯蓄場の四枚はグラビア印刷で刷られ、満洲鉄道線路図一枚だけがオフセット五度刷の多色印刷で製作された。

図56　国都建設記念ポスター「国都建設紀念」(1937年)

図58　国都建設記念絵はがきセットの一枚（一九三七年）

図57　国都建設記念切手の原画

図59　国都建設記念式典配布のパンフレットに掲載された「国都建設紀念歌」(1937年)

図60　治外法権撤廃記念ポスター「慶祝撤廃治外法権
促進日満一徳一心」（1937年）

図61　治外法権撤廃記念絵はがきセットの１枚（1937年）

図62上　満鉄提供の写真

図62下　満鉄鉄道１万キロ達成記念切手
「鉄路一万粁突破紀念」の原画

chapter 7

7 国防体制の強化と「健康満洲」

「健康体操日」とスポーツ大会

一九三五年七月、満洲国では国民体操が制定され、翌年四月には、五月二日を「建国体操日」とすることが決定された。体育活動は、国防の準備的な鍛錬と位置づけられ、日中戦争勃発後には「保健国策」が実践された。

一九三八年四月の「国民健康保険法」、四〇年四月に「国兵法」が施行されるようになると、当局による戦時動員体制が明確にされた。さらに、太平洋戦争勃発後の四二年七月に「国民体力法」、同年十一月に「国民勤奉公法」が施行されると、ますます男子の身体の鍛錬は、国家的使命を帯びることになった。同時に、一九四一年頃から、「健康宣伝」が唱えられ、四二年に厚生運動がおこなわれるようになると、予防衛生への注意や、生活や職場での心身の管理が重要視されるようになっていた。こうして、戦争へ挑むために、住民は健康で衛生的な生活を送ることが、国家的課題として強制されることになったのである。

すでに建国の一九三二年四月、満洲国体育協会が成立し、八月には文教部総長鄭孝胥《ていこうしょ》名で、「体育振興方策決定ノ件」が公布されていた。その前文は、次のように始まっている（満洲国民政部　一九三九）。

立国ノ要素ハ第一ヲ国民トス国民身体ノ強弱ハ国運ノ隆昌ニ関スルコト実ニ重大ナリ是ヲ以テ東西各国ハ国民体育運動ノ発達ト普及ニ向テ積極進行セサルハナシ誠ニ体育運動ハ国民ノ精神ヲ侵攻シ又其ノ健全ヲ保持スルヲ得ヘシ

同時に、十月十五日から二十一日までを「体育週間」とすることを決定し、満洲国は建国当初から、体育振興を通じた「国民化」の方法を模索し、各省の教育庁、市県の教育科に体育股・体育協会を通じて働きかけようとしたのである。その宣伝手段としては、各学校の内外に標語伝単一万五〇〇〇枚の配布・掲示、体育検査書五〇〇〇枚の交付、弘報映画の上映、保健相談所や無料診療所の設置、生活改善拒毒運動の実施などを進め、健康になる効果を高めようとした。これら「種種ノ宣伝事項ハ費用ハ多カラズシテ効果ハ甚タ大ナリ」と認識されていた。

韓国の満洲国研究者であるハン・サクジュン（韓錫政）が指摘するように、「健康体操日」が設定されたのは、この日が「回鑾詔書煥発記念日五月二日ヲ以テ健康体操日トナシ」、住民に日満「一徳一心」の精神を身体を通じて体現させることがねらいだった（Tamanoi, M. A., 2005）。さらに、三七年二月には、「本体育制定ノ趣旨ニ基キ健康精神ヲ発揚シ民族協和ヲ徹底シ竝ニ一徳一心ノ聖旨ヲ顕現シ以テ全国民総動員ノ完成ヲ期セントス」るために、五月二日に加えて、新たに建国記念日の三月一日と、満洲事変記念日の九月十八日を、「健康体操日」として指定した。ここに、体育と祝祭と総動員というキーワードが一致することになり、満洲国の弘報政策の意図がはっきりと見えるようになった。

一九三二年四月、満洲国体育協会設置とともに、建国記念第一回大運動会が開催された。この大会では、陸上競技や球技大会が開催され、奉天省・吉林省・新京市などのスポーツ選手一五〇名が参加した。その第二回大会は、なんと四日後に開催され、再び全国から三〇〇名の選手が集められた。建国の年に開催されたこれらの大会は、世界に対して、とくに満洲を視察していたリットン調査団に向けて、満洲国全体が平和なスポーツ祭典を開催できるまでに安定していることをアピールする、きわめて巧妙な演出だったといえる。この年には、スポーツ選手を三度日本の大会に派遣している。

さらに、一九三四年七月には体育組織の拡大がはかられ、競技別に設置された連盟の協力を得て、九月には全国的な体育大会の第三回大会が、新京市に新設された南嶺総合運動場で挙行された。このとき、全国から七〇〇名あまりの選手が参加したという。以後、毎年全国的な体育大会が開催された。南嶺総合運動場の設置は、満洲国における体育弘報の定着を象徴していた。

一九三七年十二月、治外法権が撤廃され、満鉄附属地の行政権が返還されると、体育行政も同附属地を含めた一元化を実行しなければならなくなった。附属地にあった新京体育連盟は解散され、同地の体育施設も、新京特別市衛生処保険科に移管された。また、体育関係組織に日本人が増えたこともあって、新たに武道会新京支部・新京スキー倶楽部・新京ハイキング倶楽部などが新設された。

運動を実践する競技場の整備も当然必要とされた。祭典の中心となる国都新京では、表5のように、建国後から一九三九年までに設置された公園・運動場は一〇ヵ所、施設は二〇あまりに上った。設置時期は一九三四〜三五年、三八年に集中しており、テニスコートや野球場の整備が目立つ。一方、鉄道附属地のスポーツ場や公園施設の整備は比較的早く、奉天は一九二〇年代、ハルビンなどはロシア帝国臣民のために一九一〇年代前後に集中しておこなわれており、安東《アントン》や満洲里は建国初期に公園や運動場が整備されたが、いずれもが一九三七年の治外法権撤廃とともに地元市政府に移管された。

また、満洲国政府は、選手を国際的なスポーツ大会に参加させることで、満洲国の知名度を国際的に高めることをねらった。その手始めとして、一九三二年三月、ロサンゼルス・オリンピックへの参加をＩＯＣに申請したが、この計画は失敗した。しかし、八月には日本の支援により、国際陸上競技連盟への参加が実現した。さらに、三四年の日満バスケットボール競技会、三八年の満鮮交歓競技会、三九年の日満華交歓競技大会、四〇年の東亜競技大会、四一年の日本国民体育大会などに、「スポーツ国籍」が満洲国にある選手が次々と参加したのである。

また、一九三九年七月から一ヵ月間、「健康満洲」をめざして、協和会・満洲帝国体操協会・満洲電電が主催

表5　新京市内運動施設設置時期一覧

名称	陸上競技場	フットボール競技場	サッカー場	バスケットコート	バレーボール場	野球場	スケート場	テニスコート	プール
南嶺総合運動場	一九三四年八月二十七日	一九三四年八月三十日	一九三五年九月二十三日	一九三五年八月三十日	一九三五年八月三十日	一九三三年十一月三十日			
児玉公園	（一九二七年九月十五日）					（一九二三年九月十五日）	毎年設置		
牡丹公園庭球場								一九三五年八月一日	
白菊水泳場									一九三五年七月
白山公園庭球場								一九三八年十二月	
大同公園				一九三八年九月	一九三八年九月			一九三八年八月二十六日	一九三八年八月二十六日
順天公園								一九三八年九月二十日	
満洲電電						一九二七年十一月一日		？年九月	
満洲中銀			一九三四年一月			一九三四年一月		一九三四年一月	
満洲電業			一九三五年九月			一九三五年九月		一九三五年九月	一九三五年九月
総領事館								時期不明	

（出典）満洲国民政部編『満洲国体育行政概要』（一九二九年）より作成

する「国民精神振興建国体操会」が開始された。図63は、写りは悪いが、『朝日新聞』に掲載されたそのときのポスターである（現物は未見）。建国体操は、毎日午前六時半から二〇分間、ラジオのマイクの号令に従い、満洲全体でいっせいに実施された（資③一九三九・六・一三）。

さらに、一九四〇年九月十五日、朝日新聞と満洲帝国体操協会などの主催、民生部・関東局在満教務部・総務庁弘報処・協和会の後援によって、「紀元二六〇〇年慶祝満洲体操大会」が開催された。しかも、新京・奉天・ハルビン・大連の四都市で同時に開催されることになった。図64は、そのとき『朝日新聞』に掲載された大会用ポスターである。新京は南嶺総合運動場、奉天は国際グラウンド、ハルビンは市民グラウンド、大連は大連運動場で、「五族」の若者五万人が初めて集う体操大会として演出されることになった。弘報処長の武藤富男は、この大会開催にあたって、次のようなコメントを残している。

体操は集団的に行ふことによつて、全体への帰一といふ心持を養ひうるし、また体操をやる人自身も全体への調和、秩序の中に投入し、リズムに従ひ行動する幸福感が味ひうるので……自由主義的、個人主義的なスポーツより全体主義的な体操へと体育が転換してゆくことは、時代の趨勢とみられる

武藤が、この体育を通じて、身体を通じたファシズム的な精神を養成させようとしていことがうかがえる発言だった。大会関係者には、明らかにナチスの「美の祭典」の満洲版を開催することが念頭にあった。この大会に向けては、市内中の街頭に、爽秋の碧空に日満国旗がなびく構図の下に健康美を象徴するポスターが貼られ、道行く人はこれを見たという。

奉天では、奉天商業五〇〇名、朝日高女一〇〇〇名、南満中学堂三五〇名、小学校全児童、満鉄や造兵所の社員らが参加して、児童が「健康を讃へる歌」を歌うとともに、学校ごとに次のようなマス・ゲームがおこなわれ

た。

一、聯盟体操
二、女子青年体操日満行進
三、奉天商業学校体操
四、大日本国民体操
五、ダンス
六、日本体操
七、躍進満洲
八・九、二六〇〇年競争
十、満鉄体操
十一、行進遊戯
十二、南満中学堂体操
十三、満洲建国体操

九月の『大阪朝日新聞』の満洲版の紙面には、「大反響を呼ぶ　奉天を健康一色に！」「健康祝福の秋」「秋空の陽光に映ゆる健康日」といった「健康」を謳った記事が散見されるようになった。

その三日後、満洲事変九周年記念日を祝うと同時に、日本の紀元二六〇〇年を慶祝するために、国都新京の大同広場では、五万人の若者を集めた興亜国民動員大会が開催された。大会の目的は、以下の二つであった。

一、満洲国の将来を担ふ全国の青年の意気により建国精神の発揚に努めしむ。

二、有事の際に於ける国民の動員を予想し平素より国民の中堅たる青年層の訓練を行ふ。
三、東亜新秩序圏の拠点たる満洲の国都に東亜諸民族の青年の団結融合を図る。

国都新京には、慶祝塔が設置され、建物には装飾が加えられ、国旗が掲揚され、提灯が飾られた（資⑥四六）。若者たちは、「東亜三億の青年団結せよ」とのスローガンを掲げ、全体で行列を整えたのち、図65の協和会中央本部発行の絵はがきに描かれているように、音楽隊を先頭にして、日本・蒙疆・中華民国など「外国」の代表団、続いて奉天・南満・東満・北満の代表団、開拓青少年義勇隊・青年隊・少年隊が列をなして行進した。また、大会当日は、ちょうど建国忠霊廟初の大祭がおこなわれる日だったので、参加部隊から、日本・中国・蒙疆・全聯代表・義勇隊それぞれ一名ずつの代表が、これに参加した。続いて、午後四時には、参加者による交歓会が催された。満鉄社員倶楽部でも慶祝大演奏会・慶祝の夕が開かれ、国都劇場では講演会が開催された。そこでは「二六〇〇年慶祝歌」が声高に歌われた。

九月二十七日から三日間は、新京の南嶺総合運動場にて、図66の絵はがきに描かれているように、興亜青年一〇〇〇名が各種のスポーツ競技をおこなった。開会式では、大会総裁の張景恵《ちょうけいけい》総理、武部六蔵副総裁から「満洲青年に送るの辞」が読み上げられたあと、紀元二六〇〇年慶奉祝国民歌が合唱され、五〇〇羽の鳩が放たれて、競技の火蓋が切られたのである（資③一九四〇・九・一〇、一一、一四、一八、二六、資⑥五一二）。

こうして、年末まで毎月、満洲国や関東州で、日本の紀元二六〇〇年を祝うために、大会、行進、規模の大きなスポーツ大会を含めた、さまざまなメディア・イベントが開催された。そして、その「健康熱」は、翌年の建国一〇周年記念大会の開催によって、いっそう加熱することになったのである。

保健衛生と赤十字社

満洲国には、陸軍病院・鉄道総局保険課と民生部保健司を中心として、満鉄沿線の一〇〇あまりの各鉄道局附設医院や、官公私立の病院があった。また、予防については、大連の保健所・保健館・衛生研究所があり、呼吸器病に小平島南満保養院ほか各保養院、性病・伝染病・アヘン解毒などの設備もあった。そのほか、医育のために、奉天・新京の両医科大学、その施療班、および満鉄慰安車による診療が実施されるとともに、辺鄙な地域への巡回医療もおこなわれた（資⑧七―七）。

しかし、地方での保健衛生観念の普及には到底限界があったため、満洲国では従来の恩賜普済会と日本赤十字社満洲委員本部とを統一して、一九三八年十月、満洲国赤十字社（満赤）を設立させ、現地住民に対する保健衛生観念を向上させようとした。図67は、この創立のときのポスターのコピーである。成立の当日、新京特別市協和会館において満赤創立記念式典が開催されたときに歌われた「満洲国赤十字社社歌」は、次のようなものだった。

恩賜ノ御心奉戴シ　博愛五族ニ及ボシテ
種族国籍分チナク　普ク人ヲ救ヒツツ
王道楽土建設ノ　礎築ク任ヲ負フ
吾ガ満洲国赤十字　吾ガ満洲国赤十字

図68のように、満赤とは何かを説明し、賛助金を求めるリーフレットも残っている。赤十字の活動は世界規模なものであるだけに、満赤の活動は、とりわけ海外に対して、満洲国が福利厚生に力を入れていることをアピールする宣伝にもなった。また、日本赤十字社の力を借りて、満洲と日本との関係をより緊密にさせようとする意

図が働いていたことも否定できない。

この満赤の創立を記念して、十月十五日に二分と四分の切手が発行された。この記念切手は、次の二つの点で看過できない重要な意味をもっていた。ひとつは、これを記念切手として発売するとともに、特定期間以外でも普通切手としても利用できるようにしたことである。この措置によって、満赤創立を記念するという目的をより深く社会に浸透させる可能性を広げた。実際に、この記念切手の発行枚数は二五〇万枚にも及んだ。いまひとつは、この記念切手の通信販売制度（通信売捌という）を実施し、国内外の切手収集家の希望に応えるだけでなく、海外宣伝のひとつとして積極的に利用しようとする目的を明確にしたことである（資⑩一八―六）。いうならば、この記念切手発行以降、満洲国で発行する切手は、すべて宣伝利用という特徴を備えたものになったわけである。

この記念切手製造のプロセスは、次のとおりである。一九三七年七月から始まった満赤設立計画は、設立委員長である民生部大臣孫其昌《そんきしょう》（一八八一―？）と、日赤副社長中川望（一八七五―一九六四）との協議で組織の骨格が固まり、翌年八月には設立のための準備が完了した。そこで、九月七日に、赤十字社創立を周知させることになった。これを記念して発行する切手については、交通部郵政総局副局長が同局郵務課長に研究を命じ、郵務課長はすぐさま担当の民生部社会司社会科と協議した。あわせて製造の手はずについて、営繕需品局需品処印刷科とも打ち合わせた。発行予定まで、ほぼ一ヵ月しか時間的余裕がなかったため、切手のデザインを外注する余裕はなく、異例のことではあったが、郵政総局郵務科の職員だった山下武夫に原案の作成が命じられた。

山下は、かつて本郷絵画研究所・東京美術学校で洋画を学び、卒業後、逓信博物館に就職して、その七年後に満洲国郵政総局に転任したのである。山下は、この切手デザインの作成経緯について一文を残している（資⑩一八―六）。それによると、赤十字の社章は、その定款第四条に「本社ノ記章ハ白地赤十字トス」と定められており、これを変えることはできなかったが、世界地図の上で表現することで、満洲国の位置をはっきりさせようとした。その地図は、貯金局発行の簡単な地図を使い、書体は新京特別市図書館所蔵の高田忠周『大系漢字明解』を参照してデザインし、写真製版用に原図は大きく描いた。じつは、それまで交通部が発行していた切手の文字が稚拙であるとの批判がしばしばあがっていたために、この切手発売以降、切手の文字は権威ある出典によることになったのである。これも、この記念切手の特徴となった。山下が描いた記念切手の原図は、図69のとおりである。

切手の弘報機能

一九四〇年一月、郵政総局は、時局の変化に対応して官制改革を実施して、従来郵便科が担当していた郵便切手類の発行、特殊通信日附消印の使用などの事務を、郵政処企画科に移すことを決定した。この企画科の下に、新しく弘報活動を担当する弘報股が設置されたのである。切手や絵はがき・消印などが、もはや郵政のみならず、弘報の装置として重大な使命をもっているとの認識が背景にあったためである。このことについて、一九〇六年に郵政処企画科長になった勝矢和三（一九〇二―?）は、次のように述べている。

郵便切手、郵便葉書或は通信日附印は内国民に対する国策浸透に寄与させると共に、外国人の我満洲国に対する不完全な認識の是正に貢献させる重大使命を担はせたのであります。従つてその目的達成のため、これらの意匠を相手に充分理解させ得るものにすること、種類及大きさの決定に当つては実用上の便利さといふことを考慮すべきは勿論であるが、記念切手その他一定数量を限定して臨時に発行するものについては尚発行数量を充分国民一般に行亘るやうな多数に発行することが最も緊要であります。

新設の企画科弘報股は、六月二十二日から七月十日まで、満洲国皇帝が二回目の訪日を実行することを見逃すはずはなかった。早速、弘報股はこれを記念するために、記念切手・特殊通信日附消印の図案について、宮内府・総務庁弘報処・国立中央博物館・協和会中央本部・満洲事情案内所・日満文化協会・日本海軍武官府など、関連する弘報機関と相談を始めた。そして、図案のデザインは、民生部嘱託太田洋愛（一九一〇―八八）に委嘱することに決定した。

戦後における太田は、日本におけるボタニカルアート協会の創立者として知られている。太田は、一九二九年に満洲に渡ったのち、満洲国国定教科書の挿絵を描くかたわら、油絵を専攻して満洲国美術展覧会に出品していたとき、まだ若手のアーティストの一人にすぎなかった。郵政総局の山下武夫が太田を見出して、特殊通信日附消印の図案や、一九四〇年の秋頃に発行される日本紀元二六〇〇年慶祝図案のデザインを依頼したのである。太田は、終戦まで総務庁官需局の大矢博三とともに、満洲国における郵政デザインの中心的な存在となった。

皇帝溥儀の第二回訪日記念切手は、おもに満洲国内相互の通信や、日本国宛の書状および郵便はがきに使用させるため、二分・四分の二種類が製作されることになった。太田の図案では、上部中央には皇帝の威信を象徴する蘭の花の紋章、中央は日満両国のきずなを象徴する飛翔する鶴二羽、下には満洲国国旗が配された。書体は、上海書局発行の『康熙字典』によったという。その印刷はグラビア印刷によることになったが、設備や技術水準の点で満洲国での印刷はあきらめ、日本の内閣印刷局に依頼することになった。なお、発行枚数も、さきの勝矢企画科長の言のとおり、二分・四分とも二五〇万枚、計五〇〇万枚が発行されることになった。この数は、「赤十字創立記念切手」と比べても、その二倍にあたる。ただ、当局の期待とは違って、海外からの購入希望は、中華民国からしかなかったようである（資⑩二二一―二二）。

同時に、満洲逓信協会が、図70のような絵はがきを発行した。これは、日比谷大音楽堂における皇帝溥儀歓迎の様子を描いたものであるが、参列者が国旗を振っているように見える。しかし、よく見ると、その多くはあとで書き込まれたような跡があり、絵はがき画像に加工が施されていたことがわかる。この絵はがきの上には、張景恵揮毫の「慶祝日本紀元二六〇〇年」をデザインした二分切手が貼ってある。絵はがきと切手がセットになって、弘報的機能を果たした一例だといえる。

「国兵法」の公布

満洲国では、国民意識も薄く、それゆえ国防意識を醸成することは困難をきわめた。現実に関東軍の兵力が突出している一方で、一九三七年に成立した満洲国軍は、地域割当で実施された募兵制度であったために、関東軍の補佐的役割しか果たせなかった。

しかし、日中戦争勃発以降、戦局は日々厳しくなっており、戦時体制下の地元住民の動員については問題とならないはずがなかった。一九三九年四月、満洲国政府が新聞やラジオを通じて「総服役制度」について、初めて声明を発表するとともに、この制度に関する宣伝大綱、および第一期宣伝計画要綱（一九三九年四月—一九四〇年三月末）を決定した。この第一期に、人民総服役制度審議委員会幹事会中国民指導分科会が三回催されたほか、中央では弘報処主催による定例各部文書科長会議・弘報連絡会議が開かれるなど、慎重に作業が進められた。また、地方で開催された各省弘報事務打合会議を通じて、この制度についての連絡が密にされた。

この制度の宣伝のために、あらゆるメディアが動員された。たとえば、満洲日日新聞社・満洲新聞社ほか九つの地元新聞社だけでなく、大阪朝日新聞社・大阪毎日新聞社も協力して、関連記事を掲載したほか、記者による現地視察報告も掲載した。また、ラジオを通じて放送されるニュース・講演・子どもの時間などでも、関連情報を流したほか、文化映画「我們的軍隊（わたしたちの軍隊）」や劇映画「国境之花」の配給をおこない、宣伝に努めた。そのほか、大同劇団・安東協劇・奉天協劇などが手分けして、一〇〇回近い巡回公演をおこなった。

また、パンフレット『趣味画報』、絵本『児童画報』、グラビア誌『精軍画報』、漫画雑誌『漫画満洲』が、各五万部から三〇万部も印刷されたほか、SPレコード「我愛我満洲」が一万枚プレスされた。このほか、マッチラベルやレターペーパーなどにも標語が印刷されて弘報活動が進められた。これらの弘報資料は、省政府宛てでは効果がないと見られ、直接に宣伝を担当する県市公署に送るようにとの指示があった。紙不足のおり、総服役制度に関する弘報戦略は、まさに背水の陣という様相を呈していた。実際、一九四〇年の後半期から、紙の不足は決定的となり、『宣撫月報』でさえ、第四六号（一九四〇年九月）からページ数・配布数が、大幅に削減されていたのである。

さらに、政府は「国兵法」の実施のため、「国民指導要綱」を作成し、新しく設置した国民指導中央委員会・省委員会、県以下は協和会事務局長を中心として、制度に対する認識を徹底させようとした。とりわけ、青少年に対しては、国防維持能力の増強、体位向上を目標とした青年訓練所を設置し、農村青年塾や国民高等学校などでは国兵思想の徹底がはかられた。

そして、一九四〇年四月一日に、国都新京に青少年義勇隊訓練本部、県旗に同隊実務訓練所が設置され、いよいよ「国兵法」が施行されることになった。公布の間際まで、「兵役法」となっていたのが、「役」という字が強制力をともなうニュアンスがあるので問題となり、「国兵法」に改められたという。同法の施行を記念して、治安部・各軍管区司令部・各団部隊・協和会では、大規模な記念行事が実施された。一九四〇年末までは、「国兵法」施行第二期として弘報活動が中心におこなわれることになった。そのために、中央や地方には、政府や協和会から独立した「国兵法」事務局が設置され、それらの機関が同法および関連法規を浸透させる弘報活動を進めた。また、「国兵法」の宣伝は、特設された国兵法指導委員会も担当することになった（資⑥五－二）。

最初の入隊者の条件としては、満一九歳に達し、壮丁検査で合格した者に限られたため、実際には壮丁対象者の一割程度しか入隊しなかったという。兵役の期間は、日本より一年多い三年と定められた（資⑦三月）。

民籍簿の作成

「国兵法」の実施にあたっては、対象となる壮丁を把握する必要が出てくるのは当然であった。しかし、国籍法が存在しない国家という奇妙な世界では、この現実的課題のために、国勢調査によって民籍原簿を作成するしか手立てがなかった。最初は、一九四〇年九月二十一日から臨時国勢調査の申告表を配布し、十月一日に回収される手順が考えられた。同時期、日本国内でも第三回国勢調査が実施されたことから、日満両国で同時に人口センサスの調査が進行していたことがわかる。こうした調査への理解を普及させるために、国務院は図71のようなポスターを作成して掲示した。ポスターの表には、「国勢調査使命重大　繁栄我国前途光華」と書かれていたが、徴税と徴兵を目的とした調査であることは明らかであり、住民にとっては、「前途光華（前途輝く）」どころか、政府の「警戒すべき」政策としてしか映らなかっただろう。

調査による民籍原簿に記載される壮丁とは、満洲帝国の版図内に住所・居所を有する者だけでなく、一時滞在者も含まれ、日本帝国の軍人および軍属、外国使臣を除けば、あらゆる者が登録されることになった。一時滞在者も含まれていることから、以前の「スポーツ国籍」の規定を一歩進めた形になっていることがわかる。調査の統括機関は、国務総理大臣と、国務院総務庁のもとに新しく設置された臨時国勢調査事務局があたり、その下に監督機関（省長・県旗長）・管掌機関（村長・警察官署長）・審査機関（調査員・指導員）が設けられた。実際には、審査機関が、各世帯（戸）を単位として申告表を配布した。国勢調査の標語は、次のとおりである（資⑥四六）。

一、重キ使命ノ国勢調査　栄行ク国ノ道シルベ

二、国勢調査ハ吾等ノ為　申告シマセウ　有ノマ、

三、国ノ礎　国勢調査　書イテ出シマセウ　有ノマ、

なお、一九四〇年八月一日に公布された「暫定民籍法」では、民族の別を問わず、満洲国に生活の拠点を有する者は、すべて満洲国人民と見なすことになっていた。あくまで、「国民」と定義するまでの暫定的な「人民」という整理の仕方だったが、しだいに満洲国の「国民」という姿があぶりだされてきたかに見える。

臨時国勢調査記念切手

臨時国勢調査の実施を記念して、一九四〇年九月に二種類の記念切手が発行された。図案は、第二回訪日記念切手をデザインした太田洋愛が受け持った。図72上は協和会服を着て調査票を掲げる青年を描いた二分切手、図72下は握手された手に上述の標語三の漢語訳「国勢調査之基　照実填写不可虚地（国勢調査というのは、事実に照らして書きます、虚偽はだめ）」をつけ、さらに同じ意味を満洲語で訳している。切手はオフセットの二色刷で、発行枚数は二分切手が八〇〇万枚、四分切手が一〇〇〇万枚、合計一八〇〇万枚という、これまでにない破格の発行数だった（資⑩二二一－三）。

同日、日本の紀元二六〇〇年を記念して、二種類の切手が発行された。二分切手は、太田洋愛が張景恵揮毫の

「慶祝日本紀元二千六百年」を描画したもので、発行枚数は五〇〇万枚だった。この切手は、図66の絵はがきの上にも貼付されている。四分切手は、満洲事情案内所長の推薦で、漢人洋画家李平和が担当することになったが、その図案は龍灯といわれる祝祭のときの踊りが描かれていた。

図73は、李が描いた切手のための原画で、デザインの素材としては満洲事情案内所にあった協和会発行の宣伝用年画「龍灯会」、協和会にあった同会発行建国ポスター、李の父親が遺した清朝時代の茶碗の図案、満洲国通信社で撮影した写真などが参照されたという。書体は、乾隆帝が奉天に巡行したときに礼賛を受けた詩篇を集めた『盛京賦』から、該当する篆書《てんしょ》体をぬきだしたもので、左の「満洲帝国郵政」は玉箸篆《ぎょくちょてん》（玉の箸で書いた小篆。小篆とは秦朝の公式書体）、右の「慶祝日本紀元二千六百年」は書篆、「康徳七年九月」は鳥跡篆《うせきてん》（夏朝の書体）といわれる三種の字体が使われている。これほど字体に工夫を凝らした満洲切手はなかった。ともあれ、この記念切手は、満洲国の記念切手のなかで、漢人がデザインする初めてのもので、五〇〇万枚が発行された（資⑩二二―三）。

同時に、日本では、紀元二六〇〇年慶祝委員会が六種一組の記念絵はがきを発行して地方に配布した。その図案は、橿原神宮・明治神宮参拝から帰還する皇帝、日比谷公園音楽堂における「満洲国皇帝陛下国民奉迎式」の様子、富士山麓通過の皇帝乗車列車、御召艦《おめしかん》「日向」明石沖通過と地元民の奉迎送、そして、図74にあげた新京南嶺総合運動場における紀元二六〇〇年慶祝興亜大運動会の状況である。印刷はオフセット四色刷で、一九二二年設立の日本名所図絵社が担当した。一方、満洲国では、交通部が記念絵はがきを作成しなかったので、満洲逓信協会が日本の絵はがきを複製して、一般希望者に四万組を配布した。

また、満洲国では、一九四一年五月に、はがきの表の下部に日本語または漢語の標語を入れた郵便はがきが発行された。一九四〇年七月に応募してきた標語一五九句のうち、経済部・郵政総局・興農部・開拓総局・禁煙総局・協和会・満鉄・満洲電電から提出された日本語二八句、漢語一二句の四〇句が選定された。全種類の納入は、印刷技術や在庫処理の都合上できなかったため、まず郵政総局の「護国の英霊　挙国で感謝」と「不断の儲金は不動の力」、興農部の「敬農愛耕　家国倶興（農業を敬い耕作を愛せば、家も国もともに繁栄する）」、郵政総局の「護国英霊　挙国感仰（護国の英霊、国をあげて敬い慕う）」の四種を、それぞれ二万二五〇〇部を発行することにした（資⑩二二一六号、二四一二、八）。さまざまな標語の内容があるが、ここであげたものだけでも、英霊崇拝を通じて、「国兵法」の施行が促されたことがわかる。

「国兵」の入営と動員大会

一九四〇年四月に「国兵法」が施行され、翌四一年六月、満洲国最初の「国兵」が入営した。その一週間前に、二分と四分の二種類の記念切手が発行された。デザインはいずれも同じで、太田洋愛が原図を作成した。太田は、図案のアイデアを求めて、一月、治安部参謀の案内で、撮影担当の満洲事情案内所写真科の岩本巌、郵政総局担当者四名とともに、宮内府親衛隊に出かけて、そこで撮影した一八種類の写真から選んだのが図75上である。この親衛隊の上等兵の写真をもとに作成したラフスケッチが図75中。さらに、それを清書して描いた切手の原図が図75下。切手のデザインを作成するプロセスがわかる貴重な資料である。

印刷はグラビア印刷を用いることになったため、日本の内閣印刷局で二種類とも印刷した。販売枚数は二種とも各四〇〇万枚、合計八〇〇万枚だった（資⑩二三一五、六）。新京中央郵便局では、発売当日分として予定していた三万組が、午前一〇時には早くも完売し、奉天瀋陽郵便局でも発売後二時間で配給量の一割を残して売り切れてしまったという。しかし、これだけ人気があったにもかかわらず、中華民国南京中央郵便局の調査によると、その使用がもっとも高かった五月二十八日・二十九日とも、この記念切手が貼られた書状は全体の二割にも達していなかったという。明らかに、コレクターが収集目的で購入していたことがわかる。それゆえ、切手の発行数量だけで論じるのは、いささか危ういことがわかる。

記念絵はがきについては、交通部や郵政総局は発行しなかったが、治安部が八枚一組で漫画入り絵はがきを発行したようである。また、前年特別演習記念のため準備されながらも、ペスト禍のために発行取りやめになっていた三枚一組の絵はがき、つまり「精鋭騎兵隊疲馳悍馬突進突撃（精鋭なる騎兵隊、精悍なる馬に乗りて突進突撃）」「放射火焔之鉄壁防空陣（炎を発する鉄壁の防空陣）」「接受出発命令行将勇躍出動（出発命令を受けてさぁ勇んで出動だ）」の三種が発行されたというが、筆者はいずれも未見である（『郵便文化』二四―一）。

図63　国民精神振興建国体操会ポスター「国民精神振興建国体操会」
（コピー、1939年）

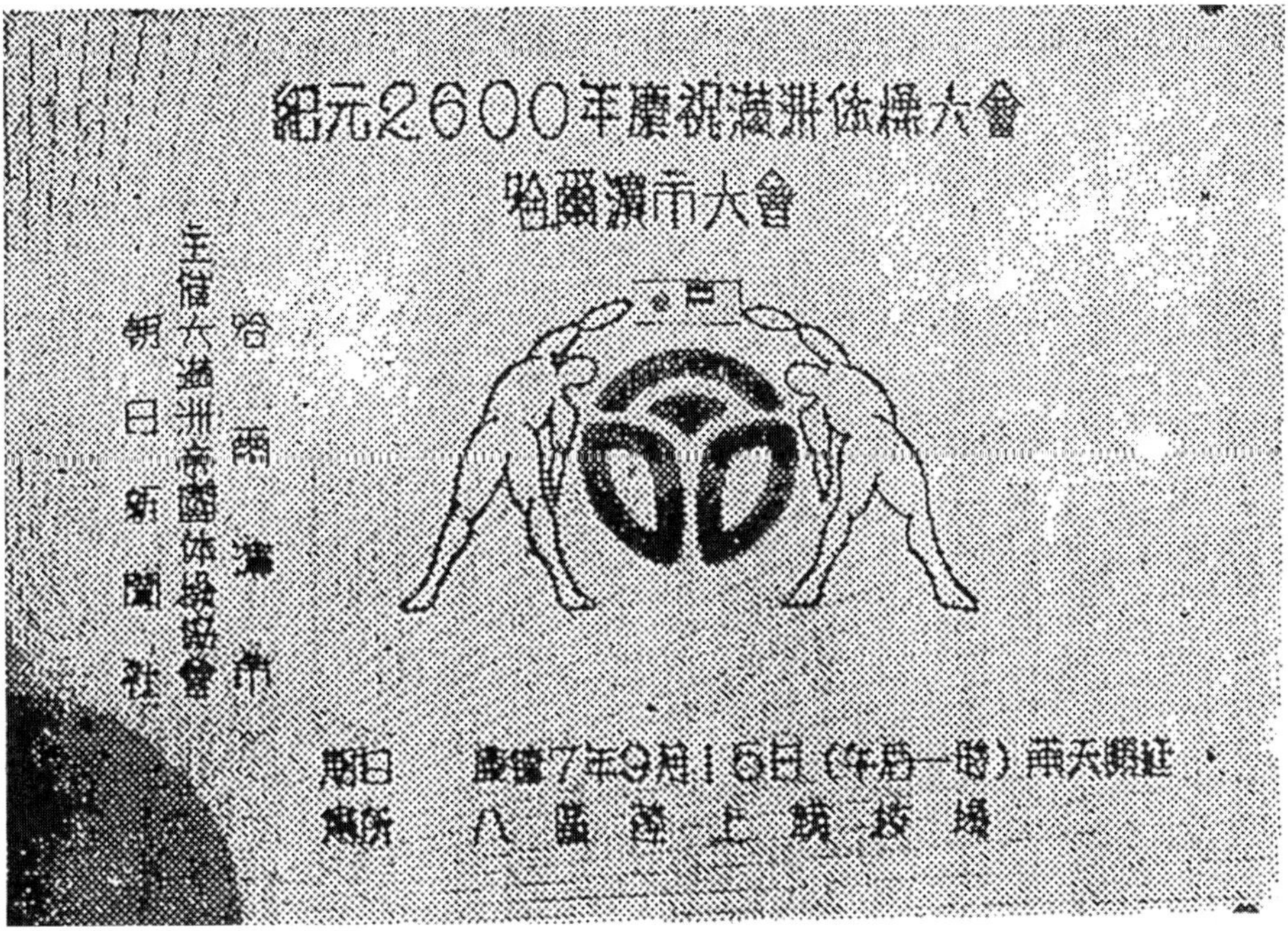

図64　紀元2600年慶祝満洲体操大会ポスター「紀元2600年慶祝満洲体操大会 哈爾浜市大会」（コピー、1940年）

図65　慶祝紀元2600年興亜国民動員大会記念絵はがき（1940年）

図66　慶祝紀元2600年興亜大運動会記念絵はがき（1940年）

図67　満洲国赤十字社創立記念ポスター「満洲国赤十字社創立」
（コピー、1938年）

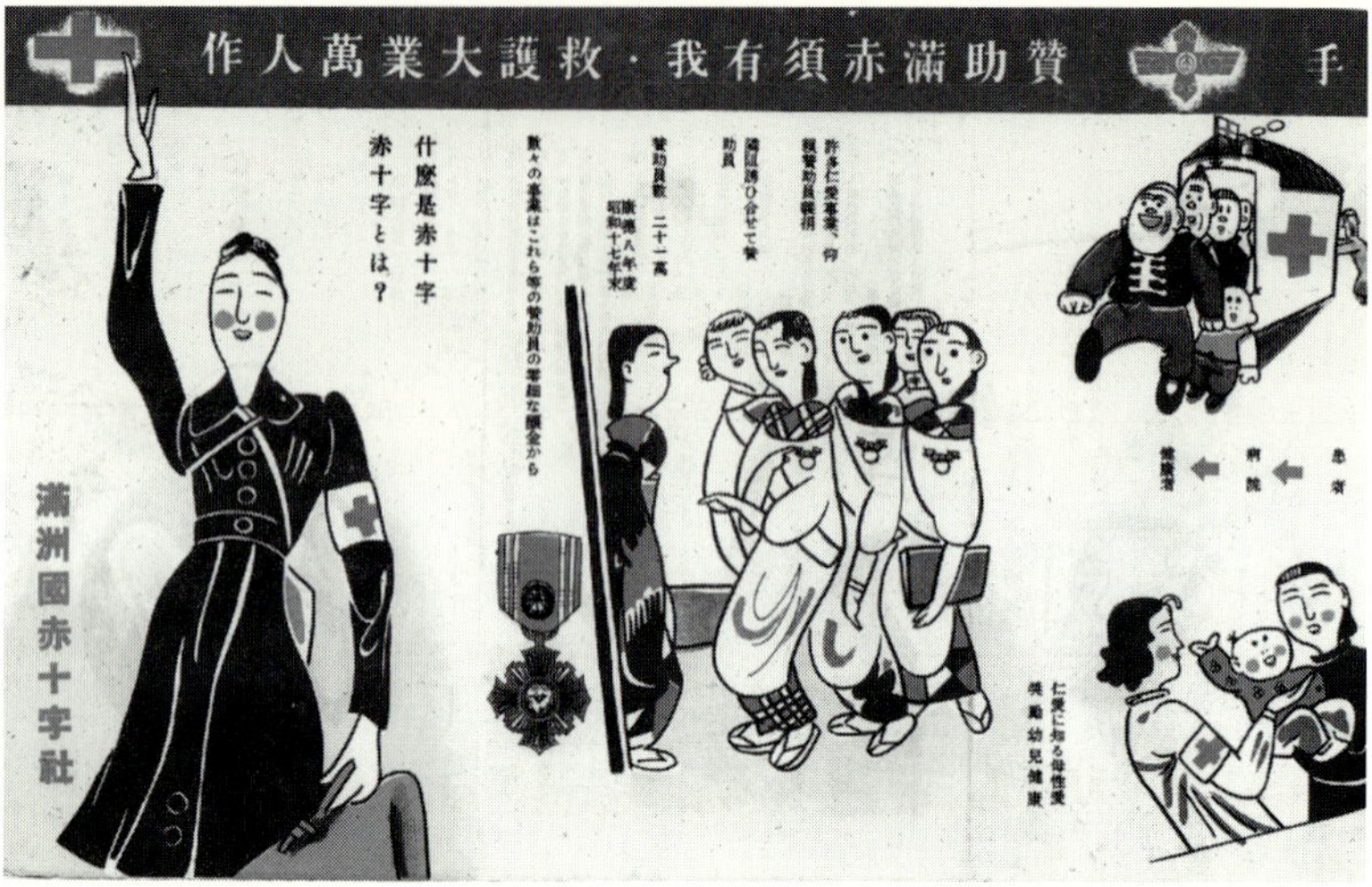

図68　満赤の活動をアピールするリーフレット「賛助満赤須有我・救護大業万人作」

図69　満赤創立記念切手の原画

図70　皇帝溥儀訪日歓迎記念絵はがき

図71　臨時国勢調査普及ポスター「臨時国勢調査 国勢調査使命重大 繁栄我国前途光華」（コピー、1940年）

図72上　臨時国勢調査記念切手
（二分切手、1940年）

図73　慶祝紀元2600年記念切手の原画

図72下　臨時国勢調査記念切手
（四分切手、1940年）

図74　慶祝紀元2600年興亜大運動会
記念絵はがきセットの１枚
（1940年）

図75上　国兵法施行記念切手のモデル写真

図75中　国兵法施行記念切手のラフスケッチ

図75下　国兵法施行記念切手の原画

chapter 8

8 決戦体制下における弘報独占主義

弘報処の強化と変質

一九三九年三月、建国七周年記念週間の興奮も冷めやらぬ頃、第三代弘報処長として弱冠三四歳の武藤富男が着任した。武藤は、一九二七年に東京大学法学部を卒業後司法界入りし、三四年、満洲国で司法部事務官刑事司部第一科長を皮切りに、同部理事官・総務庁法制処第一部参事官・協和会中央本部指導部宣伝課長などを歴任し、弘報処参事官時代に満洲国訪欧使節団員として派遣され、その帰国後に弘報処長に就任することになったのである。武藤の自叙伝『私と満州国』には、参事官時代に、甘粕正彦協和会総務部長の誘いによって、協和会宣伝課長を兼任したこと、弘報処長への就任には星野直樹総務長官・岸信介（一八九六―一九八七）総務庁次長の強い意向が影響していたことが記されている。就任後すぐに武藤は、岸総務庁次長と相談して、甘粕に満映の代表になってもらった。ときに、東亜新秩序の形成が唱えられ、斬新かつ大規模な弘報政策をとることが求められた時期だった。

一九四〇年十二月、「中央地方行政事務合理化要綱」が決定され、中央および地方の行政機構合理化にともなって、各官庁の人員が削減された。しかし、ひとり弘報処だけは、武藤処長のもとで、宣伝・宣撫部門の指導や統制を強化するため、機構が拡大して増員される方針が示された。つまり、①外務局から対外宣伝事務、②民政部文化科から文化行政事務のうち、文芸・美術・音楽・演劇・レコード・図書など動的文化に対する行政事務、③治安部警務司から新聞・通信・映画・出版に関する検閲事務、④交通部郵政総局電務科から放送およびニュース通信に関する検閲事務、⑤協和会文化科や文化審議会などの機能、以上が弘報処に移管された。この「要項」によって、弘報処は、それまでの宣伝機能だけでなく、文化行政の一元的管理機関、そしてマス・メディアの検閲機関になることが、方針として示された（資②康九）。

翌年一月、弘報処は、この「要綱」に基づいて、以下の組織改革を実施した。まず、参事官の数を一一名から七名に減らし、漢人参事官としては荘開永《しょうかいえい》のみ残留させた。また、三科体制を廃止し、既存組織を改編するなどして、各参事官のもとに次の八つの班を直属させた。その結果、監理科は監理班、総務班は庶務班、映画写真班は映画班、宣化一班は宣化班、宣化二班は放送班にそれぞれ改められ、情報班はそのまま、そして新たに図書班と検閲班が設置された。こうした組織改正によって、日本人・漢人とも、スタッフは増員された。

検閲班には、映画系・出版系・庶務系があった。郵便の検閲は関東憲兵隊の任務だったのに対して、新しく設置された検閲班は、マス・メディアや出版などの検閲を担当した。前者の郵便検閲についてだが、海外向け郵便は関東軍情報部や、一九三七年にスパイ防止のために設置された治安部下の保安局が担当しており、国内・日本向け郵便は主に関東憲兵隊が郵政局と連携しておこなっていた（小林・張 二〇〇六）。

検閲班の班長安部得太郎（一九一六―四六）は、元関東州警察署の警部補で、漢語が話せたという。同じく、関東州警察署で、警部だった木津安五は、映画検閲の責任者になった。彼らと同様に、関東州警察署警部だった清水朝蔵は、漢語映画の検閲責任者を勤めた。

治安部の警察司特務科検閲股に勤めていた包文爛は、東京の警察講習所卒業者のひとりだったが、一九四一年に同股が弘報処内の検閲班に改組されたのにともない、弘報処へ異動し、満映ビルで映画検閲を担当した。包と同じく、治安部警察司特務科検閲股から異動した者に、運喜之・岳植邦・楊国政・張克顕がいた。岳も、包と同様に、東京の警察講習所の卒業生で、弘報処で半年ほど検閲の仕事をしたのち、興京県公署の行政科長として転任した。治安部の検閲股の廃止とともに、弘報処検閲班に異動した人員の幾人かは新聞検閲に携わったのである。

また、国務院総務庁庶務課管理股から検閲班に異動した石金英は、満洲図書配給株式会社が上海から輸入した図書の検閲に携わった。彼ら検閲官が問題を発見した場合、まず検閲班の班長に伝え、その後、警察庁の検閲股が処理した。映画の検閲は、警察庁や関東憲兵隊と連動しておこなっていたという記述もある。

羅仲樑は、謝介石の娘婿で、大同学院卒業後に弘報処新聞班に配属され、一九四〇年に高等官試験に受かって弘報処映画班の事務官となった（四四年には華北政務委員会農林総署秘書に転任）。羅と同じく、大同学院卒業後に弘報処に配属となった者には、新聞班の陳維智・張樹崙らがいる。張樹崙によれば、新聞班が取り扱う地方情報は、国通から直接弘報処に通知されたという。国通と弘報処は、非常に近い組織だった。

放送班班長の裴文泰は、一九四一年に交通部電政総局電政処業務科放送班が弘報処に統合されたのにともない、弘報処に異動となり、放送班・新聞班を経て、一九四五年五月に安東県公署に着任した。裴と同様に、電政処業務科放送班から弘報処放送班に異動した者に、金璽・李国忠・関維、瀋陽出身の金慶春・杜樹月がおり、放送班の漢人スタッフは、ほぼこうした来歴をもっていた。放送班が担った外国との無線通信に対する検閲は、一九三九年のノモンハン事件の敗北後から強化されたという。

情報班は、竹下参事官が統括していた。国内情報班は、特務機関から派遣されてきた元憲兵中尉の中川事務官と東亜同文書院卒業の三名が担当していた。一方、短波無線を使った海外情報の諜報活動を中心とする海外情報班があった。山東省曲埠県出身の卒永康が責任者だったようである。この部局では、奉天出身の安士英が重慶放送を担当していたほか、劉大超は東北電信電話公司総務部人事科から弘報処海外情報班に異動になったのち、ロシア語・英語・日本語の諜報活動に携わった。また、奉天電報学校卒業後に国通で働いた者に、黒龍江省出身でロシア語が堪能だった孫立堂のほか、張憲堯・蘇恩有・高瑞卿・関栄厚がいた。そのほか、ロシア人二名・イギリス人一名・ドイツ人一名が諜報活動をおこなっていた。諜報の主要な対象も、これら国外情報班のメンバーに準じて、重慶放送・モスクワ放送・ベルリン放送・BBCなどであった。

こうした機構改革の内実を見れば、弘報処は、一九四〇年末の「要綱」どおり、それまでの弘報機関だけでなく、検閲・諜報活動をおこなう一大情報機関へと変質あるいは拡大したことが明らかであった。

娯楽の統制

一九四一年五月、弘報処・治安部・民政部などの指導監督のもとに、株式会社満洲演芸協会が発足した。このことは、映画・放送・新聞・雑誌と同様に、演芸が満洲国の弘報啓蒙の機関と化した注目すべき出来事だった。同じく、十二月、満映も映画の「国家弘報の武器」としての役割を高めるために、従来の製作部を啓民映画部（啓発・教化・時事に関する映画の製作）・娯民映画部（娯楽映画の製作）・作業管理所の三部門に分けた。これには、甘粕正彦理事長の強い意向が反映しており、娯民映画を通じて映画に慣れ親しませなければ、大衆の教化など不可能という彼の考えの表われであった（山口・藤原　一九八七）。

甘粕の改革は、それまでの弘報政策が社会に浸透しなかったのは、政策の執行者である日本人が、満洲は多民族社会であり、政策受容者としての彼ら住民の目や耳を意識してこなかった結果であったことを意識させずにはおかなかった。演芸や映画は、娯楽性が高いゆえに、そうした問題を突破する可能性を秘めた弘報装置として重視されたのである。

郵便切手についても、その国家的な弘報に対する期待が高まる一方で、弘報としての効果については再考すべき問題が起こっていた。郵政総局郵政処企画科弘報股長の木村治義は、この点について、次のように述べている。

郵便切手類、通信日附印、為替証書等……この流動的郵政施設は宣伝手段として他に類例がなく、国内は勿論、全世界各地に流動し、この施設に触れるものは各種の民族であり、各種の階層に亙る尨大な人々である。従つて之等の施設を利用するときは、低廉なる費用を以て、著しき宣伝効果を期待し得る。

木村は、このように「流動的郵政施設」、すなわち郵便切手に対して特別の関心を払うとともに、それまでの弘報政策について、次のような問題点を指摘することも忘れてはいなかった。

満洲国構成分子中指導的地位にあるものは日本人であり、この日本人が郵便切手の発行、通信日附印の使用に当つても、これが企画に当つているのであるが、文化の性格を異にする日本人の企画に依る作品が其の他の構成分子殊に国民中の中核を為す漢人に受入れられなくては、其の宣伝効果を期待する事がない。

満洲国が建国してから八年半がすぎて、ようやく甘粕や木村のように、満洲における日本人の地位がじつは相当に微妙なものであり、この地で主人公である漢人との距離感に危機感を表明する者が出てきたのである。しかしながら、満洲国と日本をめぐる国際情勢は緊迫し、彼らの危機感をすくい上げる余裕もなく、逆に検閲と動員という閉塞感のある強圧的な体制のなかに飲み込まれていった。だが、その結果、満洲国の政治的基盤はいっそ

表6　3大都市において年3回以上発行された定期刊行物

	区　分	種　類	月間発行部数（単位：千部）
官	官庁・外郭団体	160（ 45%）	2,680（ 57%）
	特殊会社・准特殊会社	103（ 29%）	1,520（ 33%）
	計	263（ 74%）	4,200（ 90%）
民	民間	93（ 26%）	470（ 10%）
総　計		356（100%）	4,670（100%）

（注）　3大都市とは新京・奉天・ハルビンのこと
（出典）　堀正武「出版物統制について」（『宣撫月報』第50号、1941年）より作成

う脆弱なものに陥った。

出版統制の一元化

すでに指摘しているように、一九三九年以来、満洲国における紙不足は深刻化していた。満洲国では、印刷紙やインクは日本からの輸入に依存していたため、日本の資源不足の影響が、すぐさま満洲国内にもたらされた。こうした資源不足のなかでは、国家にとって必要とされる芸術作品やニュースを「生産」できる組織や団体のみが必要とされ、「生産」できない組織は淘汰されざるをえない状況となっていた。ただ、官庁・特殊団体・教科書統制のために一九三七年に成立した満洲図書株式会社・満洲事情案内所などの特殊会社は、規制対象ではなく、いわば抜け穴であった。官庁系の出版物の発行部数は明らかに優遇されていたからである。

表6のとおり、満洲国の場合、官製出版物が民間のものを、質量とも圧倒的に凌駕していた。この表によると、官庁や軍人後援会や空務協会などの外郭団体が発行する定期刊行物の種類が半数近く（部数は六割近く）、次に特殊会社や準特殊会社、そして民間の刊行物の種類は四分の一程度、部数にすると一割にすぎなかった。しかも、官庁発行の定期刊行物については、「出版法」公布当初その適用外であった。満洲国の、しかも主要出版物の過半数は、人口二％に満たない日本人向けであり、現地住民向けが看過

されており、漢語小説などは依然として上海などから搬入されていたのが実情であった。

そこで、一九四〇年九月から、こうした官公庁系の出版物についても、治安部警務司と弘報処の承認が必要とされるようになり、さらに翌四一年からは弘報処のみの承認を得ることが定められた。この年に設立された満洲出版協会も、出版物の内容に関する予備的審査、有料出版物の奨励や監理、つまり書籍に関するすべてについての統制を開始した。その結果、官庁・外郭団体の一七種、特殊会社の二四種が廃刊に追いやられた。満洲書籍配給株式会社の運営にも規制が加えられるようになった。弘報処は、さらに出版用紙の配給を規制するために、統制協議会を組織し、国内の配給割当を弘報処の専管事項にしたのである（資②康一〇、資⑥五〇）。

雑誌については、一九四一年三月、関東軍報道班長・弘報処長・協和会弘報科長・治安部検閲科長・民政部教育司長・弘報協会理事長を顧問として発足した満洲雑誌編輯者協会が、この統制を担うことになった（資②康八、九）。

こうした出版物の統制は、当然新聞にも及ぶことになった。一九四一年八月、朝日新聞社専務原田譲二は、『朝日新聞』主筆の緒方竹虎（一八八八―一九五六）の手紙を持参して、武藤富男弘報処長を訪れた。緒方の「願い」とは、新京で満洲朝日新聞社といった名称で新聞社を作る計画について承認をお願いするということであった。同社は、王子製紙の満洲新工場竣工に併せて、満洲に本格的な印刷所を建設し、編集局も設置しようとしていたのである。

満洲国の新聞を数社に統合する計画を進めていた武藤処長や武部六蔵総務長官らは、その進出計画には内々賛成したが、関東軍はこれに難色を示した。当時、日本内地における軍部の全国紙統合案が、読売新聞社長の正力松太郎（一八八五―一九六九）や、大阪毎日新聞社会長の高石真五郎（一八七八―一九六七）らの反対でつぶされようとしており、全国紙の統合という目的を達成するためには、満洲国で朝日のみ優遇するという刺激的な行為は避けたかったからである。武部総務長官は、関東軍の「内面指導」を受けて、原田専務に対して、朝日新聞社の満洲進出を承認できないと返答した。こうして、朝日新聞社の本格的な満洲国進出は頓挫したのである（武藤一九八六）。翌一九四二年十二月には、新設された満洲新聞協会は、新聞とともに、満洲雑誌編輯者協会が担当していた雑誌も統制することになった。

太平洋戦争の勃発

一九四一年十二月、太平洋戦争が起こると、弘報処は処長以下全員が三週間もの間、宣伝印刷物の原案作成・印刷依頼・校正・配布などに大忙しとなった。また、印刷廠・満洲美術家協会・満洲事情案内所などの弘報職員も、それぞれの機関独自に宣伝ポスターやビラを大急ぎで作成した。このうち、美術家協会と案内所とが共同して三三点の漫画を作成した。

そのうち、図76の漫画「香港陥落　東亜を侵略する拠点が完全に潰滅した」は、一九四一年十二月二十五日に香港が日本軍によって占領されたことが、イギリスから「解放された」ことをアピールするために描かれたものである。

同じく、図77の漫画「マニラ攻略　米国東亜侵略の拠点潰滅す！　東洋の領土は遂に東洋人の手に帰せり！」は、四二年一月二日のマニラ陥落が、フィリピンの米国からの「解放」と位置づけられ、対岸住民も含めてこれを祝福しているという図案である。

弘報処も、太平洋戦争直後に、精力的にプロパガンダ・メディアを作った。表7は、そのリストである。大戦の開始を伝える1・2を除いて、一九四二年二月十五日のシンガポール陥落など、東南アジアの平和と安定を示すことを目的として作成されたものだった。大判の印刷物で、通達文二点・ポスター四点・地図二点・雑誌二点にすぎなかったが、印刷部数や配布先の問題もあり、てんてこ舞いとなった。1・2は大戦開始の布告であり、3・5・6・11は南シナ海における日本海軍の戦闘の様子を伝えている。

10（図78）のポスターは、弘報処が満洲新聞社に発注したもので、二万枚が印刷された。タイトルは「シンガポールはすでに陥落し、大東亜はこれより光明を迎える」とある。日本軍が中国南部・マレー半島・フィリピ

表7　太平洋戦争勃発直後の弘報処作成の印刷物

	名称	判別	刷色	枚数（千枚）	発注先	配布先
1	訓諭	四六全紙二枚続	墨	一〇	満洲新聞社	各省公署
2	布告	四六全紙	墨・朱二度刷	二〇	印刷廠	各省公署
3	ポスター「打倒美英、光輝東亜之図」	四六全紙二枚続	石版カラー	一〇	満洲新聞社	商店・理髪店・料理屋、街頭など
4	東亜共栄圏白地図	四六全紙	墨	二、六	印刷廠	初等学校
5	旬刊『大東亜戦争勝利報』	四六全紙四截	墨	三〇	康徳新聞社	
6	旬刊『国通写真特報』	〃	墨	一〇	満洲国通信社	
7	宣伝用カレンダー	〃	オフセットカラー	一〇〇	満洲国通信社	満鉄愛路団、民生部、協和会
8	シンガポール島全図	〃	緑	二〇	世界堂印刷所	学校・地方政府・協和会
9	大東亜戦争勝利図	四六全紙二枚続	石版カラー	一〇	満洲新聞社	省市県公署
10	宣伝ポスター「新嘉坡已陥落、大東亜従此光明」	四六半紙	石版カラー	二〇	満洲新聞社	
11	『青旗写真旬報』（モンゴル文）	四六全紙四截	墨	二	青旗報社	興安四省・錦熱地区など
12	宣伝ポスター「新嘉坡陥落記念砂糖特配」	四六半截	オフセットカラー	一〇	協和オフセット	安東ほか四省
13	宣伝ポスター「新嘉坡陥落記念護謨靴特配」	四六半截	オフセットカラー	一〇	協和オフセット	満洲生活必需品株式会社支店

（出典）『宣撫月報』第60号（一九四二年）より作成

ン・オランダ領東インドに侵攻した日付が矢印で明記され、占領地には多くの日章旗が掲げられ、地元住民がこれを歓迎している姿を描いている。一方、アメリカ人が銃剣によって串刺しにされ、極東軍司令官らしきイギリス人が困惑し、また蔣介石らしき人物が逃亡をはかろうとしている。12と13のポスターでは、日本の占領以降、砂糖やゴム靴が配給され、物質的には豊かになることを示していた。

いずれもが、帝国主義列強からアジアを解放するリーダーとして日本を描いており、そのモチーフはきわめて単純なものであった。しかし、戦闘と殺戮のあとに、日本軍が標榜する「平和主義」を、現地住民が容易に鵜呑みするはずもなかった。

gallery 8

図76　香港陥落をアピールする漫画「香港陥落 侵略東亜的根拠地完全潰滅」

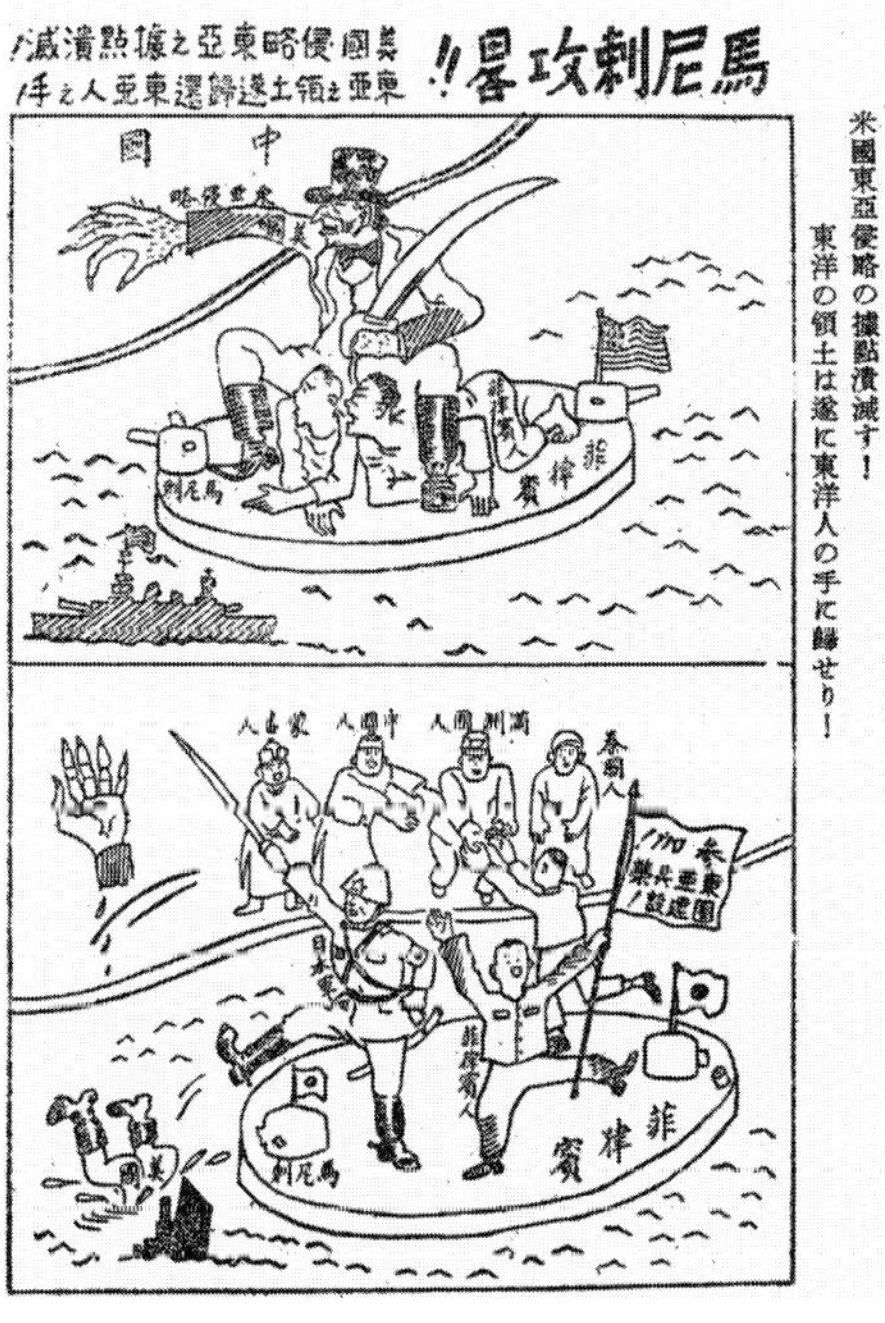

図77　マニラ陥落をアピールする漫画「馬尼刺攻略 美国侵略東亜之拠点潰滅！ 東亜之領上遂帰還東亜人之手！」

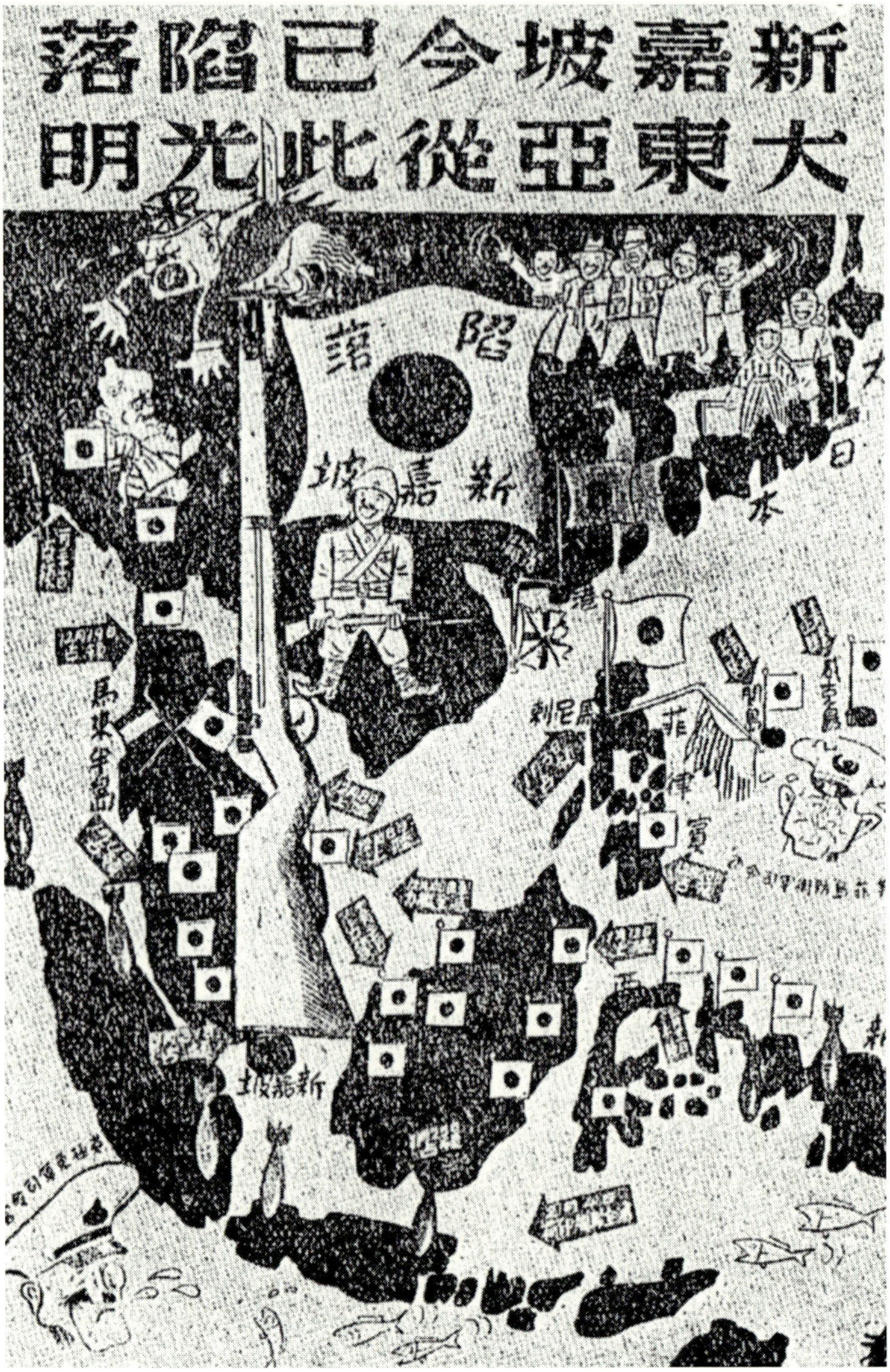

図78　シンガポール陥落ポスター「新嘉坡今已陥落 大東亜従此光明」

chapter 9

9　建国一〇年の「成果」と「課題」

「満洲らしさ」への回帰

太平洋戦争勃発の翌一九四三年、満洲独自の文化様式を追求させるために組織された満洲芸文聯盟は、決戦体制に挑む弘報と宣伝の第一線にたった。武藤富男弘報処長によれば、この様式とは、芸文が技巧上優れたものであるだけではなく、「芸文奉公」を体現するものであり、なおかつ「満洲らしさ」を訴えるものであるべき、ということであった。一九四二年は、満洲国建国一〇周年記念日にもあたっており、さまざまな活動・政策が、戦争と祝賀に名を借りた総動員体制の確立をめざすことになる。

この年の一月、文芸家協会は文芸家愛国大会を開催し、いち早く大戦への決意と覚悟を宣言し、各文化系協会も、それぞれ時局決戦体制に向けた「芸文奉公」の指針を明らかにした。その方針に基づいて、美術家協会と写真家協会は、関東軍冬季報道演習や戦車隊演習見学に参加した（貴志 二〇一〇）。

確かに「満洲らしさ」への回帰をめざすことで、それまでになかったような、現地の文化人が登用されるようになった。しかし、それも一種の動員政策であり、戦時徴用によって枯渇していく日本人を補填する登用でもあればならない。

ったわけである。決して、満洲国が、内在する多様な民族文化の価値にめざめたわけではないことに留意しなければならない。

建国一〇周年記念

一九四一年、新京では、翌年の祭典のために、建国一〇周年祝典事務局、建国一〇周年祝典委員会中央委員会を発足させ、ほかの都市では同地方委員会が設立された（資⑥五一）。

式典開催に向けて、弘報処のおもな活動は、慶祝歌の制定、国民舞踏の創作、慶祝記念郵便切手の発行、記念マーク懸賞募集、「満洲建国史」などの記録映画や劇映画の製作、講演資料の作成などとともに、表8のように、数多くのメディア・イベントを企画することだった。とりわけ、八月と九月の行事が集中していたが、行事内容を見れば、満洲国建国後に進めてきた成果の多くが盛り込まれていたことがわかる。

建国記念日の三月一日、溥儀《ふぎ》は「建国十周年詔書」を発表し、満洲国臣民に対して開戦を宣言し、「大東亜聖戦に献身し、親邦の天業をお助け申し上げる」ように求めた。こうして、決戦体制下のメディア・イベントは、これまで以上に大規模で熱狂的なものとなった。

その年の五月十八日から五日間、新京の大同広場を会場として、建国一〇周年祝典国民動員大会が開催された。音楽隊・ラッパ隊・鼓笛隊をはじめ、六万五〇〇〇名の青年部隊が行進した。野営訓練や協和会の動員演習など、戦闘に向けての実践訓練もおこなわれた。このとき、前年二月に選定された板垣守正作詞・劉盛源漢語訳・島口駒夫作曲の「興亜の歌」や、満洲舞踊学院長中山義夫が創作した国民舞踏も披露された。この舞踏は、図79の交通部発行の絵はがきに描かれている。翌日は、大会の最後を飾る青年交歓会が開催され、各国の青年代表とアジ

表８　満洲国建国10周年記念行事一覧

行　事　名	期　日	地　域
日満交歓放送	１月１日	満洲国・日本
慶祝歌の放送	１月１日－２日	全国
記念マーク発表	２月１日	
建国精神作興週間	２月26日－３月４日	全国
宣詔記念講演会	５月２日	20余都市
物故建国功労者合同慰霊会	５月16日	新京(大同公園)
興亜国民動員大会	５月18日－23日	新京(大同公園)
輝く満洲展	随時	主要都市
謝恩講演隊派遣	５月－７月	日本全国
日満薬学大会	７月17日－21日	新京(軍人会館と満鉄厚生会館)
東亜教育委員会	７月22日－29日	新京(満鉄厚生会)
東亜競技・日満武道大会	８月８日－11日	新京・吉林
大東亜操觚者大会	８月５日－８日	新京
大東亜建設博覧会	８月12日－９月末	新京(大同公園など)
記念馬事大会	８月８日－10日	新京
東亜厚生大会	８月18日－20日	奉天
東亜仏教大会	９月１日－３日	新京(協和会館)
鉄道愛護団中央訓練大会	９月８日－11日	新京(順天公園・児玉公園)
満洲国派遣神道大会	９月９日－10日	新京(満鉄厚生会館)
訪日飛行	９月11日－23日	
大東亜都市大会	９月12日－13日	新京(ヤマトホテル)
建国忠霊廟臨時奉告会	９月13日	新京
興亜開拓大共進会	９月13日－19日	新京
建国功労者表彰式	９月15日	新京(国務院)
慶祝観兵式	９月16日	新京(南嶺)
東亜赤十字大会	９月16日から	新京
国民慶祝週間	９月13日－17日	全国
慶祝大演奏会	９月21日－24日	新京(記念公会堂)
協和会全国連合協議会	10月１日－９日	新京(協和会館)
慶祝芸文祭	10月17日－18日	新京(記念公会堂)
五穀献上	10月17日	新京

（出典）　満洲国史編纂刊行会編『「満洲国史」各論』（満蒙同胞援護会、1971年）より作成

アの青年とが交流した。このほか、国防展覧会などのイベントも実施された（資⑧一〇—八）。

郵便総局も、これと歩調を合わせるべく、開催当日から二十二日まで、図80のような特殊通信日附の消印を使用することを決めた。消印の中心は、建国一〇周年を示す瑞雲十字章（一〇年を意味する十字の中央に吉祥の瑞雲を配す）を中心として、その外側に建国周年と慶祝・新京という二つのロゴで十字を表現した凝ったデザインとなっていた（『切手文化』二六—一）。

同時期、日本でも「満洲国建国一〇周年慶祝記念事業」が進められた。慶祝会事務局会長の東条英機（一八八四—一九四八）によれば、前年の紀元二六〇〇年に際して、満洲国で盛大な祝典を開催してもらったから、その「厚情」に対するお返しとして、満洲国の慶祝記念に対して、日本で事業をおこなうべきだという旨の説明をしている（満洲建国十周年慶祝会事務局 一九四二）。

ここでいう事業とは、日本でも、満洲国における記念式典と同様に、三月一日の満洲建国節祝典、九月の満洲建国一〇周年慶祝式典・建国功労者社合同慰霊祭をおこなうとの計画を進めることを意味していた。これら慶祝行事にまつわる事業を周知させるために、日本政府は、三月と九月の一般雑誌は建国一〇周年慶祝の特集号を組ませ、新聞もこれに準じた報道をするように指導し、各出版社はこれを実践したのである。そのほか、ポスター、標語、パンフレット、放送、レコード、映画、演劇、紙芝居、広告気球、立看板、百貨店の装飾など、あらゆる手段を使って、日本内地の人々に満洲国への認識を高め、一体感を築こうとした。これらすべてが、日本と満洲国との記念イベントをめぐる共時性を意識した企画だった。また、前年に日本の紀元二六〇〇年を祝うために開催された東亜競技大会が、四二年八月、第二回大会として新京の南嶺総合運動場で開催されたことも、この共時性を物語っている。記念イベントもスポーツ大会も、日満両国関係をシンクロナイズされたものに仕立て上げるために利用されたメディア・イベントであった。

記念切手の同時発行

交通部は、建国一〇周年を祝賀するため、日満両国で記念切手を発行することに決めた。一九四二年二月に、まず満洲国で四種一組の記念切手が発売された。二分と四分の切手は郵政総局嘱託古田豊が図案化した忠霊廟、一角の切手は総務庁官需局のデザイナー大矢博三によるもので、王の字をかたどった枠内に満洲国地図を描いたもの、二角の切手は満鉄総裁室の佐々木順がデザインした満洲国国旗が、それぞれ描かれていた。デザインには、天照大神を祀るために、一九四〇年帝宮内に建てた建国神廟を取り上げる案も出たが、政治的な判断から、満洲国建国の際に亡くなった日満両国の人々を祀るために同じ年に建てた、図81のような建国忠霊廟のデザインを採用することに決められた。印刷は、大矢が属する官需局の印刷所でおこなわれた。同時に二種類以上の記念切手を発行するのは、一九三七年の治外法権撤廃記念切手の発行以来の出来事であった。

なお、建国神社の祭神は天照大神で、一九四〇年に溥儀が日本を再訪した際に、お迎いしたもので、これを祀ることは神道を信奉することを意味する以外何ものでもなかった。日本の皇室は、この件に関しては冷ややかであったが、溥儀の強い希望で実現したのである。帰国を果たした溥儀は、すぐさま「国体奠定ノ詔書」を発して、建国神廟を建て、天照大神を国家祭神とすることを公にした。溥儀は、関東軍を牽制するために、天照大神崇拝を通じて日本の天皇家との関係を強調しようとする考えをもっていたのである。戦後の極東国際軍事裁判での溥儀の神道に対する態度は、本書冒頭であげたように中国での司法裁判を恐れてのことであり、彼の戦略家としての側面を忘れてはならない。

満洲国交通部は、日本の逓信省に対しても、同様に記念切手を発行するように要請した。そこで、逓信省が中心となって企画し、一九四二年十月には、春に二銭と一〇銭、秋に四銭と二〇銭を同一図案で同時発行することに決定した。版式は凹版、形式は紀元二六〇〇年記念切手と同じとされた。翌月、郵務局長や図案を担当する逓信博物館の加曾利鼎造らが集まりデザイン案を検討したところ、印刷局などから借り出した資料をもとに、新京の帝宮内庭に鎮座する建国神社を取り上げることに決定して原図が描かれた。日本側では、満洲国の場合と違って、建国神社を取り上げることに躊躇はなかったが、郵便切手の図案に神社を採用することについては内務省神祇院総務局長の承認を得ることが必要だった。

こうして、印刷所へ建国神廟の原図と刷色見本を渡し、図82のような構図で刷り上がった（『切手文化』二五－四）。両国がともに神社を記念切手のデザインとして取り上げたことで、神道を通じて日満両国の一体性を強調するイメージが形作られたのである。

こうして、満洲国と日本で、それぞれ建国一〇周年を祝賀する記念切手が揃った。しかし、現実には、異国の神を崇拝することに、満洲国の住民に抵抗感がないわけはなく、当局が意識したようなイメージの共有化が実現することはなかった。溥儀も、宗教的な意味から神道を崇拝したわけでなく、天皇・皇后の人柄に惹かれたことや、天照大神や天皇家の意向を借りて関東軍を牽制するという政治目的のために、神道を誘致したにすぎず（波多野　二〇〇七）、そうした意識を共有できない住民が、自分たちの宗教観では理解できない神道や、八紘一宇などの独善的なイデオロギーを簡単に受け入れるはずもなかった。

建国神廟の設置も、このときの日満両国の記念切手の発行も、むしろ政権への不信感を高め、日満一体とは逆の、乖離《かいり》や離反というベクトルが働くことになった。駒込武が指摘するように、「『現人神』としての天皇信仰への居直りはイデオロギーの内部矛盾を深刻化させ、支配の基盤を自ら掘り崩していく役割を果たした」のである（駒込　一九九六）。

マス・イベントと「国民体力法」

一九四二年四月下旬から、各地で建国記念のための運動会も開かれた（資①昭和一八）。関東軍参謀部宣伝課が作成した「建国記念聯合大運動会開催計画」によると、この運動会は、満洲国の建国の精神である諸民族の融合をはかることを目的としていた。新設されたばかりの満洲国体育協会が主催者となって、その準備委員には、満洲国文教司、関東庁学務課、満鉄学務課、奉天省教育庁、奉天市内の高等教育機関の関係者が参画した。この計画では、中等学校の生徒や専門学校以上の学生が参加し、全国二九ヵ所でマス・ゲームや各種の運動競技が計画された。

運動会開催に向けての宣伝は、中央では関東軍参謀部宣伝課が担当し、新京・奉天などの主要都市では上空から伝単が散布された。また、ラジオ放送・映画撮影・演説などもおこなわれた。地方では、打上花火、音楽隊の編成、救護班の組織化、国旗掲揚式の開催も計画されたという（JACAR：C01002996200）。

当時の満洲国では、一九三六年のベルリン・オリンピックや、開催できなかった一九四〇年の東京オリンピックの経験を通じて、スポーツ大会のようなマス・イベントも、弘報手段の重要なひとつであることが意識されていた。建国記念聯合大運動の前後に開催された次の二つの大会、つまり一九四一年七月に北安で開催された第一回北満体育大会、四二年八月に南嶺総合運動場で挙行された東亜競技大会・日満交換武道大会は、満洲国政府としても、記念に値するスポーツ大会であった。交通部は、これらの大会を祝し、郵便局で特殊通信日附消印を使用することを決定した（吉林省集郵協会　二〇〇五）。

　また、一九四二年七月、住民の体力検査を実施し、国民の体力の向上をめざすために、「国民体力法」が公布された。沈潔が指摘するように、この法律は、一九四〇年四月に日本で公布された「国民体力法」の焼き直しで、未成年者の心身育成を、親権者の責任としてではなく国家の役割であることを明示する内容だった（沈　一九九六）。

建国一〇周年慶祝式典

国都新京で開催された建国一〇周年慶祝式典は、建国神廟と建国忠霊祠の祭祀の翌日、すなわち一九四二年の九月十五日に南嶺総合運動場で開催された。その日の午前一〇時、皇帝溥儀は陸軍の軍服を身にまとい、日満最高勲章を胸につけて、馬車にて入場し、勅語を下した。その後、国務院総理張景恵《ちょうけいけい》の合図で万歳三唱とともに祝砲、満洲国空軍による奉祝飛行がおこなわれ、昼前に皇帝退席によって式典は終了した。

　この式典には、多くの日本人が参加した。当時兵庫県立明石中学校長だった山内佐太郎も、そのひとりだった。じつは、満洲国側からの依頼で、文部省の石丸敬次が全国中学校長協会主事であった岩泉善太郎に、この式典に参加する中学校長一名の派遣について相談したところ、山内が推挙されたのである。

　山内は、このときの参加記録を残している。それによると、彼は、九月十日に神戸港を出発、下関経由で釜山に到着後、朝鮮鉄道・満鉄を乗り継ぎ、初めて国都新京を訪れた。山内は、外国参列者の一人として式典に参加したが、大日本興亜同盟主事伊藤専一や朝鮮金融組合会松本誠ら、日本内地や朝鮮から同様に招聘された人たちがいたことを確認している。山内は、南嶺の広大な式典会場、一般参加者一万人という規模に驚き、「その式場の設備装飾などは一昨年の我が紀元二千六百年の式典の際のそれと略同じく当時の事も偲ばれて一入《ひとしお》感慨深いものがあった」と記している。

この式典では、まず君が代が先に斉唱され、その後に満洲国歌が演奏されたというから、山内のような外国参列者だけでなく、式典自体にさまざまな形で日本人が深くかかわっていたことが明らかである。国歌斉唱に続き、張景恵総理による祝辞、皇帝溥儀の勅語が下された。その後、建国一〇周年の慶祝歌斉唱、建国歌奉唱、皇帝への万歳三唱が続き、祝砲、慶祝飛行があり、式典が終了した（山内　一九四二）。

その日の午後には、国務院講堂で建国功労者三万名の表彰式が実施された。翌十六日は、建国一〇周年祝賀会が昼前に始まり、張景恵総理らの慶祝の辞、皇帝溥儀による勅語に続き、皇帝への拝謁で儀式が終了すると、すぐに祝宴が始まった。慶祝舞楽団が舞楽・慶祝音楽・建国一〇周年慶祝歌・建国歌など七曲を奏でたのに続いて、関東軍音楽隊による演奏がおこなわれた。最後に張景恵総理の合図で、皇帝に対する万歳三唱をおこなったあと、政府要人は退席し、わずか一時間程度で祝典は終了した（資⑤一九四二・九・一六、一七）。

右に出てきた建国一〇年慶祝歌の歌詞（一番）は、図6のリーフレットにも書かれているように、次のような歌詞だった。

八紘一宇《はっこういちう》と天照らす　　八紘一宇泰鈞天　帝徳巍巍民具瞻
ひかりあまねくかがやきて　　仁沢恩光被四表
帝徳のもと民むつぶ　　吾儕同頌王道平平
謳《うた》へ頌《たた》へよこのめぐみ　　我儕同頌王道平平
建国ここに一〇周年　　祝我満洲国建国　於茲一〇周年

太平洋戦争下にあったこともあり、熱河《ねっか》作戦中の建国一周年の祝典と比べても、今回の記念式典はきわめて簡素化されたものになったといえる。ともあれ、九月十三日から一週間が「建国一〇周年慶祝週間」として設定された。

「民族協和図」と記念切手

この慶祝記念式典にあわせて、九月十五日に交通部は郵便切手二種と絵はがき二種一組を発行し、特殊通信日附印を使用することを決定した。

切手のデザインは、洋画家岡田三郎助（一八六九－一九三九）作で国務院に飾られていた壁画「民族協和図」がモデルにされた。岡田は東京美術学校教授で、妻の八千代は女流作家で小山内薫（一八八一－一九二八）の妹だった。小山内のいとこには、多くの戦争画を残した藤田嗣治（一八八六－一九六八）がいる。「民族協和図」は岡田が文化勲章をとる前年の一九三六年に描かれた作品であった。「民族協和図」は、図83のように絵はがきにも利用されたし、壁画を模写して交通部が発行した別ヴァージョンの絵はがきも確認している。この壁画は、一九三六年一月、国務院庁舎が竣工したときに二階への階段の踊り場の壁面に掲げられており、横幅は二五九センチの二〇〇号サイズというから、かなり大きなものだった。

岡田の「民族協和図」は、よく知られているように、左側の女性五名、すなわちモンゴル人・朝鮮人・日本人・満洲人・漢人を描くことで「五族協和」を示し、一方右側の農民・漁師の男性がもつ豊かな収穫物を通じて「王道楽土」を表現したのである。写実画ではないので正確さは求められないにせよ、このモンゴル人の女性が着ているフレムという上着が長袖ではなく、頭の丸い帽子とあわせると、あたかもウィグル人のように見える。

男性の上着も、ジャンパーのようでおかしい。変だといえば、左隅の高粱《コーリャン》も不思議な植生をしているし、左端の遠景に描いている近代的な建物が国都新京を示しているのであれば、近くに松花江らしき川はありえない。つまり、まったく満洲経験がない岡田は、想像のなかで「満洲国」を描いたわけだが、それが国の中枢機関である満洲国国務院の建物のなかに、国家の象徴のひとつとして飾られたのだから、ここに出入りする多くの日本人の感覚も岡田と異なるものでなかったのに違いない。

これは推測にすぎないが、岡田の作品は、一九三三年二月の熱河作戦のおりに使用されたポスターを参照したのかもしれないと思っている。それは、図86にある「大満洲国」という巨大なポスターで、「五族」が横並びになって、あたかも「花いちもんめ」を踊っている構図は岡田の作品にそっくりである。

図87の白黒の伝単のほうは、図86をモデルとして作成されたことは明らかであり、列を組んでいるのが子どもである以外は、民族構成も横並び順もまったく同じである。しかし、岡田の図83の作品は、図86・87と比べると、「五族」の民族構成が異なり、横並びの順番も違う。図86・87のほうには、右から二番目にエミグラントが入っているし、中央がモンゴル人で、日本人が右端にきているのであるから、あるいはデザイナーは日本人でなかったのかもしれないし、デザインの転用も考えすぎなのかもしれない。

こうして横一列に並んで友愛を示すデザインはほかにもある。一九三七年九月四日、関東軍の占領下で、張家口を中心として察南自治政府が成立し、最高委員に于品卿《うひんきょう》（一八八六―？）が任命された。これを記念して作成された「民族協和」という図88のポスターは、明らかに岡田の作品がモデルとなっている。ただ、日本人が中央に位置している以外は、横並びの順番は異なる。このように、弘報や宣伝のために作成されたメディアのデザインが流用されていくことは、ときおり見られることであり、国境を超えた弘報や宣伝の伝播という問題にかかわっており、今後追及すべき課題かと思う。

ともあれ、岡田の「民族協和図」をモデルとして、図84・85のように二種類の記念切手が作られた。郵便はがきの基本料に使う三分切手は右側の男性三人、日本や中華民国宛の書状に使用する六分切手は、同じく左側の女性五名をモデルにデザインされている。デザイナーが違うので、二種類の切手はずいぶん印象が異なる。三分切手のデザイナーは、慶祝日本紀元二六〇〇年のときに四分切手の龍灯をデザインした漢人洋画家李平和であり、六分切手のデザイナーは満洲国赤十字創立記念切手を図案化した郵政総局の山下武夫であった（『切手文化』二六―四）。

山下は、この切手をデザインするときの経緯を一文に残している。それによると、彼は、東京美術学校時代に岡田三郎助に前後七年にわたって指導を受けていたために、岡田の壁画を記念切手のデザインに利用したという。また、山下は、国務院の壁画を直接見ながら描くことはできなかったため、やむをえず新京中央通りの林田写真館に残された「民族協和図」の写真を拝借してデザイン案を練ったという。そして、だれもが問題と考えていた人物の衣装については、民生部嘱託の太田洋愛、モンゴル系の切手の収集家白子憲、漢人洋画家李平和らの協力を得つつ、調査研究を進めた。その結果、図83と図85を比べるとわかるが、モンゴル人女性の服はデールというワンピース風の服にブスという帯をした服装に改め、マルガイ（帽子）もウィグル式のようなものではなく、モンゴル式のものに変更している。男性のほうも、右側の人物に靴を履かせ、着衣もボタンではなく、前止めの中国風の上着に変えている。

こうして岡田の画に修正を加えた切手の原画は印刷廠に持参されたが、あいにく印刷インクは搬送途中の事故により不足してしまった。そのため、当初二種類とも五〇四万枚、計一〇〇八万枚を印刷するところが、三分切手は四三三万三〇〇〇枚、六分切手は三六一万九〇〇〇枚しか印刷できず（うち約一一五万枚は通信販売）、当初計画より二一〇万枚あまりが不足した（『切手文化』二七―二）。

同じ九月十五日に、日本内地でも、満洲国建国一〇周年慶祝記念切手が発売された。五月に逓信博物館図案部の六名が各自の構想によって九枚の図案を作成し、そのうちの二枚を図案部の加曾利鼎造が切手の原画として清書した。五銭切手は日満両国を示す地図を背景に、日本人・満洲人の少年が腕を組んで闊歩する図像となっており、このデザインは日満提携の一〇年を輝かしいものとし、将来も夢あふれるものであるということを象徴する意図が含まれていた。

二〇銭切手は、日輪を背景に中央にすえている蘭の花の紋章は「八紘（一宇）」に光被させ、左右に日本を示す菊の花と満洲国を象徴する蘭の花を配置し、「日満一徳一心」「共存共栄」の理想を表現した。これらの原図は、六月に印刷局に回され、そこでも若干原画を修正したうえで原版彫刻を施し、凹版一度刷で印刷されたのである。

満洲国では、記念の絵はがきも、同じ九月十五日に発売している。ひとつは建築家原英夫の図案で、建国一〇周年記念式典開催の舞台となる新京南嶺の総合運動場を描いており、いまひとつは国展にも出品していた洋画家池辺貞喜のデザインで、溥儀の前で演じられる慶祝舞踏を描いている。二種類ともプロセス印刷九度刷といった凝った技法が用いられた。また、同日、大矢博三がデザインした八角形の枠のなかに瑞雲十字章を拝した慶祝特殊通信日附印が使用された（『切手文化』二六―四）。

「決戦芸文指導要綱」の制定

一九四二年十二月八日、太平洋戦争勃発のちょうど一年後、満洲国で初めて政策全般の指針ともいえる「満洲国基本国策大綱」が制定された。この「大綱」の冒頭には、「日満共同防衛の本義に則り国防国家体を確立すると共に国力を大東亜戦争完遂に結集し進んで大東亜共栄圏必成に寄与せんこと」「文教を振興し産業の画期的開発を図ると共に勤労興国の民風を作興し以って民政を向上し国力を培養充実せんこと」などが根本方針としてあげられた。

この年、それまで政府の外郭団体として活動していた協和会の各支部長が、省市県の行政機構の長に兼任される「二位一体制」に変更され、協和会と行政が一体化した。また、満洲国婦人会・満洲軍人後援会・満洲空務協会・満洲国赤十字社といった政府の外郭団体や、紅卍字会・道徳会などの教化的社会団体との連携も強化された（資①昭和一八）。

弘報処の拡大に尽力した武藤富男は一九四三年四月いっぱいで内閣情報局第二部部長に転任し、代わって市川敏が新処長に着任し、一九四五年二月一日に島崎庸一にその任を替わるまで、みずからの役割を果たそうと努めた。

「大綱」制定のほぼ一年後、一九四三年十一月に新処長の市川のもとで、芸文環境の悪化に鑑みて、「決戦芸文指導要綱」が制定された。まず、芸文聯盟下の九つの協会をすべて解散させ、社団法人満洲芸文協会を設立した。これによって、芸文の指導機関は弘報処、実施機関は協会が担った。協会の役割は、芸文動員に必要な財源・資材確保、そして明確なる指導方針の一元的管理を強化し、芸文の総戦力化をはかるものとされた（資①昭和一九）。会長に就任した甘粕正彦は、協会発足時に次のような挨拶をした（資⑨新年）。

芸文には本質的に国境、民族を超越した性格があることは確実であって、その為にこそ、あらゆる芸文が思想戦の武器として重用視せられるのであり、民族協和の精神も、芸文によってこそ培はれるのであります。

が、この芸文の特質は動もすれば、非国家的、非国民的なものと混合を惹起し易い危険があるのであります。私は前に申し上げましたとおり芸文精神を尊重し、批評精神の昂揚を期待するものであるけれども、国家の隆昌なくして芸文の隆昌無きことは云はずして明かなることであります。この意味に於て芸文は凡て愛国の芸文たるべきものである、これは厳粛なる事実であります。

甘粕会長は、「愛国の芸文」なる概念を持ち出し、すべての芸文は国家に奉仕すべきものと、檄を飛ばしたのである。協会の理事長や局長も、すべて甘粕会長みずからが任命した。宣伝＝芸文活動の一元的管理体制を強化するという演出をしながらも、実際のところは戦局が悪化していることの反映であった。

協会成立の翌十二月四日から二日間、「決戦芸文家大会全国芸文家会議」が新京記念公会堂で開催された。会議の参加者は、満洲芸文協会をはじめとして、改組あるいは新設された美術家協会・劇団協会・工芸家協会・写真家協会・楽団協会・作曲家協会・書道家協会・舞踏家協会の芸文団体、そして満洲歌人協会・満洲俳句協会の友好団体で、総勢三〇〇名にものぼった。翌日の緊急動議で採択された会議宣言には、次のようにある（資①昭和二〇）。

我等芸文家として新文化建設の一端を荷負ふ者志を合せ誼を敦うし、内建国精神を基調とする芸術文化を創造すると共に、外共栄各国文化との提携交流を図り、以て大東亜文化の建設に寄与せざるべからず。さりながら相次ぐ決戦の様相日に悽愴にして戦局の重大なる洵に今日の如きはなし。我等は深く時局を体察し又深く公私の生活を省み思想戦士としての大使命に徹して大東亜戦争の完遂に挺身せんことを期す……。

このように決戦下における芸文家の役割の重大さを訴えながらも、実際には芸文協会の指導力の問題、芸文家の活動の保証、芸文家の練成などに多くの課題を残していた。たとえば、満洲国の美術家の多くが美術以外の職場をもち、専門家としての動員力を備えることができなかった。この例は美術家にとどまらない。また、戦局が激しくなるとともに、芸術の資材不足も問題となった。これは、出版界における紙不足も同様であり、五月一日には邦字新聞の経営一元化に向けて満洲日日新聞社と満洲新聞社を合併して満洲日報社が成立した。映画も、八月二十一日に満映創立七周年を契機に上映の決戦体制を整え、統制をいっそう強化した。協会の方針にもかかわらず、「愛国の芸文」は、もろもろの限界から政治的宣伝の効率的運用ということばにはほど遠かった。芸文＝弘報政策の推進は、統制の強化という名目がありながらも、戦争の激化とともに限界を露呈したのである（貴志　二〇一〇）。

「国民勤労奉公法」の実施

一九四〇年から満洲建設勤労奉仕隊は、労働力不足の開拓地対策として実施された。図89上・下は、この奉仕隊実践本部が作製したポスター二点である。四二年十一月、戦時総動員体制確立のために、「国兵法」とならんで、「国民勤労奉公法」と「国民勤労奉公隊編成令」が公布されることになった。平田敏治は、勤労奉公局局長兼勤労奉公隊中央幹部訓練所長に就任し、満一九歳に満たない青少年に無償の労働奉仕を強制した。「奉公法」の第一条は、次のとおりである。

　本法ハ帝国青年ヲシテ高度国防国家建設事業ニ挺身セシメ勤労ヲ以テ之ヲ練成シ真正ナル勤労観ヲ涵養セシムルト共ニ国家ニ対スル奉公観念ヲ旺盛ナラシメ以テ建国ノ理想達成ニ向ツテ邁進セシムルヲ目的トス

勤労奉公義務者は、兵役年齢に達していない一八歳未満の男子とし、彼らが二一歳から二三歳までの間に、一二カ月以上勤労奉仕に服さなければならないとした。若年層も、勤労動員し、きたるべき兵役義務に呼応するために心身を鍛錬させ、質実剛健な国民としての意識を確立させようとした。勤労奉公隊は、住居区分をもとに軍隊式に編成され、勤労奉公隊による動員は、翌一九四三年四月から開始された。最初の二年間は、毎年二〇万人を動員して、三年後には毎年六〇万人を動員する計画であった。勤労隊員は、右上膊部に識別章をつけることが義務づけられた。

この意義を宣揚し、あわせてその実施を記念するために、三分切手と六分切手に対して、オフセット印刷で、「勤労奉公」の文字の下にスコップとツルハシを配置する勤労奉公隊員の識別票を加刷（既存の切手の上から印刷）することが計画された。この文字は、国民皆労奉公隊総司令で民生部大臣の于静遠《うせいえん》（一八九八－一九六九）の揮毫によるもので、これを大矢博三が描画し、三分切手は二一二万枚、六分切手は二一〇万、合計四二二万枚の加刷切手が出回ることになった（『切手文化』二七－五）。図90は、一九四三年五月一日、三分と四分の切手に「勤労奉公」と加刷した切手を貼りつけて、満洲郵票学会が発行した記念封筒である。

幻の切手

この頃、資源不足が深刻化し、弘報目的のビジュアル・メディアは、小さな切手のなかでしか表現できなくなっていた。

一九四一年十月に、「回鑾訓民詔書発行一〇周年記念」の切手が発行された。一〇分と四〇分の四枚一組で、国務総理の張景恵の揮毫による「日本之興即満洲之興」と、総務長官武部六蔵の揮毫による「日本の興は満洲の興」をもとに、大矢博三が描画したものである。印刷は、総務庁官需局印刷処でおこなわれた。この記念切手をつけた特殊郵便カードが、その年の十月と翌年の五月に発行された。

図91は、「大東亜戦争」勃発一周年を記念して、加刷切手が貼りつけられた封筒である。三分と六分の切手に加刷されたのは、「興亜自斯日　八・十二・八」という文字で、十二月八日が「亜細亜《アジア》を興す日」として位置づけられたことがわかる。翌年十二月には、満洲国は、一般国民に日本の戦争遂行に貢献するように周知させるため、書状用六分切手の記念切手を発行した。このときのデザインは、増産に邁進している産業戦士を描き、これに努力増産、協助聖戦などの標語を加えたものである。印刷はグラビアで、四〇〇万枚が販売された（『切手文化』二八―六）。

一九四五年五月には、同じ主旨で一〇角記念切手が発行された。大矢博三のデザインでは、円の中に篆書体の「一徳一心」、円の周辺に一〇角の文字が配されている。印刷は、総務庁官需局印刷廠によった。これが満洲国最後の切手となった。図92上・下にあげた「練習機と教官と生徒」「戦闘機隼を見送る母と子」と称される二種の切手は、デザインが考案されたものの、結局は発行されず、幻の切手に終わってしまった（吉林省集郵協会　二〇〇五）。

旅と観光の終焉

一九四一年五月、ジャパン・ツーリスト・ビューローは時局に呼応して東亜旅行社と改称した（四三年には東亜交通公社と改称）。年末に勃発した太平洋戦争によって外国からの旅客は途絶えてしまったため、翌年には、日本と中国大陸、南方と諸地域の往来に携わることになった。しかし、しだいに民間企業体としての存続は困難となり、国策事業体として鉄道省下の傘下に入り、財団法人に改組された（日本交通公社　一九八二）。

一九四四年二月には、戦局の影響で、旅客・荷物の輸送制限が施行された。鉄道省が貼り出したポスターには、中央に「勝ち抜く為の輸送だ！」、その両脇に「止めよ不急の旅行」「捧げよ吾等の協力」の標語が印刷されていた。輸送エネルギーである石炭を節約するためにも、必要のない旅行はやめるようにとの指示だった。

じつは、日中戦争後も鉄道の利用客は増えこそすれ、減ることはなかった。たとえば、一九三七年を一〇〇とすると、一九四四年の旅客は四〇一、貨物は一八〇に増加していた。列車の乗車率も、多いときだと奉山線一三〇％、安奉線一五〇％、京図線一一〇％にも及んでおり、列車のなかはすし詰め状態、あるいはその限度を上まわっていた。

しかし、一九四四年三月三十日には、決戦能力を高めるために、重要物資の輸送が最優先されることが再確認された。それを効率的にするために、満鉄や朝鮮鉄道のダイヤが改正され、二日後には、日本・満洲国・中華民国を連絡する運輸に戦時戦略措置が施された（資④一九四四・二・一、三・一八、三・三〇）。このとき、旅客列車は大幅に削減され、日本国内では一〇〇キロ以上の旅行には警察署の証明が必要になった。世の中は戦時一色で、すべてのことに対して戦争遂行が最優先されることになった。

用紙やインクの不足で苦しむ新聞も、各地の日本軍の戦闘状況を知らせる以外は、「報国公債」の購入を勧めるか、貯蓄を増やすことくらいしか書くことがなく、じつに空疎な内容になっていた。すべての弘報メディアが伝える情報は、戦争推行のためのプロパガンダ以外の何ものでもなくなっていたのである。

gallery 9

図79　建国10周年記念絵はがき「於建国十周年祝賀会謹供宸覧之慶祝舞踏」の部分（1941年）

図80　興亜国民動員大会記念特殊通信日附の消印（1942年）

図82　建国10周年記念切手（二銭切手、1942年）

図81　建国10周年記念切手（四分切手、1942年）

図83　絵はがき「民族協和図」を利用した絵はがき「五族協和」

図85　建国10周年記念切手
（六分切手、1942年）

図84　建国10周年記念切手
（三分切手、1942年）

図86　熱河作戦ポスター(大人版、1933年)

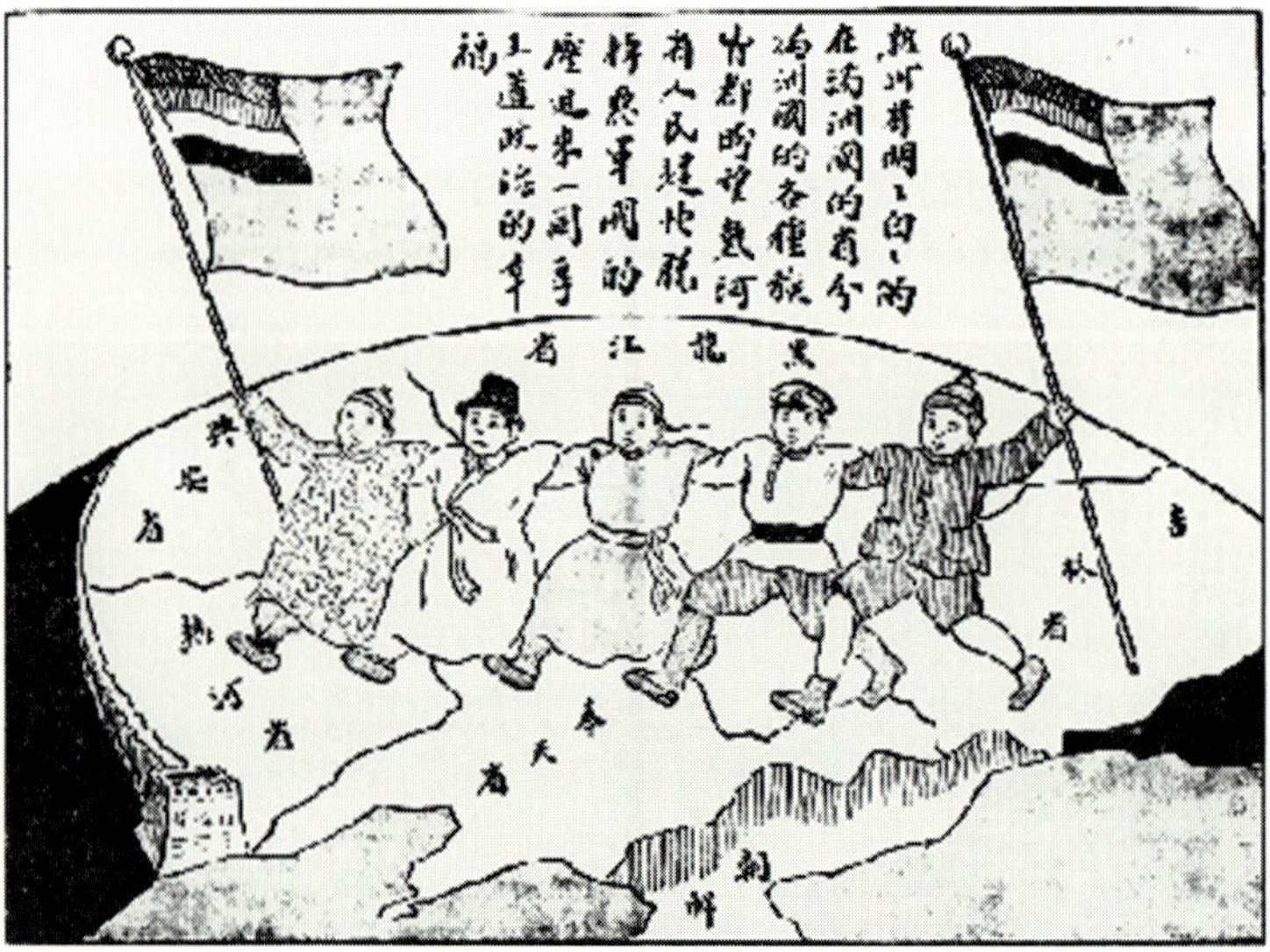

図87　熱河作戦伝単(子ども版)

図88　察南自治政府成立記念ポスター「民族協和」(1937年)

図89上　満洲建設勤労奉仕隊ポスター
「意気だ 力だ 建設だ」(コピー)

図89下　満洲建設勤労奉仕隊ポスター
「意気だ 力だ 建設だ」(コピー)

図90　国民勤労奉公法施行記念封筒・切手（1943年）

図91　大東亜戦争勃発１周年記念封筒・切手（1942年）

図92上　発行されなかった大東亜戦争勃発１周年記念切手（三分切手）

図92下　発行されなかった大東亜戦争勃発１周年記念切手（六分切手）

epilog

エピローグ　人々は満洲メディアをどう見たか

満洲イメージがもたらしたもの

一九二三年、中国で反日運動が高まっているときに、満洲にいる漢人有力者が、満鉄地方学務課のひとりに次のように語っている（満鉄地方学務課　一九二三）。

卿等ハ軽薄ナル皮相ノ観察ヲ以テ如何ニモ洞察シ尽シタル様ナ言語ヲ吐ク事ヲ好ムカラ世界ノ到ル処デ排斥ノ声ヲ聞ク様ニナルノデアル……日本人ハ西洋人ノ所論ヲ崇拝スルニ拘ラズ、我々支那人ニハ西洋ヨリモ日本ノ方ヲ一段高ク見ヨト云フカラ可笑シクナル。

彼の歯に衣を着せぬ物言いには、いろいろなご意見もあるだろうが、筆者にはこの言説が当時および現在の満洲国への日本人のまなざしに対する一種の警告として、なお意味をもっているように思う。

戦後満洲国に対する歴史的評価が「傀儡国家」と「理想国家」を両端とするベクトルを漂流していたと指摘されるものの、本書が取り上げた弘報をめぐる社会実態を見れば、日満間の「一徳一心」をめぐる支配の図式は、明らかに日本政府あるいは日本人に重きを置いており、理想とする「五族共和」とはほど遠かった実態が見て取れただろう。弘報政策の担当者や、弘報メディアの製作者、さらにはモデルまでもが、その多くが日本人であり、満洲国という国家宣伝のために現地の人々が介在する余地はほとんどなく、あったとしても副次的な役割しか果たせなかったのである。

弘報の目標は、満洲国の住民への宣伝あるいは宣撫であり、日本人に対しては満洲国に対する認識の向上、さらに海外に対しては満洲国の承認にあった。しかし、戦局の緊迫、戦時総動員体制への傾斜のなかで、満洲国にいる日本人以外の九八％以上の現地住民は、被支配者としてだけではなく、ときには統治の対象という位置からもはずされてしまった。当時の日本人が使っていた「満人」とは、あくまで日本人イメージの中の虚像にすぎず、「満人」の社会的文化的な背景に対する考察は必要とはされなかった。このことを示す興味深い事例がある。

一九三二年、国民政府の指示を受けた郵政職員たちが、郵便局を閉鎖して関内（万里の長城以南）に引き上げようという緊張した状態のなかで、郵政司長となった藤原保明が、現地職員に対して、次のような説得を試みた（回想の満州郵政刊行会　一九六四）。

君等は大部分満州人であろう。満州が独立して結構ではないか、それに君らが言葉や風俗も違う中国に行ったらどうなると思う。郷里には親や兄弟も居るであろうが一人彼等と別れて行ってもよいのか、若し現職に止ってくれるなら身分待遇を保証するばかりではなく少くとも一級くらいは俸給も上げてやろう、而し引上げ後復職を希望してもそれは受付けないよ、と口を酸っぱくして口説いたが何等の反応もなかった。

当時の日本人が「満人」と呼ぶ人たちのほとんどが、じつは漢人だった。藤原の頭のなかには、満洲人と漢人とがいずれも漢語を話し、ともに中華文化の担い手であることが理解できてはおらず、満洲にいる住民だから「満人」に違いないと、はなから考えていたのだろう。否、むしろ「満人」という言葉に、満洲人と漢人を混在させて使うほうが、満洲国の正統性をアピールするうえで都合がよかったのだ。

　藤原のように、日本人が大陸満洲に描くイメージを検証すると、これがあくまで日本的な視点からのものにすぎず、現地の実情や、住民の社会文化を理解しない、あるいは気づいてもどうにもならない状況が、日本と満洲国との相互理解を阻害していたことが浮かび上がってくる。

　日本と満洲国と植民地朝鮮をトライアングルとして見た場合、「日満一徳一心」「内鮮一体」「満鮮一如」というスローガンが発せられても、日本人と漢人、日本人と朝鮮人との間には「意思の不可通性《インコミュニカビリティ》」といった問題が終始つきまとったのである。満洲国と植民地朝鮮の間では、天照大神を積極的に祀るか消極的に受容するかの違いはあるにせよ、戦時体制のなかで動員体制が強化されると、大東亜共栄圏というイデオロギーのなかで、「日本」との一体化がはかられた。そこでは、祖先崇拝や伝統的慣習が捨象され、単一の宗教的・軍事的イデオロギーによって、三国間の統合をはかるというメカニズムが働いたのである。

　弘報という宣伝力以上に無力だったのは、情報力であっただろう。政府中枢部だけでなく、行政機関や、末端の軍事組織においても、企画を立て戦略を統括する一部の指導者は、収集される情報を読み解けず、あるいは読み解く必要性も感じず、ひたすらに自分が考えた計画や戦略に拘泥し、事態を悪化させていったことは歴史が証明している。

　また、みずからを理解してもらうために相手に対して可能な限りアピールするという本来の弘報機能を重視するよりも、武力や警察力、あるいは政治的恫喝によって相手の口を封じつつ、相手の黙認を待つことで同意が得られたと決着をつけるというやり方のほうが有効であると思われていたのだ。ある意味、この方法は、「民主主義国家」になった現在の日本においても、まかり通っているかもしれない。そこには相互の認識や理解を前提とする対等な国際交流など生まれることはなく、自国に都合のいいポリティックスでもって、相手国から利益を得るという一方的なやり方しか見えてこない。

当時の満洲国で展開された政治が、漢人や朝鮮人が祖先に対してもつアイデンティティを捨てさせることで、日本的な統合の形を押しつけようとしていたことは間違いない。そして、溥儀《ふぎ》のように、そうした日本の独善性を利用してまで、みずからの保身をはかろうとした現地住民がいたことも否定できない事実なのである。満洲国は、多民族国家であったにもかかわらず、それぞれのエスニシティ、あるいはそこに介在するアイデンティティに対して、日本人はあまりにも鈍感であったといわざるを得ない。

しかし、そのことに気がついた日本人もいたことは確かである。たとえば、弘報処宣化班鎌田正が「郵便切手の国家弘報的使命」のなかで、次のように述べている（資⑥五二）。

> 殊に満洲国は国民の大多数が所謂満系と呼ばれる漢民族であり、その他に白系ロシア人等の異つた民族も混成してゐて、それぞれそれ自身独特な文化を有つてゐるのである。そして切手の企画、製作、発行は殆んど日本人が指導的地位にあるのだから、慎重な注意が必要なのである。日本人のみの考へで独善的な態度を以て製することは許されない。絶へず各民族の有する文化を研究し、建国精神に則してそれを批判、助成し、教養ある階級にも又無学な農夫、苦力等にも、一枚の切手によって満洲国の発展を偲ばせ、満洲国民の一人としてこの土地に安住楽居出来る喜びを味はしめる様にしなければならぬ。

日本人が、ステロタイプ化された満洲イメージに呪縛され、見逃していたことがある。すなわち、大陸中国における都市と農山村部との格差についての理解は、当時の、そして現在でも、一部の日本人の力では及び難いものがあった。それは、日本人が満鉄沿線の都市部に沿って増大したことも起因していた。

満鉄沿線の主要大都市では、弘報政策がはなばなしい活動実績とともに記録されているが、非都市圏域においては、その有効性さえ疑問視されていた。そのことは、じつは『宣撫月報』において、最前線で弘報活動や宣撫工作・特務工作に携わっている者から寄せられている文章に、よく表われている。たとえば、一九四〇年代、弘報処参事官だった高橋源一によれば、県弘報活動が「冬眠仮死状態」であり、宣撫官の間でさえ、日本人的な「不言実行」「雄弁は銀、沈黙は金」という諺を金科玉条として、弘報宣伝を軽侮する傾向は相当に根強いと指摘して、次のように述べている（資⑥四八）。

いかに、中央が大車輪になつて、広報活動を行つていても所詮空転の感を免れ得ないであらう。新聞、映画、ラヂオ等の光被する範囲は限定されているし、宣伝せねばならぬ対象はむしろ、これらの網からはづれている一般の国民生産者層であるからだ。

この言は至極もっともなものであり、高橋ら地域に密着して弘報活動をする者は、しばしば無力感にさいなまれていた様子がうかがえる発言であった。

ポスターの効果？

では、ポスターのほうは、当時、どのように見られていたのだろうか。その効果を率直に記す貴重な記録がある。一九四一年十月に実施された第一次弘報職員訓練には、満洲国政府の職員や協和会職員が加わっており、新京市内の街頭宣伝の実情を調査して、その感想を残している（資⑥五九）。これらは、いわば弘報担当者内部からの「告発」であった。

協和会中央本部指導部の大村次則（三五歳）によれば、ポスターの貼付場所については「一般に貼布の場所注意の行き届かざるを見る」、またポスター画像については「一般に通行人の注意を喚起する体のポスター少し。更に彩色ポスター中には四色、五色のものあれどその色彩の効果を挙げたるもの少く単に経費の徒費に過ぎざると見らるるものもあり、使用文字については一目瞭然ポスターの効果を挙げる様文字の大きさを望む」と苦言を呈している。

興南県政府地方職員訓練所主事の帯津繁雄（三〇歳）の感想では、「街頭にポスターが多数見受けられたるも、掲示場所、方法必ずしも適切とは謂ひ難く、中にも三中井百貨店前の塀には三尺間隔に一枚宛貼付しあり殆んど顧り見る者なく量多きも効果少きものの如し」と、さきの大村と同様に、掲示場所などの問題で、ポスターを振り返る人がないことを指摘している。

興北県政府総務科属官の森徹郎（三六歳）は、せっかくの広告塔が利用されておらず、ニュース広告板も汚くてあきれるような状態であり、「宝山までの間だけでも種々のポスターが利用されていたが、注目されたのは二三の映画広告のみ、これも今少し趣向を変へれば効果的だらうと考へる」と述べている。

四平県政府総務科属官で弘報主任の安藤敏之（三〇歳）は、「『愛国航空債券売出し』、健康宣伝『結核の一人も居ない隣組』等右二例を見るに何等魅力も感激もない。通り一偏《ママ》的な如何にも仕方なしに義理に出して居るかに見られる。結核予防もいいが日本語だけで満洲語のものは見当たらない。今少しく、企画方面も実施方面も積極的な親切な、真剣なものを望む」と、言語上の問題を指摘する。以上が日本人の感想である。

一方、現地住民から見た場合、ポスターの感想はいかなるものだったのだろうか。熱河省政府総務科高試の姜尚文（二五歳）は、安藤の感想と同様に、「新京に於て市内を廻つて見ると満語で翻訳されたる宣伝品は見られました。一寸見た処は多少満語で不通の点は沢山あります」と述べ、「日満文の写き方は違ふ為翻訳する場合は日文の固有名詞に限定されない様に満文式を取ること」などの提案をおこなっている。おそらく日本人による漢語翻訳に問題があるために、ポスター宣伝の意味が通じないことを、じつに遠慮がちに指摘しているのだ。筆者でさえも、満洲国の伝単を調査していたときには、ときにはあまりにも日本語的な漢語ビラに出会って苦笑することも少なくなかったのである。

もうひとり、龍江省協和会本部職員賀鉄華（二八歳）も、ポスターの内容について「あまりに抽象的すぎて具体性に欠けているため、ある行事の名称やその概念を示すにすぎず、見る者に印象的な啓示を示すことができていない。そのため、見る者の反応を喚起することがきわめてむずかしくなっている」と、デザインや構成上の問題を指摘している。

では、ポスターや伝単に代わって重視されるようになったラジオや映画について、弘報担当者はその効果をどのように捉えていたのだろうか。

弘報処参事官岸本俊治は、太平洋戦争勃発直後の弘報処の状況について、次のように述べている。

我国弘報機関の現状はその中核をなす新聞、ラジオ、映画に於てさへ極めて貧弱な状態にある。即ち新聞発行数約六〇万、ラジオ聴取者約四五万、映画館一八〇といふ状況で、この内新聞読者層とラジオ聴取者層の如きは殆んど重複して居り而も之等の数の二分の一乃至三分の一は日系が占めて居るといふ実に寒心すべき実情なのである。尚民度の極めて低いしかも複雑な民族を抱擁している我が国情に於いては新聞、ラジオ、映画等にのみ頼つて居ては弘報の目的は断じて完遂せられない。

多くの人材と、莫大な経費をかけておこなった、弘報政策を含めたメディア戦略による効果は、その担当者にさえ、懐疑心をもって受け取られていたのである。

私たちが、満洲国を通じて得られる教訓は、国家間というよりは、むしろ民族間あるいは集団間における相互理解度を高めつつ、交流を促進していくという点にあるのだろう。そうした点からいえば、相手に自分たちを理解してもらうという弘報という戦術は、けっして悪しきものであるとはいえない。弘報処参事官の高橋のことばにもあったように、日本人的な「不言実行」「雄弁は銀、沈黙は金」という姿勢は、いまの国際社会でも通じはしない。満洲国という過去の鏡を照らしてみるならば、現在の日本政府が進めるパブリック・ディプロマシー戦略が、他国に比べて、あまりにも形式的で内実のないものになっている、と現状に危惧しているのは、筆者だけではあるまい。

描かれなかったイメージ

当時の絵はがきやポスターは、その実数が把握できないほど膨大な量が、いまも古本市場やオークションに出まわっている。それらを通じて、あたかも、当時の景観や社会風俗が再現できるかのように、表象論的理解をする向きもある。しかし、当時、何が描かれ、そして何を描くことが許されなかったのかは、検討すべき課題として残っているのではないか。最後にこの点について触れて終わりたい。

日本が関東州を租借地として支配して以降、港湾・鉄道などに、多くの軍事施設が設置された。こうした軍事施設のいくつかは、軍の機密にかかわるものもあったため、一九〇八年三月に「関東州防御営造物地帯令」が公布され、旅順の特定の地域への立入りや、いくつかの施設の撮影は、要塞司令官か、旅順要港司令官の許可が必要であることが公表された。同時に、「要塞地帯法」でも、同様なことが定められ、絵はがきであれ、写真であれ、これまた要塞司令官・鎮守府司令官・要塞部司令官築城部部長の許認可が必要とされる場所、事象があった。そのため、当時、逓信省や関東庁が発行する記念絵はがきや軍事郵便にも、これらの法令が適用され、多くの絵はがきや写真に、「旅順要塞司令部検閲済」との文言が印刷されている。これは、関東州だけではなく、日本内地では「下関要塞司令部許可済」の語が印刷されている絵はがきもあった。

日中戦争が起こった一九三七年、総務庁次長会議で「軍機保護法」が採択され、翌年二月には「軍機保護法施行規則」が制定された。その結果、軍用の駅・港湾・飛行場、軍需資源産出地、通信施設、軍需品工場、軍需品貯蔵所などは、基本的に撮影が認められなくなったのである。

関東州や満鉄附属地、軍用施設にかかわる風景、そして旅順の町全体を描くものには、ほとんど「旅順要塞司令部検閲済」の文言がつけられていたことが容易に確認できるだろう（東亜旅行社満洲支部　一九四二）。撫順の露天掘の風景、本渓湖や鞍山の鉱山を写した絵はがきに「旅順要塞司令部検閲済」の文言が印刷されていたのも、こうした理由からだった。ご存知かとは思うが、日本国内でも、一九四〇年以降は、鉄道やトンネルなども軍事施設と同様な扱いとされたため、これらを被写体とした写真は少なく、鉄道マニアにとっては空白の時期になっているのである。以上のことは、関東州や満鉄附属地、日本内地の例だが、治外法権撤廃以前には、満鉄附属地以外の満洲で、同様な被写体を扱う場合、やはり関東軍の許可を必要とした。

また、朝日新聞富士倉庫写真のなかには、山・地平線・道路・兵器・軍人に修正の指示が入っているものが見られるが、これらはすべて軍の機密扱いの対象として、関東軍に検閲を受ける前に、新聞社自体が自己規制して修正した例である。

こうした事例は、一九三七年五月十九日に朝日新聞満洲支局から、本社の小倉社会部長に宛てられた手紙にも触れられていた。この手紙には、満洲国国務院総務庁情報処の写真班が撮った写真にも、「要塞地帯法」などの適用があったことが記されている。検閲問題に関する限り、関東軍は満洲国政府よりも上位の監理機関だったため、弘報機関が検閲機関に検閲を加えられることもあったことは否定できない。それ以上に、この手紙で驚いたことは、興安北省（現在の内蒙古フルンボイル盟）にあるコサックの楽園といわれた三河地方の「白系露人」の生活状況に関する写真も、関東軍の検閲が必要だったことが記されていたことである。検閲対象は、軍事施設だけでなく、景観・インフラ・人や集団にまで及んでいたのである。

このように、当時の絵はがきや写真といえども、描かれなかった／描いてはいけなかったイメージが存在した。世の中には、検閲制度をクリアしたものだけが印刷メディアとして登場していたのである。エフェメラル・メディアに対する私たちの見方も、印刷されたポスター・絵はがき・切手を、ノスタルジーでもって鑑賞するだけでなく、世の中に登場できなかった被写体やイメージにも注意を向けることが必要だろう。そうした意味で、朝日新聞富士倉庫写真は、一級の検討資料であるといえる。

あとがき

横浜から京都に居を移してから、はや二ヵ月がすぎる。五年あまりかかった研究を、京都で結実させることになるとは思ってもいなかった。

本書で参照したポスターや伝単（宣伝ビラ）の多くは、鳥取県西伯郡南部町にある祐生出会いの館と、函館市中央図書館とが所蔵するコレクションを利用させていただいた。また、絵はがきや切手は、筆者が古書店をまわり、オークションに参加して収集してきたものである。

このうち、祐生出会いの館が所蔵する満洲ポスターや伝単との出会いは衝撃的だった。二〇〇四年のことだったか、友人の富澤芳亜さん（島根大学）の一言をきっかけに、同館の稲田セツ子さん、米子大連を語る会のみなさんの協力を得て、調査に乗り出した。こうした調査の様子を、ＮＨＫの鎌田智子記者は、二〇〇五年八月十五日放映の「終戦六〇年特集」などで取り上げてくれた。

このポスターや伝単との出会いをきっかけとして、函館市中央図書館所蔵の満鉄関係ポスターや戦前の絵はがきの調査も進めたが、これらについては奥野進さんの熱心な協力のおかげで成果をあげることができた。さらに、朝日新聞大阪本社所蔵の富士倉庫写真からは、永井靖二さんらの協力を得て、満洲国成立前後の弘報・宣伝活動の実態を写す写真を見つけだすことができた。

その後も、ほそぼそながら絵はがきを収集するかたわら、日本全国に所蔵されている弘報メディアを調査してきた。たとえば、東京大学大学院情報学環・学際情報学府所蔵の内閣情報部資料、財団法人東洋文庫の図画像資料、鉄道史家中村俊一朗さんの鉄道コレクションなどであるが、日本にはまだ調査されていない資料群、公開されていないコレクションが少なからずあることがわかってきた。

こうした各地での調査が契機となったのか、二〇〇七年一月、『図書新聞』から、内藤陽介さんの『満洲切手』の書評執筆の依頼があり、このことがきっかけとなって、戦前の切手や切手趣味社が発行する出版物についても調べ始めた。そのほか、ユーチューブYou Tubeなどに公開されている戦前の動画や、SP盤に記録された流行歌や講談・漫才も研究対象とするようになった。これら残された図画像・映像、そして音の資料群は、エフェメラルなメディアでありながら、戦火を潜り抜けて残されたモノとして、いまも私たちに何かを語りかけようとしている。

また、本書を執筆するにあたって、この五年あまりの間に、貴重な資料が次々と復刊されたことも好運だったと思っている。詳しくは、目次末尾の「資料略号」にあげたリストを見ていただきたいが、これらの復刻された資料は、本書を執筆するうえで欠かせない重要な資料であった。復刊事業に尽力された編者の方々や出版社のご尽力に敬意を表したい。

ところで、筆者が満洲史研究に着手するようになったのは、恩師西村成雄先生（大阪大学名誉教授）や、大学院時代から指導していただいている中見立夫先生（東京外国語大学AA研）の影響が強い。とりわけ満洲国における弘報機関に関心をもつきっかけになったのは、二〇〇四年、井村哲郎さん（当時新潟大学）・川島真さん（東京大学）とともに、NHKの塩田純さんたちのハイビジョンスペシャル「遺《のこ》された声―ラジオが伝えた太平洋戦争」の製作に協力したときだった。この頃、中国吉林省檔案館で、初めて日本放送協会や満洲電信電話株式会社がおこなった戦前のラジオ放送の録音盤二二〇〇枚が公開されたのである。取材協力の過程で、ＮＨＫからは、満洲国時代のラジオ放送についてさまざまな問い合わせがあったが、満洲国国務院総務庁弘報処（旧情報処）の役割について充分な解説ができなかったことが残念だった。比較的知られている関東軍の特務機関や満鉄の調査部と違って、弘報処の役割については謎が多かったのである。このことがきっかけとなって、その後、弘報処について研究を続けることになった。

ただ、当初は、図画像資料の調査活動に終始し、収集できた資料に目と耳を傾け、じっくり思索を進める余裕がなかった。ところが、二〇〇六年から平野健一郎さん（東京大学・早稲田大学名誉教授）を中心とした東洋文庫現代中国研究班の共同研究に加わり、二〇〇八年から劉建輝さんを中心とした国際日本文化研究センターの「満洲」学の整理と再編プロジェクトに参加したことがきっかけとなって、ようやく本書をまとめることができた。今回執筆の機会をいただいた吉川弘文館編集部とともに、お二人の先生には心より感謝申し上げたい。

最後に、私的なことながら、筆者がポスター熱に浮かされている間も、最愛の母は末期癌と戦っていた。二〇〇八年七月、母は力つきて旅立ったが、その母の墓前に本書を捧げたいと思う。何事にも熱中しがちな筆者に「健康が一番！」と言い続けてくれた母。この一言を忘れないように、新たな研究の拠点である京都で、研究活動に精進していきたいと思っている。

二〇一〇年五月

京都の庵にて

貴　志　俊　彦

主要参考文献

日本語文献

朝日新聞社「写真が語る戦争」取材班　二〇〇九『朝日新聞の秘蔵写真が語る戦争』朝日新聞社

天野博之　二〇〇九『満鉄を知るための十二章―歴史と組織・活動』吉川弘文館

磯村幸男　一九八八「満鉄調査関係者に聞く24―満鉄の情報・弘報活動」『アジア経済』二九―四

井村哲郎　一九九三「満洲事変後満鉄海外弘報・情報活動の一齣―ヘンリー・W・キニー覚書」『アジア経済』三四―一〇

大阪商船株式会社　一九三四『大阪商船株式会社五十年史』大阪商船

大谷幸太郎　一九九五「『辺界』から『大富源』へ―日露戦争前夜の満州ヴィジョン」『比較文学』三八

回想の満州郵政刊行会　一九六四『回想の満州郵政』

川瀬千春　二〇〇〇『戦争と年画―「十五年戦争」期の日中両国の視覚的プロパガンダ』梓出版社

貴志俊彦　二〇〇七「満洲国の情報宣伝政策と記念行事」平野健一郎編『日中戦争期の中国における社会・文化変容』（『東洋文庫論叢』六九）

貴志俊彦　二〇〇八「戦争とメディアをめぐる歴史画像デジタル化の試み―満洲国ポスター&伝単データベース」『アジア遊学』一一三、勉誠出版

貴志俊彦　二〇一〇「日中戦争期、満洲国の宣伝と芸文―甘粕正彦と武藤富男」エズラ・ヴォーゲル、平野健一郎編『日中戦争期中国の社会と文化』慶應義塾大学出版会

久保田覚己　一九四〇『満洲帝国建国八周年記念祝典報告書』社団法人日満中央協会（三康図書館所蔵）

小林英夫・張志強　二〇〇六『検閲された手紙が語る満州国の実態』小学館

駒込　武　一九九六『植民地帝国日本の文化統合』岩波書店

高　媛　二〇〇五「観光の政治学―戦前・戦後における日本人の『満洲』観光」（東京大学博士論文・甲第一九七九五号）

高　媛　二〇〇八「戦地から観光地へ―日露戦争前後の『満州』旅行」『中国21』二九
国務院総務庁情報処　一九三四『即位大典紀念写真冊』
国務院総務庁情報処　一九三五『満洲国仮節日』（三康図書館所蔵）
佐野眞一　二〇〇五『阿片王―満州の夜と霧』新潮社
島田健造・友岡正孝　二〇〇九『日本記念絵葉書総図鑑』日本郵趣出版
ジャパン・ツーリスト・ビューロー　一九三七『回顧録』ジャパン・ツーリスト・ビューロー
ジャパン・ツーリスト・ビューロー　一九三八『奉天から北京へ』ジャパン・ツーリスト・ビューロー
上甲　昇　一九九二『日本航空輸送史・輸送機篇一』（自費出版）
沈　潔　一九九六『「満洲国」社会事業史』ミネルヴァ書房
鈴木邦夫　二〇〇七『満州企業史研究』日本経済評論社
大連市役所　一九三四『大連市催満洲大博覧会誌』大連市
立川増吉　一九三九『満洲資源館要覧』改訂版、南満洲鉄道株式会社満洲資源館
田中総一郎　一九四〇『満洲の新聞と通信』満洲弘報協会
中央委員会　一九三二『慶祝承認大会』新京交進社印刷工廠印刷（国会図書館所蔵）
中央委員会　一九三三『建国周年紀念（日訳）』（国会図書館所蔵）
塚瀬　進　一九九八『満洲国―「民族協和」の実像』吉川弘文館
津金沢聡広・有山輝雄　一九九八『戦時期日本のメディア・イベント』世界思想社
土屋礼子　二〇〇八「エフェメラとしての戦時宣伝ビラ舵手―FELO資料の場合」『アジア遊学』一一一、勉誠出版
東亜事局研究会　一九三三『大満洲国』上・下
東亜旅行社満洲支部　一九四一『東亜旅行年鑑』
内藤陽介　二〇〇六『満洲切手』（『角川選書』四〇〇）、角川書店
成田　弘　一九九八「満州国・中国への航空郵便と軍事航空郵便」『郵趣研究』一九九八秋号
西原和海　二〇〇六「満洲における弘報メディア―満鉄弘報課と『満洲グラフ』のことなど」『国文学：解釈と教材の研究』五一―

五

西原征夫　一九八〇『全記録ハルビン特務機関―関東軍情報部の軌跡』毎日新聞社
日本交通公社社史編纂室（日交）一九八二『日本交通公社七十年史』日本交通公社
日本郵趣協会　一九七七『(復刻)関東逓信三十年史』日本郵趣出版
波多野勝　二〇〇七『昭和天皇とラストエンペラー―溥儀と満州国の真実』草思社
平山　昇　二〇〇六「『日鮮満』を結んだ鉄路と航路―関釜連絡船・朝鮮鉄道・満鉄」『地理と歴史』五九二
檜山幸夫　一九九七『日清戦争―秘蔵写真が明かす真実』講談社
満洲国協和会中央事務局　一九三五『満洲国協和会』（祐生出会いの館所蔵）
満洲建国十周年慶祝会事務局　一九四二『満洲建国十周年慶祝会要覧』（三康図書館所蔵）
満洲国国務院総務庁情報処　一九三三『慶祝承認周念紀念大会（日訳付）』（国会図書館所蔵）
満洲国史編纂刊行会　一九七一『「満洲国史」各論』満蒙同胞援護会
満洲国政府　一九三七『国都建設紀念式典に就て』（祐生出会いの館所蔵）
満洲国民政部　一九三九『満洲国体育行政概要』（国会図書館所蔵）
満洲帝国臨時国都建設局　一九三八『国都建設紀念式典誌』（函館市中央図書館所蔵）
満蒙資料協会　一九四〇『満州紳士録』第三版（一九八九、日本図書センター復刻本『満州人名辞典』）
南満洲鉄道株式会社（満鉄）一九三七『南満洲鉄道株式会社三十年略史』南満洲鉄道
南満洲鉄道株式会社（満鉄）一九三八『満洲と満鉄』昭和十三年版、南満洲鉄道
南満洲鉄道株式会社（満鉄）一九七四『南満州鉄道株式会社第二次十年史』上・下（一九七四、原書房復刻本）
南満洲鉄道株式会社（満鉄）総務部資料課　一九三四『満洲事変と満鉄』（一九七四、原書房復刻本）
南満洲鉄道株式会社（満鉄）地方学務課　一九二三『華人ノ観タル日本人』（三康図書館所蔵）
宮川善造　一九四〇『人口統計より見たる満洲国の縁族複合状態』満洲建国大学研究院（国会図書館所蔵）
武藤富男　一九八八『私と満州国』文芸春秋
山内佐太郎　一九四二『満洲建国十周年慶典に参加して』私家版（国会図書館所蔵）

山口淑子・藤原作弥　一九八七『李香蘭私の半生』新潮社
山室信一　二〇〇四『キメラ―満洲国の肖像』増補版、中央公論新社
ヤング、ルイーズ　二〇〇一『総動員帝国―満州と戦時帝国主義の文化』岩波書店
『満州の記録―満映フィルムに映された満州』一九九五、集英社

中国語文献
愛新覚羅溥儀　一九六二『我的前半生』群衆出版社（邦訳は新島淳良・丸山昇訳『わが半生』一九六五、大安。小野忍他訳『わが半生』一九七七、筑摩書房）
愛新覚羅溥儀　二〇〇九『我的前半生』全本、群衆出版社
解学詩　二〇〇八『偽満洲国史新編』修訂版、人民出版社
吉林省集郵協会　二〇〇五『毋忘国恥―従偽満洲国郵票看日本侵華罪行』人民郵電出版社
孫　邦　一九九三『偽満文化』吉林人民出版社

英語文献
Tamanoi, M. A., 2005 *Crossed Histories: Manchuria in the Age of Empire*, AAS and Univ. of Hawaii.

図表一覧

［口　絵］

1　即位大典記念ポスター「大満洲帝国万歳」　即位大典中央委員会製作　川口印刷所新京工廠印刷　一九三四年三月一日【A】
2　満洲事変記念ポスター「想起九月十八日」　満洲帝国協和会製作　一九三二年九月十八日【A】
3　満洲国承認記念ポスター「慶祝九・一五承認紀念　同徳同心共存共栄」　満洲帝国協和会製作　一九三三年九月十五日【A】
4　満洲国建国一周年記念ポスター「国運飛騰　大同二年三月一日　慶祝建国周年紀年」　奉天省公署製作　奉天省公署印刷局印刷　一九三三年三月一日【A】
5　即位大典紀年ポスター「大満洲帝国万歳　王道之光普照全球」　満洲国軍政部製作　小林又七商店大連支店印刷　一九三四年三月一日【A】
6　訪日宣詔記念ポスター「訪日宣詔紀念　五月二日」　満洲帝国協和会中央本部製作　一九三五年五月二日【A】
7　国都建設記念ポスター「天は開け地は闢く　来れ！　国都大新京へ」　満洲国政府国務院国都建設局製作　新京世界堂印刷　一九三七年【A】
8　五族協和ポスター「五色이 찬란한　満洲国旗아래서　五族이 共存共栄하자」　満洲国協和会製作　奉天省公署印刷局印刷【A】
9　五族協和ポスター「保甲社会　五族共栄」　満洲国治安部警務司製作　一九三三年十二月【A】
10　日満親善ポスター「日満同心合力維持東亜平和」　吉林省警備司令部製作　一九三四年三月一日【A】
11　日満親善ポスター「親愛的小朋友們　満洲国好朋友們　来来来　咱一斉拉手吧　拉着手唱着玩儿　好楽土的満洲国啊」【A】
12　日満親善ポスター「日満携手　万民歓欣」【A】
13　満鉄ポスター「南満洲鉄道株式会社」　伊藤順三デザイン　南満洲鉄道株式会社製作　凸版印刷株式会社（東京）印刷【B】
14　鮮満案内所ポスター「開け行く大陸　鮮満の旅」　鮮満案内所製作　凸版印刷株式会社（東京）印刷【A】

〔本　文〕

プロローグ　満洲国のメディア戦略と弘報

図1　『我的前半生』（全本）　群衆出版社　二〇〇七年　【E】
図2　満鉄絵はがき「満洲鉄道図　昭和十一年三月一日現在」　一九三六年　【E】
図3　関東洲絵はがきセット「始政一周年記念」の一枚　関東都督府郵便電信局発行　東京印刷株式会社印刷　一九〇七年　【島田　二〇〇九】
表1　国務院総務庁弘報処が制定した法規一覧　満洲国国務院総務庁弘報処編『弘報関係法規集』（一九四一年）より
表2　満洲国における公式行事　『宣撫月報』第五九号（一九四二年）より

1　「五族協和」と国家シンボル

図4　「県旗市庁別縁族別人口分布図」【宮川　一九四〇】
図5　絵はがきセット「ハルピン見物」の一枚　大正写真工芸所（和歌山）発行　【E】
図6上　大日本独立守備隊司令部製作のリーフレットに掲載された「満洲国国歌」【A】
図6下　満洲国建国一〇周年記念式典配布のリーフレットに掲載された「満洲国歌」「建国十周年慶祝歌」　一九四二年　【A】
図7　満洲国国旗をアピールするポスター「這是我們満洲国的国旗呀！　拿着這個目標建設王道楽十！」　一九三三年　【A】

2　「大富源」と「観光満洲」のはざまで

図8　満鉄絵はがき「満鉄の施設」【E】
図9　満洲資源館のパンフレット『満洲資源館要覧』の表紙　【E】
図10　満洲大博覧会記念ポスター「満洲大博覧会　大連市催」　谷口安弘デザイン　後藤画伯加筆　小林又七商店大連支店印刷　一九三三年　【B】
図11　大阪商船の満洲航路利用旅客数・荷物輸送料の年次別変化　大阪商船株式会社編『大阪商船株式会社五十年史』（一九三四

年）より
図12　絵はがき「（奉天）駅前広場より浪速通を望む」【E】
図13　満鉄・鮮満案内所の様子　満鉄製作の紹介フィルム「満洲の旅・内地編」より【D】
図14　鮮満案内所ポスター「見よ！楽土新満洲」古島松之助原画　凸版印刷株式会社（東京）印刷　一九三七年【B】
図15　満鉄・鮮満支案内所ポスター「鮮満支興亜の旅」【B】

3　「建国」と「承認」をめぐるイベント・メディア

図16　写真はがき「満洲国建国式の光景」一九三二年三月九日【E】
図17　自治指導部のポスター「東北同胞與東亜民族聯絡一致　列挙新政採列国文明協和万邦」一九三一年　満洲日日新聞社印刷所印刷【A】
図18　自治指導部のポスター「造成東北民衆的楽園」満洲日日新聞社印刷所印刷　一九三一年【A】
図19　反日を訴える伝単「日本対華政策」（コピー）一九二九年一月【C】
図20　壁に貼られたリットン調査団を歓迎する伝単　満鉄製作の記録ニュース「満洲におけるリットン調査団」より【D】
図21　リットン調査団歓迎ポスター「Manchoukuo : THANKS COMMISSIONERS AND SHE WANTS YOUR FURTHER ASSISTANCE」一九三二年【A】
図22　関東軍司令官武藤信義名義の通告「当日本帝国退出国聯之際諸新興満洲国三千万民衆」一九三三年三月【A】
図23　執政宣言記念ポスター「大満洲国万歳」奉天省公署印刷局印刷　一九三三年三月九日【A】
図24　満洲国資政局のポスター「MANCHOUKUO」凸版印刷株式会社（満洲）印刷　一九三二年四月一日【B】
図25　汪兆銘政権のポスター「同胞們！在五色国旗之下団結吧！」一九四〇年【F】
図26　即位大典記念ポスター「王道政治　民族協和」満洲帝国協和会製作　一九三四年三月一日【A】
図27　絵はがきセット「協和画片第一輯」の袋　満洲帝国協和会中央本部製作　一九四〇年【E】
図28　絵はがきセット「協和画片第一輯」の一枚「躍進満洲帝国協和会之全貌」（部分）満洲帝国協和会中央本部製作　一九四〇年【E】

図29　錦州城内に貼られたポスターを眺める群衆　関東軍宣伝班撮影写真より　一九三三年二月二十二日【C】
図30　熱河作戦ポスター「日本軍隊都是良家子弟　為国家為和平義務当兵的他們対搗乱份子非常厲害　然対商民很講情理　所以日軍到処没有不歓迎的」【A】
図31　熱河作戦ポスター「能明順逆的将士在満日共同提手之下一致維持和平力謀造成王道楽土　執迷不悟的乱賊当受天　誅血肉横飛死無葬身」【A】
図32　『満洲グラフ』広告ポスター「満洲グラフ　知れ満洲の実相！」一九三六年【B】
図33　満洲事変を記念する伝単「九、一八、二週年記念歌（独宣品第二〇号）」大日本独立守備隊司令部製作　一九三三年九月十八日【A】
図34　満洲事変記念ポスター「九月十八日―満洲事変勃発満一年」鶴田吾郎原画　一九三二年九月十八日【A】
表3　大日本独立守備隊司令部が作成した伝単（一九三二―三三年）

4　「建国一周年」をめぐる攻防
図35　「ミス満洲」のポスター「新興大満洲国」満洲国国務院総務庁情報処製作【A】
図36　「ミス満洲」ポスターのモデル少女　朝日新聞富士倉庫写真より【C】
図37　発行されなかった満洲国建国記念絵はがき「満洲国建国一周年」満洲国交通部郵政司製作　一九三三年三月一日【G】
図38　満洲国承認一周年記念ポスター「満洲国承認一週年記念」大日本独立守備隊司令部製作　一九三三年九月十五日【A】
図39　保甲法公布記念ポスター「保甲　部落防衛　匪賊」治安部警務司製作　満洲図書株式会社印刷　一九三三年十二月【A】
図40　「天国と地獄」の違いを示そうとする伝単「天国與地獄（独宣品第一一号）」大日本独立守備隊司令部製作【A】
図41　「天国と地獄」の違いを示そうとする伝単【A】

5　帝政への転換と日満関係
図42　ハルビンでの即位大典祝賀会　一九三四年三月一日【国務院総務庁情報処　一九三四】

図43　即位大典記念ポスター「帝土乎震」　即位大典中央委員会製作　一九三四年【A】
図44　即位大典記念年画「福自東来　万壽無疆　大同三年」　満洲国国務院総務庁情報処製作　新京世界堂印刷　一九三四年【A】
図45　即位大典記念ポスター「満洲帝国　民族協和　王道政治　王道楽土」　即位大典中央委員会製作　川口印刷所新京工廠印刷　一九三四年三月一日【A】
図46　即位大典の記念ポスターや伝単を見る中国人　満鉄製作の記録フィルム「満洲国曠大典」より【D】
図47　即位大典記念絵はがきセットの一枚「誕敷文徳」　鄭孝胥揮毫　一九三四年一月　満洲国交通部郵政司発行【E】
図48　娘娘廟会ポスター「娘娘廟会　坦坦王道　浩浩皇恩」　一九三四年【A】
図49　日満郵便条約締結記念絵はがきセット「日満郵便条約締結紀念」の一枚　伊藤順三デザイン　関東局発行　一九三六年【G】
図50　（上）「満日郵便条約」締結記念のために製作されたが発行中止となった絵はがきの一枚　（下）肖像写真を差し替えて発行された絵はがき　一九三六年一月【G】
図51　訪日宣詔記念絵はがきの一枚（甲の修正版）　満洲国交通部郵政司立案　大矢博三デザイン　満洲国交通部郵政司発行　一九三五年【G】
図52　一九四〇年当時の満洲国通信社の情報ネットワーク【田中　一九四〇】
図53　満映・松竹合作映画「迎春花」（一九四二年）　DVDのパッケージ【D】
図54　満洲国建国五周年記念ポスター「建国五周年記念」　小山宗祐デザイン　満洲国国務院総務庁情報処製作　興亜印刷局印刷　一九三七年三月一日【B】
図55　満洲国建国五周年記念絵はがきセットの一枚　満洲国交通部郵政司発行　一九三七年三月一日【E】
表4　満洲弘報協会による新聞・通信の統廃合状況　田中総一郎『満洲の新聞と通信』（満洲弘報協会、一九四〇年）より

6　日中戦争と弘報一元化
図56　国都建設記念ポスター「国都建設紀念」　猿田俊夫原画　満洲帝国政府製作　一九三七年【B】
図57　国都建設記念切手の原画　石川酵佑画【G】

図58　国都建設記念絵はがきセットの一枚　一九三七年九月【E】
図59　国都建設記念式典配布のパンフレットに掲載された「国都建設紀念歌」　一九三七年【A】
図60　治外法権撤廃記念ポスター「慶祝撤廃治外法権　促進日満一徳一心」　満洲帝国政府製作　一九三七年八月一日【A】
図61　治外法権撤廃記念絵はがきセットの一枚　一九三七年十二月【E】
図62上　満鉄提供の写真【G】
図62下　満鉄鉄道一万キロ達成記念切手「満鉄一万粁突破紀念」の原画　佐々木順画【G】

7　国防体制の強化と「健康満洲」

図63　国民精神振興建国体操会ポスター「国民精神振興建国体操会」（『朝日新聞』掲載のコピー）　一九三九年七月一日【H】
図64　紀元二六〇〇年慶祝満洲体操大会ポスター「紀元二六〇〇年慶祝満洲体操大会　哈爾浜市大会」（『朝日新聞』掲載のコピー）　一九四〇年【H】
図65　慶祝紀元二六〇〇年興亜国民動員大会記念絵はがき　満洲国協和会中央本部発行　一九四〇年【E】
図66　慶祝紀元二六〇〇年興亜大運動会記念絵はがき　満洲逓信協会発行　一九四〇年【E】
図67　満洲国赤十字社創立記念ポスター「満洲国赤十字社創立」（『朝日新聞』掲載のコピー）　一九三八年十月一日【H】
図68　満赤の活動をアピールするリーフレット「賛助満赤須有我・救護大業万人作」【A】
図69　満赤創立記念切手の原画　山下武夫画【G】
図70　皇帝溥儀訪日歓迎記念絵はがき　満洲逓信協会発行【E】
図71　臨時国勢調査普及ポスター「臨時国勢調査　国勢調査使命重大　繁栄我国前途光華」（『朝日新聞』掲載のコピー）　満洲国国務院総務庁情報処製作　一九四〇年【H】
図72上　臨時国勢調査記念切手（二分切手）　一九四〇年九月【E】
図72下　臨時国勢調査記念切手（四分切手）　一九四〇年九月【E】
図73　慶祝紀元二六〇〇年記念切手の原画　李平和画【G】
図74　慶祝紀元二六〇〇年興亜大運動会記念絵はがきセットの一枚　日本名所図絵社印刷　一九四〇年【E】

図75上　国兵法施行記念切手のモデル写真【G】
図75中　国兵法施行記念切手のラフスケッチ　太田洋愛画【G】
図75下　国兵法施行記念切手の原画　太田洋愛画【G】
表5　新京市内運動施設設置時期一覧　満洲国民政部編『満洲国体育行政概要』（一九三九年）より

8　決戦体制下における弘報独占主義

図76　香港陥落をアピールする漫画「香港陥落 侵略東亜的根拠地完全潰滅」満洲美術家協会・満洲事情案内所製作
図77　マニラ陥落をアピールする漫画「馬尼剌攻略！ 美国侵略東亜的拠点潰滅！ 東亜之領土遂還帰東亜人之手！」満洲美術家協会・満洲事情案内所製作
図78　シンガポール陥落ポスター「新嘉坡今已陥落 大東亜従此光明」満洲国国務院総務庁弘報処企画　満洲新聞社製作
表6　三大都市において年三回以上発行された定期刊行物　『宣撫月報』第五〇号（一九四一年）より
表7　太平洋戦争勃発直後の弘報処作成の印刷物　『宣撫月報』第六〇号（一九四二年）より

9　建国一〇年の「成果」と「課題」

図79　建国一〇周年記念絵はがき「於建国十周年祝賀会謹供 宸覧之慶祝舞踏」満洲国交通部発行　凸版印刷株式会社（満洲）印刷　一九四一年【E】
図80　興亜国民動員大会記念特殊通信日附の消印　満洲国郵便総局　一九四二年九月五日【E】
図81　建国一〇周年記念切手（四分切手）「建国忠霊廟」吉田豊デザイン　満洲国交通部発行　一九四二年二月【E】
図82　建国一〇周年記念切手（二銭切手）「建国神廟」加曽利鼎造デザイン　逓信省発行　一九四二年十月【E】
図83　岡田三郎助の壁画「民族協和図」を利用した絵はがき「五族協和」一九三六年【B】
図84　建国一〇周年記念切手（三分切手）李平和デザイン　満洲国交通部発行　一九四二年一月【E】

図85　建国一〇周年記念切手（六分切手）　山下武夫デザイン　満洲国交通部発行　一九四二年一月　【E】
図86　熱河作戦ポスター（大人版）　一九三三年　【A】
図87　熱河作戦伝単（子ども版）【C】
図88　察南自治政府成立記念ポスター「民族協和」　一九三七年
図89上　満洲建設勤労奉仕隊ポスター「意気だ　力だ　建設だ」（『朝日新聞』掲載のコピー）　満洲建設勤労奉仕隊実践本部製作　【H】
図89下　満洲建設勤労奉仕隊ポスター「意気だ　力だ　建設だ」（『朝日新聞』掲載のコピー）　満洲建設勤労奉仕隊実践本部製作　【H】
図90　国民勤労奉公法施行記念封筒・切手　満洲郵票学会発行　一九四三年五月一日　【E】
図91　大東亜戦争勃発一周年記念封筒・切手　一九四二年　【E】
図92上　発行されなかった大東亜戦争勃発一周年記念切手（三分切手）【G】
図92下　発行されなかった大東亜戦争勃発一周年記念切手（六分切手）【G】
表8　満洲国建国一〇周年記念行事一覧　満洲国史編纂刊行会編『「満洲国史」各論』（満蒙同胞援護会、一九七一年）より

所蔵機関・出典を示す記号は以下のとおりである。
【A】鳥取県・祐生出会いの館所蔵
【B】函館市中央図書館所蔵
【C】朝日新聞富士倉庫写真より
【D】満洲DVDより
【E】筆者所蔵
【F】東京大学吉見俊哉研究室所蔵
【G】『毋忘国恥』（人民郵電出版社、二〇〇五年）より
【H】『朝日新聞』外地版（満洲版）より

人名索引

や

ゆ

よ

ら

り

わ

著者略歴
一九五九年、兵庫県に生まれる
一九九三年、広島大学大学院文学研究科東洋史学専攻博士課程後期単位取得退学
現在、京都大学地域研究統合情報センター教授、日本学術会議連携会員
〔主要共編著書〕
『戦争・ラジオ・記憶』勉誠出版、二〇〇六年
『資料で読む世界の8月15日』山川出版社、二〇〇八年
『模索する近代日中関係―対話と競存の時代』東京大学出版会、二〇〇九年
『文化冷戦の時代―アメリカとアジア』国際書院、二〇〇九年
『中国・朝鮮における租界の歴史と建築遺産』御茶の水書房、二〇一〇年

満洲国のビジュアル・メディア
ポスター・絵はがき・切手
二〇一〇年(平成二十二)六月十日 第一刷発行
著者 貴《き》志《し》俊《とし》彦《ひこ》
発行者 前田求恭
発行所 株式会社 吉川弘文館
郵便番号一一三―〇〇三三
東京都文京区本郷七丁目二番八号
電話〇三―三八一三―九一五一〈代〉
振替口座〇〇一〇〇―五―二四四番
http://www.yoshikawa-k.co.jp/
印刷＝藤原印刷株式会社
製本＝株式会社 ブックアート

ISBN978-4-642-08036-1

満洲国　「民族協和」の実像

塚瀬　進著　　四六判・二六四頁／二四一五円

国家消滅から五〇年を経てその地に立った著者が、満洲という地域の特徴を明らかにし、満洲国統治の実態とその矛盾を暴く。民族共生の道とは何か、国際化社会における現代日本人のあり方に、新たな問いを投げかける。

満洲の日本人

塚瀬　進著　　四六判・二五二頁／二七三〇円

満洲事変まで約二〇万人の日本人が暮らした満洲。小売商や満鉄社員らの暮らしを、「満洲史のなかの日本人」という観点から復元。前著『満洲国』に続き、一貫して満洲の地域性にこだわり日本人の事跡を描く著者の第二作。

満洲国と国際連盟

臼井勝美著　　四六判・二〇八頁／二三一〇円

一九三一年の満洲事変により日本は重大な岐路にたたされた。中国のいう偽国「満洲国」を存続させるか、中国が受諾した米、英など列国の解決案を選ぶか。日本は「満洲国」に運命を賭け、日中・日米戦争への道を拓く。

（価格は5％税込）

吉川弘文館

満　鉄
「知の集団」の誕生と死

小林英夫著

四六判・二三四頁／一九九五円

戦前の「満州」に君臨した植民地会社・満鉄。ここに結集した「知の集団」は、官僚統制型の経済システムを開発し、戦後日本経済の原型を創出した。植民地支配という「負の遺産」から、戦前・戦後日本の断絶と連続を考える。

満鉄を知るための十二章
歴史と組織・活動

天野博之著

四六判・三二〇頁／三一五〇円

近代日本のマンモス国策会社＝満鉄。内部資料や社員の証言を多用し、事業や歴史のほか、これまで語られていない婦人社員・中国人社員・弘報・能率・二つの教育などを取り上げ、知られざる実像に迫る。満鉄百科・年表付き。

満鉄四十年史

財団法人満鉄会編

A５判・六四〇頁・口絵八頁・二色刷折込袋入一丁

一二六〇〇円

二十世紀初頭の満洲における壮大な国家的プロジェクト〝満鉄〟。その歴史を鉄道史と近現代史の両面から位置づける。さらに関連年表、全線全駅一覧など当時を知るための貴重な資料を収めた、満鉄を知るために必読の書。

（価格は５％税込）

満州事変から日中全面戦争へ（戦争の日本史）

伊香俊哉著　四六判・三〇〇頁・原色口絵四頁／二六二五円

日本の軍部と政府はどのような意図で対中国政策を悪化させ、全面戦争にまで至ったのか。当時の日本の「自衛」論や戦闘行為を国際法の視角から読み解き、兵士の体験記・回想・写真をもとに、戦死者と戦争責任を考える。

帝国日本と植民地都市（歴史文化ライブラリー）

橋谷　弘著　四六判・二〇四頁／一七八五円

忘れてはならない負の記憶、植民地支配。日本人とアジアの人々との認識のギャップは、なぜ生まれたのか。旧植民地都市の姿から日本の植民地支配の特徴を浮彫りにし、今日のアジアと日本の問題を考える手がかりを示す。

日中戦争と汪兆銘《おうちょうめい》（歴史文化ライブラリー）

小林英夫著　四六判・二〇六頁／一七八五円

辛亥革命以後、国民国家形成のうねりの中に生きた汪兆銘。日中戦争「和平」のため日本軍に近づき、傀儡政権を南京に樹立したが…。裏切り者に転落した生涯と、政権下の内政、外交、庶民生活など、知られざる実像に迫る。